Die Eigenheimzulage ein Königsweg?

Europäische Hochschulschriften
Publications Universitaires Européennes
European University Studies

Reihe V
Volks- und Betriebswirtschaft

Série V Series V
Sciences économiques, gestion d'entreprise
Economics and Management

Bd./Vol. 2398

PETER LANG
Frankfurt am Main · Berlin · Bern · New York · Paris · Wien

Barbara Schilli

Die Eigenheimzulage ein Königsweg?

Theoretische und empirische Analyse der staatlichen Förderung des selbstgenutzten Wohneigentums im Rahmen der Eigenheimzulage

PETER LANG
Europäischer Verlag der Wissenschaften

Die Deutsche Bibliothek - CIP-Einheitsaufnahme

Schilli, Barbara:

Die Eigenheimzulage ein Königsweg? : theoretische und empirische Analyse der staatlichen Förderung des selbstgenutzten Wohneigentums im Rahmen der Eigenheimzulage / Barbara Schilli. - Frankfurt am Main ; Berlin ; Bern ; New York ; Paris ; Wien : Lang, 1999
(Europäische Hochschulschriften : Reihe 5, Volks- und Betriebswirtschaft ; Bd. 2398)
Zugl.: Freiburg (Breisgau), Univ., Diss., 1998
ISBN 3-631-34257-8

D 25
ISSN 0531-7339
ISBN 3-631-34257-8

Vorwort

Als erstes möchte ich mich ganz herzlich bei meinem Doktorvater Herrn Prof. Dr. Hauser für seine großartige fachliche und menschliche Unterstützung bei der Anfertigung dieser Arbeit bedanken.

Herrn StB Prof. Dr. Kessler danke ich ganz herzlich für die bereitwillige Übernahme des Korreferats. Weiterhin möchte ich mich bei Herrn Prof. Dr. Blümle für die mündliche Prüfung bedanken.

Last, not least – meine Familie und Freunde – vielen Dank für Eure Unterstützung!

B. Schilli

Gliederung

Abkürzungsverzeichnis

Abb.	Abbildung
Abs.	Absatz
Afa	Absetzung für Abnutzung
AK/HK	Anschaffungskosten/Herstellungskosten
Anm.	Anmerkung
AO	Abgabenordnung
Art.	Artikel
AT	Angebot
BE-EHZ	Bestandsförderung der Eigenheimzulage
BE-SAA	Bestandsförderung des Sonderausgabenabzugs nach § 10e EStG
BFH	Bundesfinanzhof
BGB	Bürgerliches Gesetzbuch
bzgl.	bezüglich
bzw.	beziehungsweise
ca.	circa
d.h.	das heißt
DM	Deutsche Mark
EStG	Einkommensteuergesetz
EHZ	Eigenheimzulage
EigZulG	Eigenheimzulagengesetz
EVS	Einkommens- und Verbrauchsstichprobe des Statistischen Bundesamtes
f. WR vbl. EK	für Wohnraumversorgung verbleibendes Einkommen
HH	Haushalte
HHnettoY	Haushaltsnettoeinkommen
i.d.R.	in der Regel
K. f. WE	Kosten für Wohneigentum
Kap.	Kapitel
Mio.	Million
Mrd.	Milliarde
NB-EHZ	Neubauförderung der Eigenheimzulage
NB-SAA	Neubauförderung des Sonderausgabenabzugs nach § 10e EStG
NE	Nachfrage
o.V.	ohne Verfasser

Abbildungsverzeichnis

Tabellenverzeichnis

0. Ausgangsproblematik

In der politischen Diskussion spielte der Wohnungsmarkt in den letzten Jahrzehnten immer eine wichtige Rolle, was auch deutlich an den zahlreichen Reformen erkennbar ist. Während Mitte der 80er Jahre die Wohnungsmarktproblematik noch weitgehend gelöst schien, traten zu Beginn der 90er Jahre auf dem Wohnungsmarkt wieder Engpäße auf. Immer, wenn derartige Engpäße auftreten, wird auch gefordert, die Wohneigentums-förderung zu stärken.[1] Auch die immerwährende Kritik an dem verteilungspolitisch ungerechten Sonderausgabenabzug nach § 10e EStG machte eine Reform der staatlichen Wohneigentumsförderung unumgänglich. Dieser Reformbedarf wird auch daran deutlich, daß die Wohneigentumsquote seit den 60er Jahren bei ca. 40 v.H. verharrt, obwohl sie Gegenstand des II. Wohnungsbaugesetzes und vieler Regierungserklärungen war.[2]

Im August 1995 stimmte das Bundeskabinett der Neuregelung der steuerlichen Wohneigentumsförderung in Form der Eigenheimzulage zu, die zum 1.1.1996 in Kraft trat.
Laut einer Presseinformation des Bundesministeriums für Raumordnung, Bauwesen und Städtebau verfolgt die Reform das Ziel, insbesondere die sogenannten Schwellenhaushalte und Familien mit Kindern zu fördern. Darüber hinaus ist eine Förderung der Vermögensbildung in Form von Wohneigentum beabsichtigt.[3] Weiterhin kann nach der Auffassung des Bundesministeriums für Raumordnung, Bauwesen und Städtebau die Neuregelung der steuerlichen Eigentumsförderung einen wesentlichen Beitrag zur Stabilisierung der Baukonjunktur auf hohem Niveau leisten.[4]
Somit erfülle die Reform der Wohneigentumsförderung laut dem damaligen Bundesbauminister Töpfer wichtige familien-, sozial- und wirtschaftspolitische Aufgaben.[5]

Ein staatlicher Eingriff in den Markt für selbstgenutztes Wohneigentum ist jedoch nicht selbstverständlich; er wird oftmals mit gesellschaftspolitisch relevanten Zielen wie Vermögensbildung, Altersvorsorge und schließlich der sozialen Absicherung einkommensschwacher Haushalte begründet.[6]

---

1 vgl.: Eekhoff, J. (1993), S. 44
2 vgl.: Dornbach, J. (1995), S. 1
3 vgl.: Bundesministerium für Raumordnung, Bauwesen und Städtebau (1995a), S. 1
4 vgl.: Bundesministerium für Raumordnung, Bauwesen und Städtebau (1995b), S. 1
5 vgl.: Bundesministerium für Raumordnung, Bauwesen und Städtebau (1995a), S. 2
6 vgl.: Eekhoff, J. (1991), S. 375

Ökonomisch betrachtet kann ein staatlicher Eingriff dagegen durch Marktversagen oder die Beseitigung institutioneller Hemmnisse begründet werden.[7] Diese Überlegungen sollen auf den Markt für selbstgenutztes Wohneigentum übertragen werden.

Aufbau der Arbeit

Ziel dieser Arbeit ist es, auf Grundlage theoretischer und empirischer Untersuchungen des Markts für selbstgenutztes Wohneigentum einen Katalog von Kriterien zu erstellen, anhand derer die Eigenheimzulage in Hinblick auf ihre Zielsetzung untersucht werden soll.

Ziel des **Kapitels 1** ist die Beantwortung der Frage nach der ökonomischen Fundierung staatlicher Interventionen auf dem Markt für selbstgenutztes Wohneigentum. Dabei dient das Modell der vollkommenen Konkurrenz als Referenzmodell bei der theoretischen Untersuchung des Markts für Wohneigentum.

Kapitel 2 untersucht, ob die von Musgrave formulierten finanzwirtschaftspolitischen Subventionsziele der Allokation, der Verteilung und der Stabilität durch eine staatliche Förderung des selbstgenutzten Wohneigentums nachhaltig positiv beeinflußt werden können.

Die empirischen Bestimmungsgründe der Wohneigentumsbildung sind Gegenstand des **Kapitels 3**, die auf Basis der Daten des Sozioökonomischen Panels (SOEP) des Deutschen Instituts für Wirtschaftsforschung statistisch untersucht werden. Die Eigentümer werden nach ihren haushaltsinternen Bestimmungsgründen der Wohneigentumsbildung wie Einkommen, Alter und Haushaltstyp untersucht, um so eine spätere Eingrenzung der sogenannten Schwellenhaushalte in Kapitel 5 zu ermöglichen. Weiterhin werden haushaltsexterne Bestimmungsgründe der Wohneigentumsbildung wie die Siedlungsstruktur, das Zinsniveau und die Anpassung der Bestandsmieten an die Neubaumieten analysiert.

Kapitel 4 beschreibt die wesentlichen Elemente der Eigenheimzulage, um dem Leser einen Überblick über die aktuelle Gesetzeslage zu geben.

---

[7] vgl.: Brümmerhoff, D. (1992), S. 39 ff.

Die theoretisch und empirisch gewonnenen Erkenntnisse aus Kapitel 1, 2 und 3 werden in **Kapitel 5** zu einem Kriterienkatalog zusammengefaßt. Hierbei wird die Zielgruppe der Schwellenhaushalte eingegrenzt, die Ausgestaltung der Förderinstrumente diskutiert und Fördergrundsätze erstellt.

In **Kapitel 6** erfolgt dann die Wirkungsanalyse der Eigenheimzulage. Analog zu ihrer primären Zielsetzung werden die Inanspruchnahmemöglichkeiten der Schwellenhaushalte anhand eines Berechnungsmodells unter Berücksichtigung der aufgestellten Kriterien untersucht.

Die empirische Wirkungsanalyse des **Kapitels 7** - wiederum auf Basis der SOEP-Daten - dient der Untermauerung der in Kapitel 6 gewonnenen Erkenntnisse. Anhand der haushaltsinternen Bestimmungsgründe wird untersucht, ob sich die Eigentümerstruktur aufgrund der Einführung der Eigenheimzulage verändert hat, und damit die Eigenheimzulage ihr Ziel erreicht hat.

Da schon zahlreiche Abhandlungen zu der gesellschafts-, sozial- und familienpolitischen Begründung der Förderung des Guts selbstgenutztes Wohneigentum vorliegen, sollen die Untersuchungen dieser Arbeit sich auf eine markttheoretische und empirische Begründung der Förderung konzentrieren.[8]

---

8 Beispielhaft sollen hier genannt werden: Eekhoff, J. (1991), Eekhoff, J. (1989), Nachtkamp, H.H.(1995) und Naust, H. (1995).

1. Analyse des Markts für selbstgenutztes Wohneigentum und des Konsumguts „selbstgenutztes Wohneigentum" anhand des Modells der vollkommenen Konkurrenz

Grundsätzlich kann entweder der Markt oder der Staat die Allokation, d.h. den Einsatz und die Verteilung von knappen Ressourcen auf die Produktions- und Konsumprozesse, beeinflußen. Ausgangspunkt der Begründung staatlicher Aktivität ist die Untersuchung der Frage, welche Bedingungen für die optimale Allokation der volkswirtschaftlichen Ressourcen erfüllt sein müssen. Anschließend wird untersucht, ob eine Modellwirtschaft diese Bedingungen einer effizienten Wirtschaft erfüllt oder nicht.[9] Nach der Wohlfahrtstheorie ist eine effiziente Allokation dann erreicht, wenn die bestmögliche Befriedigung der Konsumentenbedürfnisse gewährleistet ist. Eine Allokation bei maximaler Wohlfahrt ist also eine pareto-optimale.[10]
Unter der Annahme der vollkommenen Konkurrenz läßt sich das Konkurrenzgleichgewicht am Markt eines Gutes bestimmen. Anhand der Optimalitätseigenschaften des Konkurrenzgleichgewichts können dann Überlegungen sowohl zu der herrschenden Marktform als auch zu dem Funktionieren des Marktmechanismus angestellt werden.[11]

In den folgenden Abschnitten soll nun untersucht werden, ob auf dem Wohnungsmarkt die Bedingungen der vollkommenen Konkurrenz vorliegen.

Die Versorgung der Bevölkerung mit Wohnraum erfolgt in der Bundesrepublik Deutschland im wesentlichen über den Markt. Der Begriff Wohnungsmarkt ist jedoch in der Literatur nicht einheitlich definiert. So wird einerseits darunter das gesamte Angebot an Wohnungen und die gesamte Nachfrage zusammengefaßt, andererseits werden darunter gegebenenfalls die sektoralen bzw. regionalen Teilmärkte verstanden.[12]
Der Wohnungsmarkt kann als ein Markt verstanden werden, an dem Wohnnutzungen angeboten und nachgefragt werden. In diesem Sinn ist ein selbstnutzender Wohneigentümer dann sowohl ein Anbieter als auch ein Nachfrager.
Die Wohnungswirtschaft wird auf dem Immobilienmarkt tätig, wenn sie vorhandenes Sachkapital aus dem Wohnungsbestand, also Wohnungen oder Wohngebäude, anbietet oder nachfragt. Ohne eine

---

9 vgl.: Brümmerhoff, D. (1992), S. 39
10 vgl.: Varian, H.R. (1991), S. 511
11 vgl.: Schumann, J. (1980), S. 2 f.
12 vgl.: Kühne-Büning, L. (1994a), S. 3

Veränderung des Sachkapitals erfolgt auf diesem Markt ein Wechsel des Eigentümers durch An- und Verkäufe.
Richten sich die Aktivitäten der Wohnungswirtschaft dagegen auf eine Investition im Wohnungsneubau, wird damit auch neues Sachkapital produziert, der Kapitalstock erweitert sich. Dem Wohnungsneubaumarkt sind noch andere Märkte vorgelagert, da die Investoren Kapital auf dem Kapitalmarkt, Boden auf dem Bodenmarkt und Bauleistungen auf dem Bauleistungsmarkt nachfragen.[13]

Der Wohnungsmarkt als ein Ort des Austausches von Angebot und Nachfrage nach Wohnnutzung ist ein dynamisches und komplexes System einer Marktwirtschaft. Bezogen auf die Bundesrepublik Deutschland muß hierbei insbesondere berücksichtigt werden, daß die Wohnungswirtschaft nicht in einer reinen, sondern in einer sozial ausgerichteten Marktwirtschaft eingebettet ist.

In den folgenden Abschnitten soll zuerst die Dynamik und die Komplexität des Wohnungsmarktsystems erörtert werden, dann sollen die Besonderheiten des Wohnungsmarktes im Rahmen einer sozial orientierten Marktwirtschaft erörtert werden.

1.1 Die vollkommene Konkurrenz als Referenzmodell

In der Mikroökonomie veranschaulicht das klassische Modell der vollständigen Konkurrenz den Koordinations- und Verteilungsprozeß eines Markts.[14] Einschränkend muß jedoch berücksichtigt werden, daß dieses Modell statisch ist, den Faktor Zeit also nicht kennt und somit auch keine Verknüpfungen ökonomischer Vorgänge erlaubt, die sich über mehrere aufeinanderfolgende Perioden erstrecken, wie dies bei der periodenweise Nutzungsabgabe einer Wohnung der Fall ist.

In den folgenden fünf Abschnitten soll untersucht werden, ob auf dem Wohnungsmarkt vollkommene Konkurrenz vorherrscht.

---

[13] vgl.: Kühne-Büning, L. (1994a), S.3

[14] vgl.: Schumann, J. (1980), S. 177 ff.

1.1.1 Atomistische Angebots- und Nachfragestruktur

Die Annahme einer atomistischen Angebots- und Nachfragestruktur besagt, daß kein Marktteilnehmer mit seinem mengenmäßigen Angebot bzw. seiner mengenmäßigen Nachfrage die Gesamtmenge eines Guts beeinflußen kann. Die angebotenen bzw. nachgefragten Mengen der einzelnen Marktteilnehmer machen nur einen relativ kleinen Anteil am Gesamtangebot bzw. der Gesamtnachfrage aus.[15] Der einzelne Anbieter bzw. Nachfrager verhält sich demnach so, als ob er über seine angebotene bzw. nachgefragte Menge keine Einwirkungsmöglichkeit auf den Preis hat und sich so lediglich über seine Menge einer gegebenen Marktsituation anpaßt.[16] Alle Marktteilnehmer sind Mengenanpasser.[17]

Diese Annahme soll nun auf den Markt für selbstgenutztes Wohneigentum übertragen werden:
Auf der *Angebotsseite* treten Anbieter meistens in Form von individuellen Wohnungseigentümern auf; eine weitere Anbieterform bilden die Wohnungsunternehmen, die dann auch über größere Mengen an Wohnungen oder Grundstücken verfügen können.[18]
Doch spricht die Tatsache, daß sich circa 80 v.H. des gesamten Wohnungsbestands in den alten Bundesländern im Besitz privater Haushalte befinden, für eine atomistische Angebotsstruktur.[19]

Auf der *Nachfrageseite* stehen zwar alle privaten Haushalte, doch treten sie nur einzeln auf und repräsentieren individuell so auch nur einen kleinen Teil der Gesamtnachfrage.

Auf dem Wohnungsmarkt existiert also eine atomistische Angebots- und Nachfragestruktur. Die erste Bedingung der vollkommenen Konkurrenz ist also erfüllt.

1.1.2 Homogenität der Güter

Gemäß der Annahme der Homogenität der Güter werden die von den Unternehmen angebotenen Produkte von den Nachfragern als beliebig austauschbar angesehen. Im Urteil der Nachfrager über die Produkte bestehen also keine Unterschiede. Deshalb besteht für den Nachfrager kein Anlaß, dem Angebot bestimmter Anbieter den Vorzug zu geben.[20]

---

15 vgl.: Demmer, H. (1992), S. 335
16 vgl.: Henderson, J.M., Quandt, R.E. (1989), S. 95
17 vgl.: Kühne-Büning, L. (1994a), S. 19
18 Eine genaue Beschreibung dieser vier Anbietergruppen findet sich in: Kühne-Büning, L. (1994d), S. 81-94
19 vgl.: Bundesministerium für Raumordnung, Bauwesen und Städtebau (1993), S. 30
20 vgl.: Kühne-Büning, L. (1994a), S. 19

Betrachtet man das Angebot auf dem Wohnungsmarkt, stellt man fest, daß es nicht wie in der Annahme verlangt, homogen, sondern heterogen ist. Wohnungen zeichnen sich grundsätzlich durch einen hohen Komplexitätsgrad bezüglich der Architektur, der Ausstattung, dem Modernisierungszustand etc. aus und gehören deshalb zu den heterogenen Gütern. Es handelt sich also um Wirtschaftsgüter, die in ihren Eigenschaften nicht gleichartig sind, aber dennoch miteinander konkurrieren, da sie in einem gewissen Grad substituierbar sind.[21]

Alle Wohnungen bieten die gleiche Nutzungsmöglichkeit, nämlich das Konsumieren von Wohnungsnutzungseinheiten, aber in unterschiedlichen qualitativen Ausprägungen. So ist die Qualität einer Wohnimmobilie durch eine Vielzahl von Charakteristika bestimmt.[22] Die Qualität einer Immobilie kann als mehrdimensionaler Vektor verstanden werden, der die unterschiedlichen Merkmalsausprägungen abbildet. So erfaßt beispielsweise der Ring Deutscher Makler die Qualität einer Immobilie anhand der Merkmalsausprägungen „architektonische Gestaltung“, „Ausstattung“ und „Modernisierungszustand“. Weiterhin fließt die verkehrsmäßige Erschließung und die Versorgung mit öffentlichen Einrichtungen ein.[23] Da Immobilien jedoch in fast jeder beliebigen Ausgestaltung existieren, gibt es dementsprechend auch nur mehr oder weniger enge Substitute, sodaß ein Vergleich der Qualitäten nur bedingt möglich ist.[24] Für den potentiellen Erwerber ergeben sich daraus hohe Transaktionskosten bei der Suche nach einer gewünschten Immobilie.[25]

Als Ursache der Heterogenität können aber nicht nur die oben aufgezeigten objektiven Faktoren wie die Ausstattung etc. angesehen werden. Subjektive Faktoren wie Präferenzen begründen auch Heterogenität; allein aufgrund der Wohnlage kommt es beispielsweise auf Seiten der Nachfrager zu unterschiedlichen Bewertungen.

Die Anbieter von Wohnungen in einer Lage, die von der Nachfrageseite präferiert wird, haben dann gewissermaßen die Stellung von Monopolisten oder Oligopolisten. Diese können sich aufgrund der Präferenzen, die ihnen von den Nachfragern eingeräumt werden, jedoch nur solange monopolistisch bzw. oligopolistisch verhalten, wie der im Vergleich zu Wohnungen in weniger bevorzugten Lagen höherer Preis noch von der Nachfrageseite akzeptiert wird.

---

21 vgl.: Kühne-Büning, L. (1994a), S. 10
22 vgl.: Quigley, J.M. (1979), S. 391 ff.
23 vgl.: Göötz, R. (1997), S. 34 ff.
24 vgl.: Rosen, S. (1974), S. 35
25 vgl.: Eekhoff, J. (1987), S. 3 f.

Dies beinhaltet, daß auch in dieser Situation die Reaktion des Nachfragers auf das Preisangebot des Anbieters für diesen ein Datum ist. Die Konkurrenz zwischen den Anbietern wird um so stärker, je weniger Bedeutung der Lagefaktor bei ansonsten vergleichbaren Wohnungen im Urteil der Nachfrager hat.[26]

Die hier angesprochenen objektiven und subjektiven Faktoren zur Beurteilung des Nutzwertes einer Wohnung verdeutlichen, daß zwei angebotene Wohnungen kaum identisch sein können.[27]

Allerdings existieren Ansätze, die diese Heterogenität modellieren[28], wie auch beispielsweise der Ansatz der "Wohnnutzungseinheit"[29], der im folgenden dargestellt werden soll.
Einschränkend wird angenommen, daß ein sowohl sachlich als auch räumlich begrenzter Teilmarkt betrachtet werden soll. Die Nachfrager können die Güter substituieren; dies erhöht den Bezug zur Realität, da ein Nachfrager bei seiner Suche nach einem Objekt bestimmte Vorstellungen bezüglich Größe, Ausstattung, Zustand und Lage hat, die von mehreren Objekten erfüllt werden können. Trotz dieser Substituierbarkeit unterscheiden sich die Objekte jedoch weiterhin aufgrund einer Vielzahl von Parametern objektiver Art wie der Wohnungsbeschaffenheit etc. und subjektiver Art wie den Nachbarschaftsbeziehungen etc.

Um diese heterogenen Güter dann homogenisieren zu können, benutzt man die theoretische Größe der Wohnnutzungseinheit. Jede Wohnung gibt pro Periode eine bestimmte Anzahl an Wohnnutzungseinheiten ab, bei deren Ermittlung die vorher genannten Parameter wie Lage, Wohnungsbeschaffenheit etc. einfließen.
Die so ermittelte Wohnnutzungseinheit gibt also aus Sicht des Nachfragers den Wert einer Wohnung an.[30] Der Preis der Wohnung ermittelt sich dann aus dem Preis pro Nutzungseinheit multipliziert mit der Anzahl der Wohnnutzungseinheiten der betrachteten Wohnung.

Sieht man jede Wohnung als ein Bündel von x Wohnnutzungseinheiten, kann die Forderung nach homogenen Gütern dann doch als erfüllt angesehen werden. Im Marktgleichgewicht kann somit nur *ein* Preis pro Wohnnutzungseinheit existieren.

---

26 vgl.: Kühne-Büning, L., Heuer, J.H.B., (Hrsg.) (1994a), S. 25
27 vgl.: Kühne-Büning, L. (1994a), S. 10 f.
28 vgl.: Smith, L.B., Rosen, K.T., Fallis, G. (1988), S. 37
29 vgl.: Eekhoff, J. (1987), S. 16; die inhaltsgleiche Definition von Olsen lautet: „units of housing service". Vgl. dazu: Olsen, E.O. (1973), S. 136
30 vgl.: Olsen, E.O. (1973), S. 137

So kann nur bedingt auf dem Wohnungsmarkt mit Hilfe der Einführung von Wohnnutzungseinheiten die Bedingung der Homogenität erfüllt werden.

1.1.3 Vollständige Markttransparenz

Die Annahme der vollständigen Markttransparenz besagt, daß sowohl Anbieter als auch Nachfrager über die Preise, die Qualität der Güter und die sonstigen Geschäftsbedingungen vollständig informiert sind.[31] Jeder Marktteilnehmer kennt die Bedingungen, unter denen die anderen Marktteilnehmer zu Transaktionen bereit sind.[32] Die Markttransparenz ist also eine Voraussetzung dafür, daß Anbieter und Nachfrager auf Veränderungen der Marktlage angemessen reagieren können und sich Wettbewerb entfalten kann.[33]

Ob der Markt für selbstgenutztes Wohneigentum diese Bedingung erfüllt, soll im folgenden überprüft werden.

Die oben beschriebene Heterogenität des Guts Wohnung, die große Anzahl unterschiedlicher Anbieter und Nachfrager und schließlich deren individuelles Verhalten machen es für den einzelnen Marktteilnehmer nahezu unmöglich, eine vollständige Information über die aktuellen Marktverhältnisse zu bekommen.[34]
Die Entscheidungen hinsichtlich der Erstellung von Wohnungen durch einen Bauträger, dem Kauf oder Verkauf basieren bei mangelnder Transparenz und damit bei Informationsmangel jedoch dann auf Unsicherheit.
So sind im *Angebot*zeitpunkt dem Anbieter weder die Planungsentscheidungen seiner Konkurrenten noch die Vorstellungen des Nachfragers in qualitativer und quantitativer Hinsicht bekannt. Dieser Grad der Unsicherheit kann noch modifiziert werden:
So spielt für Anbieter und Nachfrager und deren Verhalten die grundsätzliche Marktlage eine entscheidende Rolle; darüber hinaus ist aber auch die Situation auf den vorgelagerten Märkten bedeutsam.
Ist die grundsätzliche Marktlage geprägt durch eine Unterversorgung und einem dadurch bedingten Nachfragedruck, verliert die Heterogenität des Gutes Wohnung an Bedeutung. Bei dieser Marktlage ist

31 vgl.: Demmer, H. (1992), S. 335
32 vgl.: Stobbe, A. (1983), S. 313
33 vgl.: Thiemer, A., Thiemer, B. (1997), S. 18
34 vgl.: Dornbach, J. (1995), S. 31 f.

primär die Größe des verfügbaren Wohnraums entscheidend; die qualitative Ausstattung ist dagegen von sekundärer Bedeutung.

Bei zunehmender Marktsättigung tritt dagegen ein Wandel ein; die Vielgestaltigkeit des Guts Wohnung und damit auch ihre Qualität gewinnt an Bedeutung.[35] Diese Zusammenhänge sind aus Sicht des Anbieters von Wohneigentum jedoch nur dann negativ zu bewerten, wenn er darauf angewiesen ist, das Wohneigentum zu einem bestimmten Zeitpunkt zu verkaufen. Bei gegebener Flexibilität kann der Anbieter dagegen einen günstigen Verkaufszeitpunkt abwarten und dann einen hohen Verkaufspreis erzielen.

Dieser maximale Verkaufspreis kann um Informationskosten (Verkauf über Makler) und Transaktionskosten gesenkt werden, ohne jedoch dabei wesentliche Teile der tendenziell bestehenden Monopolrente aufzuzehren.[36]

Beim *Nachfrager* kann eine fehlende Markttransparenz dazu führen, daß er durch die Annahme eines Angebotes nicht unbedingt sein persönliches Optimum verwirklicht.[37] Nur mit Akzeptanz von Transaktionskosten besteht für den Nachfrager nach Wohneigentum die Möglichkeit, sich mittels Zeitungsannoncen oder mittels Makler einen Überblick über den relevanten Teilmarkt zu schaffen. Bei der Konsultation eines Wohnungsmaklers liegen die Provisionen zwischen 5 v.H. und 7 v.H. des Kaufpreises zuzüglich der Mehrwertsteuer.

Der optimale Konsum findet dann statt, wenn der Nachfrager seinen Nutzen durch den Kauf des Wohneigentums maximiert. Die Informationskosten in Form der Provision verringern jedoch den Nutzengewinn des Nachfragers bzw. des Käufers, da der maximale Kaufpreis nun nicht mehr seiner finanziellen Grenzleistungsfähigkeit entspricht, sondern um die Kosten für die Information reduziert wird.[38]

Die unterschiedlichen Informationspositionen von Anbieter und Nachfrager gewinnen jedoch noch in einem weiteren Zusammenhang an Bedeutung: so kennt der Anbieter die Vor- und Nachteile seines Gutes sehr genau; dagegen kann der Nachfrager ohne die Gelegenheit der Nutzung zunächst nur aufgrund seiner Erwartungen handeln. Die Marktseite der Nachfrager wird also benachteiligt.[39]

---

35 vgl.: Kühne-Büning, L. (1994e), S. 61
36 vgl.: Dornbach, J. (1995), S. 32
37 vgl.: Kühne-Büning, L. (1994e), S. 61
38 vgl.: Dornbach, J. (1995), S. 31 f.
39 vgl.: Hemming, J. (1995), S. 417

Zwar belasten die Kosten der Informationsbeschaffung das Preisgefüge auf dem Markt für selbstgenutztes Wohneigentum, doch bieten sie dafür auch die Möglichkeit zu einer weitgehenden Übersicht über den relevanten Teilmarkt.
Die Bedingung der Markttransparenz auf dem Wohnungsmarkt kann – wenn auch wieder nur mit Einschränkung – als erfüllt angesehen werden.

1.1.4 Unendliche Anpassungsgeschwindigkeit

Die Theorie versteht unter Anpassungsvorgängen das Streben des Markts zu einem Marktgleichgewicht. Die Anpassungsprozesse verlaufen dabei so schnell, daß sie nicht beachtet werden müssen; weiterhin verursachen sie keine Transaktionskosten.[40]

Betrachtet man die Anpassungsprozesse auf dem Markt für selbstgenutztes Wohneigentum, muß berücksichtigt werden, daß dieser Markt in wechselseitiger Abhängigkeit mit anderen Teilmärkten steht, also nicht isoliert betrachtet werden kann.[41] Zur Beschreibung des Marktgeschehens und der Marktsituation muß daher auch auf die Vorgänge sowohl auf den vorgelagerten Märkten (Boden-, Kapital- und Baumarkt) als auch auf den verbundenen Märkten (Bestands- und Neubaumarkt) eingegangen werden.[42] [43]

1.1.4.1 Vorgelagerte Märkte

Die Prozesse, die auf dem Markt für Wohneigentum ablaufen, sind eng verbunden mit den Vorgängen auf den vorgelagerten Märkten.
Auf den Umfang der Maßnahmen zur Werterhaltung oder Wertverbesserung der Wohnungsbestände wirkt sich nur die Lage auf dem Kapital- und Baumarkt aus.
Dagegen spielt die Situation auf allen drei Märkten, also einschließlich dem Bodenmarkt, eine entscheidende Rolle für die Ausweitung des Angebots durch Neubau. Die Wohnungswirtschaft als

---

40 vgl.: Stobbe, A. (1983), S. 313

41 Die Immobilität und die Heterogenität des Guts Wohnung führen zu einer Aufspaltung des Wohnungsmarkts in Teilmärkte. Diese Teilmärkte lassen sich je nach Bedarf nach rechtlichen, sozialökonomischen, qualitativen oder räumlichen Kriterien abgrenzen. Vgl.: Kühne-Büning, L. (1994e), S. 57 f.

42 vgl.: Smith, L.B., Rosen, K.T., Fallis, G. (1988), S. 33 ff.

43 In der Literatur wird der Wohnimmobilienmarkt häufig noch weiter diffenrenziert in den Mietwohnungsmarkt und dem Markt für selbstgenutztes Wohneigentum. Da der Mietwohnungsmarkt jedoch hier nicht genauer untersucht werden soll, wird diese Unterscheidung hier nicht getroffen.

Bauherr muß zuerst als Nachfrager auf den Boden- und Kapitalmärkten in Erscheinung treten, um hier die Voraussetzungen für eine Neuproduktion und damit für ein erhöhtes Angebot an Wohnnutzungseinheiten zu schaffen. Erst nach diesen Vorbereitungen kann die Wohnungswirtschaft auf dem Wohnungsbaumarkt Leistungen nachfragen.

Für die Produktion von Wohnraum, zumindest für den Bereich des Neubaus, benötigt man in ausreichendem Umfang Boden. Gelingt es in der Planungsphase nicht, Bauland in dem notwendigen Maß und auch zu angemessenen Preisen zu erhalten, ist die Realisierbarkeit des Bauprojektes in Frage gestellt. Somit hat der Bodenmarkt eine zentrale Bedeutung für die Entwicklung der Angebotssituation auf den Wohnungsmärkten.

Weiterhin besteht eine Abhängigkeit vom Kapitalmarkt. Die Wohnungswirtschaft benötigt in großem Umfang Kredite, um die geplanten Investitionen zu finanzieren, da die vollständige Eigenfinanzierung einer Wohnimmobilie nur äußerst selten der Fall ist. Analog zu dem Faktor Boden können zu hohe Kreditkosten die Ausweitung der Bautätigkeit und somit die zukünftige Produktion von Wohnnutzungseinheiten behindern.

Erst wenn die Wohnungswirtschaft akzeptable Konditionen für die Beschaffung von Bauland und für die Finanzierungsmittel gefunden hat, kann sie dann tatsächlich als Bauherr auftreten und auf dem Wohnungsmarkt Planungs- und Bauleistungen nachfragen.[44]

Die Angebotsentwicklung im Neubausektor hängt natürlich auch von den jeweils zu erzielenden Preisen auf dem Wohnungsmarkt ab.[45]

1.1.4.2 Der Bestandsmarkt

Der Wohneigentumsmarkt als ein Markt für ein langlebiges Gebrauchsgut unterscheidet sich in seinen Anpassungsvorgängen an geänderte Rahmenbedingungen grundlegend von anderen Konsumgütermärkten.

---

44 vgl.: Kühne-Büning, L. (1994e), S. 64

45 Soweit erforderlich werden diese Zusammenhänge in den folgenden Abschnitten aufgegriffen. Eine sehr ausführliche Darstellung dazu findet sich in: Kühne-Büning, L. (1994d), S. 138-159

Wohnimmobilien sind langlebige Wirtschaftsgüter, die nicht kurzfristig produziert werden können. So nimmt der Herstellungsprozeß eine relativ große Zeitspanne in Anspruch; zwischen Investitionsentscheidung und Fertigstellung des Objektes vergehen in der Regel zwei Jahre.[46] Dies bewirkt, daß der Markt für Wohnimmobilien und damit für selbstgenutztes Wohneigentum ein Bestandsmarkt ist.[47] Der Anteil der neugebauten Immobilien einer Periode macht nur ca. 1 v.H. des gesamten Bestands aus.[48] Maßgeblich hierfür ist in erster Linie nicht nur der time-lag zwischen Planung und Fertigstellung und auch nicht die Bindung der Woh-nungen an den zur Erstellung komplementären Boden, der in den Ballungsgebieten zur Beschränkung des Wohnungsangebots beiträgt; für den geringen Zuwachs ist vielmehr die Eigenschaft der Langlebigkeit einer Wohnung entscheidend.
Die hohe Kapitalbindung läßt eine Bauinvestition daher besonders risikoempfindlich reagieren. So werden steigende Preise Wohnungsanbieter in Form von Bauträgern erst dann zu Neubauaktivitäten, die mit hohen Anfangsinvestitionen und Transaktionskosten verbunden sind, veranlassen, wenn sich die Erwartung stabilisiert hat, daß sich höhere Renditen auch auf längere Sicht erzielen lassen. Die Ausweitung des Bestandes erfolgt damit sehr träge.[49]

Die angelsächsische Literatur bezeichnet den Immobilienmarkt als „stock flow market".[50] Der „stock", der Bestand macht den größten Teil an Immobilien aus; er verändert sich durch den „flow", d.h. den Zufluß bzw. den Abfluß an Immobilien. Der geringe Anteil der „flows" gemessen an dem Gesamtbestand ermöglicht erst nach mehreren Perioden eine deutliche Veränderung. Das Angebot ist somit kurzfristig starr[51] und preisunelastisch.[52]

Bei einer gestiegenen Nachfrage beispielsweise erfolgt die Anpassung zuerst in einer Veränderung der Bestandspreise.[53] Es entsteht ein neues Gleichgewicht. Die gestiegenen Preise auf dem Bestandsmarkt bewirken jedoch ein verändertes Preisgefüge auf dem Neubaumarkt: der Neubau einer Immobilie wird im Vergleich zu dem Bestandserwerb günstiger; die relativen Preise haben sich also verschoben. Auf diese Verschiebung reagieren nun die Mengen, es wird mehr gebaut. Der Bestand wird durch einen Zufluß an Neubauten vergrößert.[54]

---

46 vgl.: Kühne-Büning, L. (1994a), S. 7
47 vgl.: Knappe, E., Funk, L. (1994), S. 1026
48 vgl.: Eekhoff, J. (1989), S. 202. Dagegen sprechen Knappe,Funk von einem jährlichen Zuwachs von 3 v.H..Vgl.: Knappe, E., Funk, L. (1994), S. 1028
49 vgl.: Thiemer, A., Thiemer, B. (1997), S. 16
50 vgl.: Smith, L.B. (1969), S. 795 ff., Kearl, J.R. (1979), S. 1115 ff.
51 vgl.: Kearl, J.R. (1979), S. 1119
52 vgl.: Meyer, D. (1986), S. 202
53 vgl.: Heuer, H.B. (1991), S. 26 f.
54 vgl.: Glatzel, C. (1996), S. 4

1.1.4.3 Der Neubaumarkt

Der Wert einer Immobilie wird durch den Bestandspreis bestimmt.[55] Eine neugebaute Immobilie tritt zum herrschenden Bestandspreis auf dem Bestandsmarkt ein. Demnach wird auf dem Neubaumarkt Nachfrage bekundet, wenn der Preis einer neugebauten Immobilie unter dem Preis einer vergleichbaren Immobilie auf dem Bestandsmarkt liegt.[56]
Dabei ist zu beachten, daß der Preis des Neubaus sich an den Preisen der Bestandsimmobilien orientiert und nicht nur an den Anschaffungs- und Herstellungskosten.

Grundsätzlich wird die Entwicklung des Wohnungsneubedarfs entscheidend durch die Entwicklung der Anzahl der Haushalte mitbestimmt.[57]

1.1.4.4 Der Verbund der Teilmärkte

In diesem Abschnitt sollen die vorher kurz beschriebenen Preis- und Mengenbeziehungen zwischen dem Bestands- und dem Neubaumarkt anhand eines einfachen Modellbeispiels vertieft werden.
Bei diesem Modell werden folgende Annahmen getroffen:
Der Markt für Neubau umfaßt sowohl neugebauten Wohnraum als auch modernisierten Bestand. Dementsprechend verringert sich das Angebot an Neubauten durch eine Einschränkung des Neubaus bzw. der Modernisierungsinvestitionen; bei fehlenden Modernisierungsinvestitionen wechseln die Wohnungen dann auf den Markt der Bestandswohnungen. Dies ist also gleichzeitig die einzige Möglichkeit der Ausweitung der Wohnungen auf dem Bestandsmarkt. Ein Rückgang des Angebots auf dem Bestandsmarkt erfolgt dementsprechend durch Abriß oder durch Modernisierung und den dadurch ausgelösten Wechsel in den Neubaumarkt.[58]
Aus Gründen der Übersichtlichkeit sollen in der Graphik nur die kurzfristigen Angebotsfunktionen dargestellt werden.

---

55 vgl.: DiPasquale, D., Wheaton, W.C. (1994), S. 2 u. S. 7
56 vgl.: Kearl, J.R. (1979), S. 1120 ff.
57 vgl.: Kühne-Büning, L. (1994f), S. 164 f.
58 Dieser Prozeß wird oft in der Literatur als Filtering-Prozeß bezeichnet, der auch nach der Art des Ablaufs unterschieden werden kann. Es soll jedoch nicht näher auf den Filtering-Prozeß eingegangen werden, da er für die abschließende Beurteilung der Eigenheimzulage nicht von entscheidender Bedeutung ist. Klar und übersichtlich dargestellt wird die Filtering-Theorie in: Kühne-Büning, L. (1994b), S. 124 –131, Dornbach, J. (1995), S. 94-103, Bundesministerium für Raumordnung, Bauwesen und Städtebau (1978) S. 9 ff.

Es wird ein simultanes Ausgangsgleichgewicht von Angebot und Nachfrage auf den beiden Teilmärkten dargestellt; x_a bzw. x_n und p_a bzw. p_n symbolisieren Wohnraum und Preis jeweils für das Angebot und für die Nachfrage.

Diese Graphik läßt sich in vielfältiger Art variieren. Die Variationen, die im Rahmen dieser Arbeit relevant sind, werden in Kapitel 5 bei der Erstellung der Kriterien für eine effektive und effiziente Ausgestaltung einer steuerlichen Wohneigentumsförderung behandelt.

Der Anpassungsprozeß auf dem Wohnungsmarkt soll hier kurz zusammengefaßt werden.

Abb. 1: Der Verbund der Teilmärkte

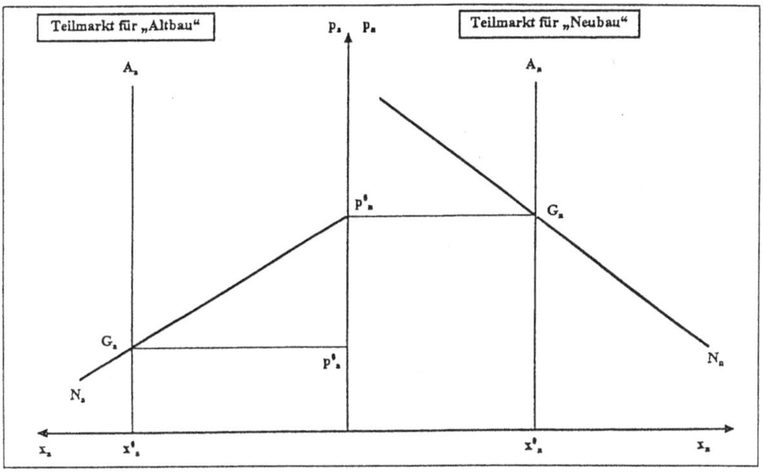

Quelle: Thiemer, Thiemer (1997), S. 9

Eine steigende Nachfrage[59] nach Wohnimmobilien wird zunächst auf dem Bestandsmarkt befriedigt.[60] Aufgrund des kurzfristig starren Angebots steigen die Preise. Mit diesem Anstieg der Bestandspreise entsteht ein Kostendifferential zwischen den Bestandspreisen und den zunächst konstanten Baukosten eines Neubaus. Dieser Kostenvorteil wird ausgenutzt, die Nachfrage nach Neubauten steigt. Da die Kapazitäten des Bausektors jedoch kurzfristig nicht erweitert werden können, steigen auch hier als Reaktion auf die gestiegene Nachfrage die Baukosten. Diese angestiegenen Baukosten sorgen jedoch ihrerseits wiederum für einen Abbau des Kostendiffenrentials zwischen Neubaumarkt und Bestandsmarkt.[61]

---

59 Die Nachfrage nach selbstgenutztem Wohneigentum steigt bei steigenden Mieten oder erwarteten

Periodisch versetzt nimmt der Bestand an Immobilien durch die Neubautätigkeit zu.[62] Das Angebot weitet sich daraufhin aus, was sinkende Bestandspreise nach sich zieht. Das Kostendifferential zwischen Neubau- und Bestandsmarkt wird dann abgebaut. Das neue Gleichgewicht pendelt sich wieder ein bei einem ausgeweiteten Bestand und bei wieder gesunkenen Bestandspreisen.[63]

Die Anpassung zieht sich zwar über mehrere Perioden hin, doch ist es fraglich, ob diese lange Anpassungsdauer ein Marktversagen beinhaltet.
Entscheidend ist vielmehr, ob die Preissignale das Angebot in die richtige Richtung lenken. Dies ist durch eine verlangsamte Reaktion der Wohnungsanbieter jedoch nicht auszuschließen. Im Gegenteil, würde trotz der Eigenschaft der Langlebigkeit der Wohnungen das Angebot sehr schnell auf aktuelle Preissignale reagieren, würden die zyklischen Schwankungen am Wohnungsmarkt ausgeprägter ausfallen und eine langfristige Fehlallokation knapper Ressourcen begünstigen.[64]

In diesem Zusammenhang stellt sich die Frage, ob der Staat ein „besserer" Wohnungsanbieter sein könnte als die privaten Investoren.
Der Staat besitzt insoweit bessere Informationen über die zukünftige Entwicklung der Wohnungsnachfrage, weil diese Entwicklung entscheidend über politische Maßnahmen wie Zuwanderungspolitik, Wohneigentumsförderung etc. mitbeeinflußt wird.
Dies ist jedoch kein Argument dafür, daß der Staat der besser wirtschaftende Wohnungsanbieter wäre.[65] Allerdings könnte er diese Informationen an die privaten Anbieter weitergeben, sodaß die Investitionspläne frühzeitig angepaßt werden könnten. Dagegen spricht jedoch, daß die Vergangenheit zeigt, daß die Wohnungspolitik eher prozyklisch wirkte,[66] was nicht gerade auf Informationsvorsprünge der Politik gegenüber den Marktteilnehmern schließen läßt.
Nicht zuletzt kann die Ursache für die unzureichende Anpassungsflexibilität des Angebots in der Wohnungspolitik selbst liegen. Beispiele hierfür sind die mangelnde Freigabe von Bauland durch die Kommunen oder die Regulierungen im Baurecht.[67]

---

steigenden Mieten. Doch soll hier wie eingangs abgegrenzt nicht auf den Zusammenhang zwischen dem Mietwohnungsmarkt und dem Wohneigentumsmarkt eingegangen werden. Vergleiche dazu ausführlicher: Göötz, R. (1997), S. 27-42

60 vgl.: Mankiw, N.G., Weil, D.N. (1989), S. 253 f.
61 vgl.: Francke, H.-H. (1992), S. 11
62 vgl.: Maisel, S.J. (1963), S. 362
63 vgl.: Francke, H.-H. (1992), S. 11
64 vgl.: Thiemer, A., Thiemer, B. (1997), S. 16
65 vgl.: Thiemer, A., Thiemer, B. (1997), S. 16 f.
66 vgl.: Gutachten der Expertenkommission (1994), S. 71-75
67 vgl.: Thiemer, A., Thiemer, B. (1997), S. 17

Auf der Seite der Akteure in Form der „Umziehenden“ ergibt sich ein ähnliches Bild: Da ein Umzug immer mit hohen Transaktionskosten verbunden ist, reagiert auch die Nachfrage nur zögerlich. Zu den Transaktionskosten im Falle eines (Eigentümer-)Wohnungswechsels gehören Grunderwerbssteuer, Notar- und Grundbuchkosten, gegebenenfalls Maklergebühren, Umzugskosten, Wechsel des Bekanntenkreises etc. Viele dieser Kosten haben den Charakter von irreversiblen „sunk costs“.

In der Literatur werden diese Kosten auch als Mobilitätskosten bezeichnet. Derartige Kostenbarrieren führen zu einer relativ zögerlichen Mengenanpassung der Haushalte an geänderte Wohnpräferenzen durch einen Wohnungswechsel. So kann als Besonderheit des untersuchten Markts auch die (mangelnde) Mobilität der Nachfrager festgehalten werden.[68]

Somit müssen zeitliche Anpassungsverzögerungen aufgrund einer endlichen Anpassungsgeschwindigkeit auf Seiten der Anbieter und der Nachfrager in Kauf genommen werden. Die vierte Bedingung der unendlich schnellen Anpassungsgeschwindigkeit ist nicht erfüllbar.

1.1.5 Keine persönlichen Präferenzen und räumliche Differenzierungen

Diese Bedingung beinhaltet, daß kein Anbieter einen bestimmten Nachfrager und kein Nachfrager einen bestimmten Anbieter gegenüber anderen aus Gründen, die in seiner Person oder seinem Standort liegen, vorzieht.[69]

Im Falle eines Immobiliengeschäfts ist die Beratung oder Verkaufsverhandlung nicht der wesentliche Bestandteil des Nutzens aus dem Kaufgeschäft. Weiterhin bestehen im allgemeinen zwischen den Vertragsparteien nach Vertragsabschluß keine weiteren Beziehungen. Persönliche Präferenzen zwischen Verkäufer und Käufer können also meistens vernachlässigt werden. Lediglich beim Verbleib des Verkäufers innerhalb des gleichen Objekts können Präferenzen bezüglich des Familienstandes, der Nationalität oder persönlicher Sympathien gegeben sein.[70]

---

68 vgl.: Bärsch, J., Novy, K. (1989), S. 275
69 vgl.: Stobbe, A. (1983), S. 313
70 vgl.: Dornbach, J. (1995), S. 31

Die zweite Forderung nach fehlender räumlicher Differenzierung ist jedoch problematisch, da gerade die Immobilität einer Wohnung zu regionalen Differenzierungen führt und eine Vielzahl regionaler Wohnungsteilmärkte entstehen läßt.[71]
Haushaltsmitglieder sind an Arbeits- und Ausbildungsplätze gebunden und auch von Versorgungseinrichtungen abhängig. Der räumliche Aspekt ist also aus Sicht des Wohnnutzenden von entscheidender Bedeutung; Wohnungen müssen den infrastrukturellen Einrichtungen räumlich zugeordnet werden. Infolge dieser räumlichen Zuordnung wird der Faktor "Erreichbarkeit" zu einem regionalen Abgrenzungskriterium für einen bestimmten Wohnungsteilmarkt. Jedoch muß die Zuordnung einer bestimmten Wohnung zu einem bestimmten regionalen Teilmarkt nicht immer gelingen. Sind etwa gleich gute Erreichbarkeiten von Arbeitsstätten und Versorgungseinrichtungen in konkurrierenden regionalen Teileinheiten gegeben, ist die Zuordnung der Wohnung durch die Präferenzen des Wohnungsnutzers bestimmt. Dementsprechend sind Überschneidungen regionaler Teilmärkte einerseits aus der räumlichen Einbindung möglich und resultieren andererseits aus der räumlichen Präferenz des Nutzers. Die regionalen Teilmärkte lassen sich also in ihren Grenzen nicht konkret bestimmen.

Aufgrund der Aufspaltung des Wohnungsmarkts in viele regionale Teilmärkte müssen die Prozesse, die zu einem Marktgleichgewicht führen und die in dem Kapitel 1.1.4.4 (Verbund der Teilmärkte) dargestellt wurden, auf jeden einzelnen regionalen Teilmarkt bezogen werden.[72]

Die Bedingung der Irrelevanz von persönlichen Präferenzen und räumlichen Differenzierungen kann bei der Betrachtung von regionalen Teilmärkten und unter Vernachlässigung des Falls von Veräußerung von Teileigentum in einer Wohnanlage aus einer Hand als bedingt erfüllt betrachtet werden.

---

71 vgl.: Bone-Winkel, S., Sotelo, R. (1995), S. 200
72 vgl.: Dornbach, J. (1995), S. 31

1.1.6 Fazit

Die vorangegangenen Überlegungen zeigen, daß auf dem Markt für selbstgenutztes Wohneigentum die Bedingungen der vollkommenen Konkurrenz nicht vorliegen.

Jedoch kann angenommen werden, daß der Wohnungsmarkt durch die festgestellten Abweichungen von dem Referenzmodell der vollkommenen Konkurrenz nicht in dem Maße beeinflußt wird, daß er ohne Subventionen nicht mehr funktionieren würde.[73] Weiterhin wird die Meinung vertreten, daß auch der unregulierte Wohnungsmarkt zu einem durchaus akzeptablen Ergebnis führen würde; allerdings würde der Anpassungsprozeß soviel Zeit beanspruchen, daß ein staatlicher Eingriff gerechtfertigt sei.[74]

Aufgrund der vorangegangenen Untersuchung können jedoch noch keine Aussagen darüber gemacht werden, ob durch Subventionen die Effizienz auf dem Wohnungsmarkt gesteigert werden kann.

---

[73] vgl.: Deichmann, W., Mackscheidt, K. (1982), S. 17 und Eekhoff, J. (1987), S. 3

[74] vgl.: Behring, K., Goldrian, G. (1991), S. 163

2. Die Gewährung von Subventionen zur Erreichung finanzpolitischer Ziele im Rahmen einer sozialen Marktwirtschaft

Ein korrigierender staatlicher Eingriff in den Marktprozeß wie die Gewährung von Subventionen ist fester Bestandteil einer sozialen Marktwirtschaft.[75]

Die in allen Industrienationen beobachtbaren starken Rückgriffe auf Subventionen lassen annehmen, daß diese zur Erreichung von vorher definierten Zielen tauglich sind; ob sie dies auch auf dem Markt für selbstgenutztes Wohneigentum sind, ist Untersuchungsgegenstand dieses Kapitels.

Nach einer kurzen begrifflichen Abgrenzung in Kapitel 2.1 wird in den folgenden drei Abschnitten untersucht, ob die in der finanzwissenschaftlichen Literatur formulierten Subventionsziele der Allokation, der Verteilung und der Stabilität durch die Förderung des selbstgenutzten Wohneigentums nachhaltig positiv beeinflußt werden können.

Mittels der *Allokationspolitik* versucht der Staat, den Einsatz und die Verwendung von Ressourcen so zu beeinflußen, daß es zu einem anderen Ergebnis kommt als es die privaten Aktivitäten in einem rein marktwirtschaftlichen Prozeß hervorgebracht hätten.

Mittels der *Verteilungspolitik* werden die Voraussetzungen und die Ergebnisse der Verteilung, die sich aus dem Markt ergeben, verändert.

Mittels der *Stabilisierungspolitik* werden Schwankungen, die sich infolge der marktwirtschaftlichen Ordnung ergeben, geglättet.[76]

2.1 Begriffsabgrenzung

In der Literatur existiert eine Vielzahl von Definitionen für Subventionen.[77] Deshalb sollen hier nur die nomenklaturischen Grundlagen behandelt werden. So werden Subventionen meistens umschrieben als

- partielle Begünstigung, welche
- ein Leistungsträger der öffentlichen Finanzwirtschaft
- einem Empfänger außerhalb der staatlichen Verwaltung

---

75 vgl.: Töpfer, K. (1995), S. 7

76 vgl.: Brümmerhoff, D. (1992), S. 6

77 vgl.: Andel, N. (1977), S. 491

- ohne marktwirtschaftliche Gegenleistung
- zur Erfüllung bestimmter Zwecke

gewährt wird.[78]

Eine Zulage ist eine Mischform einer Ausgaben- und Steuersubvention.[79] Auf die einzelnen Formen der Subventionen soll hier nicht näher eingegangen werden.[80]

2.2 Allokation

Subventionen können zur Verbesserung der Faktorallokation und zur Annäherung an ein Produktionsoptimum im Sinne der Wohlfahrtstheorie eingesetzt werden.[81]

Wettbewerb auf einem Markt führt zu Effizienz, die Individuen fragen von einem Gut gerade soviel nach, daß der Vorteil einer zusätzlichen Einheit gerade den Grenzkosten einer zusätzlichen Einheit entspricht.[82]

Allerdings führen verschiedene Formen des Marktversagens dazu, daß die Bedingungen zur Erreichung des Allokationsoptimum nicht immer erfüllt sind und sich dadurch Spielräume für allokationseffizienzsteigernde staatliche Maßnahmen wie Subventionen ergeben[83] und diese sich rechtfertigen lassen wie auch eine Subvention der Wohneigentumsbildung.
Für diese Fälle des allokativen Marktversagens nennt Brümmerhoff u.a. folgende fünf Ursachen:

1. Sinkende Durchschnittskosten
2. Marktmachtbedingte Verzerrungen auf dem Gütermarkt
3. Meritorische Güter
4. Wettbewerbsverzerrende Maßnahmen des Staates
5. Externe Effekte

---

78 vgl.: Dickertmann, D., Diller, K.D. (1987), S. 538-539
79 vgl.: Stiglitz, J.E., Schönfelder, B. (1989), S. 35
80 vgl. dazu: Andel, N. (1977), S. 492-493
81 vgl.: Andel, N. (1970), S. 70
82 vgl.: Stiglitz, J.E., Schönfelder, B. (1989), S. 91
83 vgl.: Andel, N. (1992), S. 381

2.2.1 Sinkende Durchschnittskosten

Als ersten Grund für Marktversagen und damit als Begründung einer Subvention der Wohneigentumsbildung können sinkende Durchschnittskosten genannt werden.

Eine pareto-optimale Allokation ist dadurch gekennzeichnet, daß sich der Gleichgewichtspreis und die Gleichgewichtsmenge gerade dort bilden, wo die marginale Nachfrage den Grenzkosten entspricht.[84] Eine effiziente Allokation der Ressourcen wird nicht verwirklicht, wenn die langfristigen Durchschnittskosten einzelner Produzenten mit zunehmender Produktion sinken.[85] Bei sinkenden Durchschnittskosten führt eine pareto-optimale Allokation zu einem Verlust des Produzenten.[86] Dies ist an der folgenden Abbildung zu erkennen.

Abb. 2: Sinkende Durchschnittskosten

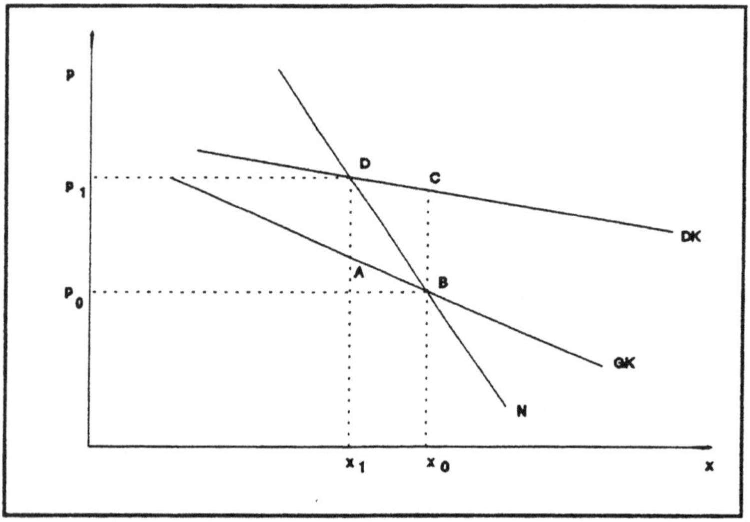

Quelle: Dornbach, J. (1995), S. 40

---

84 vgl.: Hartig, R. (1990), S. 11

85 Der Verlauf der Durchschnittskosten ist normalerweise u–förmig: der anfängliche Rückgang der Durchschnittskosten ist auf ein Sinken der durchschnittlichen Fixkosten zurückzuführen; der spätere Anstieg wird verursacht durch das Steigen der durchschnittlichen variablen Kosten. Vergleiche hierzu Varian, H.R. (1991), S. 339

86 vgl.: Andel, N. (1992), S. 393, Dornbach, J. (1995), S. 40

Als Ursache für langfristig sinkende Durchschnittskosten können steigende Skalenerträge, vergleichsweise niedrige variable Grenzkosten[87] oder eine Unteilbarkeit des Kapitaleinsatzes bei der Produktion genannt werden, was sich in hohen Fixkosten niederschlägt. Wegen der Unteilbarkeit des Kapitaleinsatzes können die Mengen zu sinkenden Stückkosten pro Einheit (pro Nachfrager) produziert werden. Kennzeichnend ist, daß Mindestkapazitäten mit hohem Kapitaleinsatz erforderlich sind. Die jeweils kostengünstigeren Anbieter verdrängen infolge anhaltend sinkender Durchschnittskosten die Konkurrenten vom Markt, indem sie deren Preis unterbieten. Der letztendlich verbleibende Alleinanbieter bietet zum Monopolpreis an und damit eine ineffiziente Angebotsmenge. In diesem Fall spricht man von einem natürlichen Monopol, mit dem Preisbildungs- und Defizitprobleme verbunden sind.[88]
Dies kann an Abbildung 2 verdeutlicht werden. DK bezeichnet die mit steigender Produktion langfristig sinkenden Durchschnittskosten, GK stellt die Grenzkosten dar und N schließlich die Gesamtnachfragekurve.
Die Durchschnittskosten (DK) sinken auch noch bei der Überschneidung mit der Gesamtnachfragekurve N. Die Grenzkosten liegen unter den Durchschnittskosten.
Die Produktion wird nicht ausgedehnt bis der Preis den Grenzkosten entspricht, denn diese gesamtwirtschaftlich und langfristig optimale Produktionsmenge x_0 würde zu einem Stückverlust des Anbieters in Höhe von BC (= DK – p) führen. Um dies zu verhindern, produziert er die Menge x_1; hier decken die Erlöse die Durchschnittskosten. Die effiziente Allokation wird jedoch verfehlt, obwohl die Zahlungsbereitschaft der Konsumenten für die nicht mehr produzierten Mengen größer ist als deren Grenzkosten. Bei einem Preis von p_1 entsteht ein Verlust an Konsumentenrente in Höhe von DAB.[89]

Durch eine Subvention des Produzenten besteht die Möglichkeit, diese Abweichung von der paretooptimalen Allokation auszugleichen.[90] Der Verlust, der bei der Produktionsmenge von x_0 auftritt, muß durch Subventionen ausgeglichen werden, wenn das Unternehmen nicht aus dem Markt ausscheiden soll.[91]

Vor dem Hintergrund dieser Überlegungen wird nun untersucht, ob sinkende Durchschnittskosten auf dem Wohnungsmarkt vorliegen und ob daraus eventuell eine Unterversorgung an Wohnraum ableitbar ist.

87 vgl.: Andel, N. (1992), S. 394
88 vgl.: Brümmerhoff, D. (1992), S. 47 ff.
89 vgl.: Brümmerhoff, D. (1992), S. 47-50
90 vgl.: Andel, N. (1992), S. 394
91 vgl.: Brümmerhoff, D. (1992), S. 49

Wie oben schon erwähnt liegen sinkende Durchschnittskosten typischerweise immer dann vor, wenn die Produktion durch hohe Fixkosten[92], vergleichsweise niedrige Grenzkosten[93] oder durch einen unteilbaren Kapitaleinsatz gekennzeichnet ist.[94]

Die Produktionsbedingungen in der Bauindustrie sind geprägt durch eine hohe Personalintensität und infolgedessen durch einen hohen variablen Kostenanteil. Zwar werden auch Investitionsgüter wie Baumaschinen unterschiedlichster Art und zu deren Lagerung eventuell Lagerkapazitäten benötigt, doch übersteigen diese gemäß einer Kostenstrukturerhebung des Statistischen Bundesamtes nicht einen Anteil von 30 v.H.[95] Berücksichtigt man die heutigen Möglichkeiten des Mietens und des Leasings von Maschinen, ist aber mit einem sinkendem Fixkostenanteil zu rechnen.
Da somit die Kosten pro Wohnung auch bei ansteigender Produktion nahezu konstant bleiben, kann eine Unterversorgung an Wohnungen nicht auf sinkende Durchschnittskosten zurückgeführt werden. Somit besteht also auch aus diesem Grund nicht die Notwendigkeit einer Subventionierung.[96]
Dagegen muß aber davon ausgegangen werden, daß der Preis pro Quadratmeter Wohnfläche bei einer steigenden Anzahl von Wohneinheiten innerhalb einer Immobilie durch eine bessere Flächennutzung des Grundstücks und relativ sinkenden Kosten für Erschließung, Aushub, Fundamente etc. sinkt; somit lägen hier sinkende Skalenerträge vor. Dies kann aber nicht eine Tendenz zum allokativen Marktversagen im obigen Sinne bewirken. Es verdeutlicht vielmehr, daß bei einer verdichteten Bebauung Kostenvorteile entstehen, die eine Wohnraumversorgung auf geringerem Preisniveau ermöglichen.[97]

---

92 vgl.: Brümmerhoff, D. (1992), S. 48 ff.
93 vgl.: Andel, N. (1992), S. 394
94 vgl.: Brümmerhoff, D. (1992), S. 49 ff.
95 vgl.: Statistisches Bundesamt (Hrsg.), (1993), S. 7 ff.
96 vgl.: Dornbach, J. (1995), S. 41
97 vgl.: Dornbach, J. (1995), S. 41

2.2.2 Marktmachtbedingte Verzerrungen infolge monopolistischen Verhaltens

Im Gegensatz zu Anbietern bei vollkommener Konkurrenz versucht ein gewinnmaximierender Monopolist nicht die Menge zu produzieren, bei der der Preis den Grenzkosten entspricht, sondern diejenige Menge, bei der der Grenzerlös den Grenzkosten entspricht. Durch seinen Versuch, den Cournotschen Punkt zu erreichen, verletzt er jedoch die Bedingungen der Pareto-Optimalität.[98]

Bei marktmachtbedingten Verzerrungen ist der Preis für die Produzenten keine exogene Größe (Datum) mehr, sondern er kann diesen vielmehr durch Steuerung seiner Ausbringungsmenge festsetzen.[99] Typisches Beispiel für marktmachtbedingte Verzerrungen ist der Monopolist, der durch Steuerung seiner Ausbringungsmenge den gewinnmaximalen Preis festsetzen kann.[100] Dieser Zusammenhang soll anhand der Abbildung 3 dargestellt werden.

Abb.3: Wirkung eines Monopols

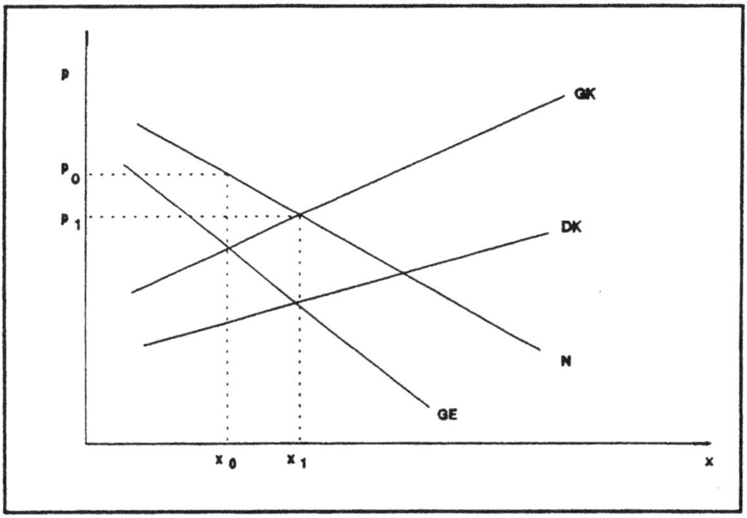

Quelle: Dornbach, J. (1995), S. 42

98 vgl.: Brümmerhoff, D. (1992), S. 49 ff.
99 vgl.: Schumann, J. (1987), S. 234
100 vgl.: Schumann, J. (1987),S. 234

Wie schon vorhin dargestellt wurde, erzielt der Monopolist seinen maximalen Gewinn, wenn er genau die Menge produziert, bei der die Grenzkosten dem Grenzerlös entsprechen, also in der Abbildung genau bei der Menge x_0.

Der Angebotspreis beträgt dann entsprechend der Nachfrage p_0. Jedoch liegt die pareto-optimale Ausbringungsmenge in dem Schnittpunkt von Nachfragekurve und Grenzkostenkurve, d.h. bei der Ausbringungsmenge in Höhe von x_1. Die pareto-optimale Ausbringungsmenge wird also um die Differenz $(x_1 - x_0)$ unterschritten.

Für den Staat bestehen zwei Möglichkeiten, diese Wirkungskette zu unterbinden: so könnte der Staat einerseits durch eine Stücksubventionierung in Höhe der Differenz zwischen Preis und Grenzerlös den Monopolisten dazu bewegen, die optimale Ausbringungsmenge x_1 anzubieten. Dabei müßte der Subventionsbetrag jedoch pro Ausbringungsmenge dann so variieren, daß die Grenzerlöskurve des Monopolisten mit der Nachfragekurve zusammenfiele.[101]
Andererseits könnte der Staat Starthilfen in Form von Subventionen an neue Anbieter vergeben und dadurch eine Zunahme der Konkurrenz erzeugen.[102]

In dem folgendem Abschnitt soll nun untersucht werden, ob auf dem Wohneigentumsmarkt eine marktmachtbedingte Verzerrung vorliegt und ob diese zu einer Abweichung von der pareto-optimalen Allokation führt.

Da der Bausektor auf der Angebotsseite typischerweise mittelständisch ist,[103] kann davon ausgegangen werden, daß keine marktmachtbedingten Verzerrungen vorliegen. Der Marktpreis von Neubauwohnungen und auch der von Modernisierungs- und Renovierungsmaßnahmen bei Bestandswohnungen kann nicht durch einzelne Unternehmen beeinflußt werden. Diese Überlegungen werden auch noch dadurch untermauert, daß sich 80 v.H. des Wohnungsbestands in Privateigentum befinden und deshalb keine marktmachtbedingten Verzerrungen existieren.[104]

Im Bereich der Planung der Flächennutzung und Bebauung besteht zwar ein Monopol auf Seiten der Kommunen, jedoch entspricht deren Handlungsweise und Zielsetzung nicht der des oben dargestellten

---

101 Bei diesem Lösungsvorschlag liegt die Problematik jedoch darin, daß der Staat zur Festlegung des Subventionstarifs die Nachfrage- und die (Grenz-)Kostenfunktion kennen müßte. Vgl. dazu: Brümmerhoff, D. (1992), S. 51

102 vgl.: Brümmerhoff, D. (1992), S. 50-51

103 vgl.: Statistisches Bundesamt (Hrsg.), (1997), S. 220

104 vgl.: Dornbach, J. (1995), S. 43

Monopolisten. Somit sind also auch auf diesem Sektor keine marktmachtbedingten Verzerrungen feststellbar.

Bei einem Nachfrageüberhang auf dem Wohnungsmarkt kann eine Bewegung zum Gleichgewicht infolge der mangelnden Substitutionsgüter - Bauland ist nicht substituierbar - nicht durch die Marktteilnehmer, sondern nur durch die flächenausweisenden Gebietskörperschaften erfolgen.
Somit steigert eine restriktive Baulandausweisung die Renten der Grundstückseigentümer und so auch die Preise der Neubauwohnungen und deren Substitutionsgüter.[105] Dies kann mit marktmachtbedingten Verzerrungen gleichgesetzt werden.

Doch auch informationsbedingte monopolistische Tendenzen können marktmachtbedingte Verzerrungen hervorrufen. Auf dem Wohnungsmarkt ist ein tendenzielles Informationsmonopol feststellbar,[106] wenn ein Haushalt in einer ihm unbekannten Region Wohneigentum zur Selbstnutzung mit Hilfe eines Vermittlers sucht. Dem Vermittler können sich so monopolistische Spielräume eröffnen, in dem er aufgrund seiner besseren Marktkenntnis dem suchenden Haushalt eine Wohnung vermittelt, die nicht dessen allokativen Optimum entspricht; denn bei höherer Markttransparenz und damit einer besseren Marktkenntnis hätte der Wohnungssuchende eventuell eine Wohnung finden können, die ihm entweder bei gleichen Kosten einen höheren Nutzen gebracht hätte oder bei niedrigeren Kosten den gleichen Nutzen.[107]

Somit können als Ursache für marktmachtbedingte Verzerrungen auf dem Wohnungsmarkt restriktive Baulandausweisungen durch die Kommunen und Informationsmonopole auf Seiten der Wohnungsanbieter genannt werden.

---

105 vgl.: Dornbach, J. (1995), S. 43
106 vgl.: Deichmann, W., Mackscheidt, K. (1982), S. 15
107 vgl.: Dornbach, J. (1995), S. 44

2.2.3 Meritorische Güter

Ferner können die allokativen Ergebnisse unter meritorischen Gesichtspunkten als unbefriedigend gelten.[108]

Zur Befriedigung seiner Bedürfnisse konsumiert der Verbraucher Güter. Diese lassen sich grundsätzlich in freie und wirtschaftliche Güter einteilen. Freie Güter wie beispielsweise Luft sind ausreichend vorhanden, ihr Preis beträgt Null und die Bedürfnisse aller Teilnehmer einer Volkswirtschaft können befriedigt werden. Dagegen zeichnen sich die wirtschaftlichen Güter dadurch aus, daß sie nicht in ausreichendem Umfang vorhanden sind. Anhand des Ausschluß- und des Rivalitätsprinzips wird innerhalb der wirtschaftlichen Güter zwischen privaten und öffentlichen Gütern unterschieden.[109]

Da es möglich ist, andere vom Konsum des Gutes (selbstgenutztes) Wohneigentum auszuschließen, wenn diese nicht den Preis für die Nutzung bezahlen wollen, ist das Ausschlußprinzip als Bedingung eines privaten Guts erfüllt.

Wird eine Wohnung von einem Fremden unentgeltlich mitbenutzt, wird die Konsummöglichkeit für den Hauptmieter oder den Eigentümer und damit sein Nutzen erheblich reduziert. Das Rivalitätsprinzip ist auch erfüllt.

Somit ist das Gut (selbstgenutztes) Wohnen ein privates Gut und damit nicht subventionswürdig.

Ließe sich jedoch das Gut "Wohnen" in die dritte Klasse der wirtschaftlichen Güter, nämlich den meritorischen Gütern, einordnen, könnte dennoch eine Subventionswürdigkeit abgeleitet werden.

Da der Nachfrager den Nutzen der meritorischen Güter verkennt, bringt der Markt ein Ergebnis hervor, das vom Staat nicht erwünscht ist und er greift korrigierend ein. Meritorisch begründete Eingriffe können also auch bei privaten Gütern wie "Wohnen" erfolgen. Dabei werden die individuellen Präferenzen ergänzt bzw. korrigiert, es erfolgt ein Eingriff in die Konsumentensouveränität.[110]

Im Fall des selbstgenutzten Wohneigentums liegen aber keine verzerrten Präferenzen vor, da etwa 79 v.H. der Haushalte Wohneigentum anstreben.[111]

Eine weitere Begründung für staatliche Eingriffe beruht auf der Überlegung, daß die Präferenzen der Konsumenten wegen falscher oder unvollkommener Information verzerrt sind; der Staat müßte also zunächst nur für eine entsprechende Information der Konsumenten sorgen, was systemkonform wäre und keinen Eingriff in die Konsumentensouveränität darstellen würde.[112]

---

108 vgl.: Brümmerhoff, D. (1992), S. 96 ff.

109 vgl.: Brümmerhoff, D. (1992), S. 79 ff.

110 vgl.: Zimmermann, H., Henke, K.-D. (1990), S. 46

111 vgl.: Badde, C. (1993), S.124

112 vgl.: Brümmerhoff, D. (1992), S. 97

In der Bundesrepublik Deutschland wohnen knapp 60 v.H. der Haushalte zur Miete.[113] Dies kann jedoch nicht auf verzerrte Präferenzen zurückgeführt werden, sondern auf die Kosten des Erwerbs von selbstgenutzten Wohneigentum in Verbindung mit einer zu geringen finanziellen Leistungsfähigkeit der Durchschnittshaushalte,[114] was auch deutlich aus der empirischen Analyse des Kapitels 3 hervorgeht.

2.2.4 Wettbewerbsverzerrende Maßnahmen des Staates

Auch Maßnahmen des Staates können den Wettbewerb und damit die Allokation verzerren, was wiederum eine Subvention begründet.
Wohnungspolitische Gesichtspunkte sprechen für eine neutral ausgerichtete Förderung hinsichtlich Miete und Wohneigentum. Auch aus verteilungspolitischer Sicht erscheint eine Förderung des selbstgenutzten Wohneigentums, die über die Begünstigung des Mietwohnungsbaus hinausgeht, problematisch: Haushalte, die wegen mangelndem Vermögen und Eigenkapital kein Wohneigentum erwerben können, können somit auch nicht die Zusatzförderung beanspruchen.
Aus vermögenspolitischen und familienpolitischen Gründen hat sich jedoch der Staat dazu entschlossen, die Bildung von Wohneigentum von privaten Haushalten besonders zu fördern.[115]

Gerade diese staatliche Einnahmen- bzw. Ausgabenpolitik kann jedoch Ursache für Wettbewerbsverzerrungen sein, die zu einem allokativen Marktversagen führen können. Die Förderung von selbstgenutzten Wohneigentum greift direkt in das Marktgeschehen ein und führt so zu einer Abweichung von der optimalen Allokation.[116] Dieser Zusammenhang soll im folgenden näher erläutert werden.

2.2.4.1 Staatliche Eingriffe und deren Wirkungen auf den Wohneigentumsmarkt

Generell tragen die Kosten dafür Sorge, den Wert der Produktionsfaktoren der besten Verwendung zuzuführen.[117] Infolge von Eingriffen des Staates in das Marktgeschehen in Form der Festsetzung von Mindest- oder Höchstpreisen kommt es zu einer Abweichung von der optimalen Allokation.

---

113 vgl.: Badde, C. (1993), S. 135
114 vgl.: Engels, W. (1982), S. 10
115 vgl.: Expertenkommission (1995), S. 255 f.
116 vgl.: Brümmerhoff, D. (1992) S. 53 f.
117 vgl.: Andel, N. (1970), S. 82

Dies soll anhand der Abbildung 4 verdeutlicht werden.

Abb. 4: Mindestpreise

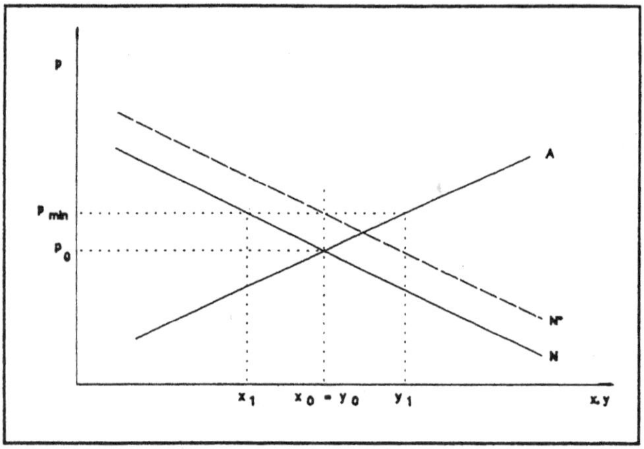

Quelle: Dornbach, J. (1995), S. 45

Legt der Staat einen **Mindestpreis** p_{min} über dem Gleichgewichtspreis fest, führt dies zu einer umgesetzten Menge in Höhe von x_1.

Die bei dem Mindestpreis umgesetzte Menge x_1 liegt unter der pareto-optimalen Gleichgewichtsmenge x_0, die sich ohne den staatlichen Eingriff ergeben hätte.[118] Zur Erreichung des optimalen Umsatzes besteht die Möglichkeit, den Nachfrager in der Höhe zu subventionieren, daß er die Menge x_0 erwirbt.[119]

Analog dazu läßt sich eine Subventionierung des Anbieters bei staatlich festgesetzten **Höchstpreisen** ableiten. Legt der Staat den Höchstpreis p_{max} unterhalb des Gleichgewichtspreises p_0 fest, ergibt sich ein Umsatz in Höhe y_1. So wird durch die Festsetzung des Höchstpreises p_{max} das Angebot auf y_1 reduziert; die Nachfrage bleibt in Höhe von $(x_1 - y_1)$ unbefriedigt.

118 vgl.: Schumann J. (1980), S. 178

119 vgl.: Brümmerhoff, D. (1992), S. 54

Abb. 5: Höchstpreise

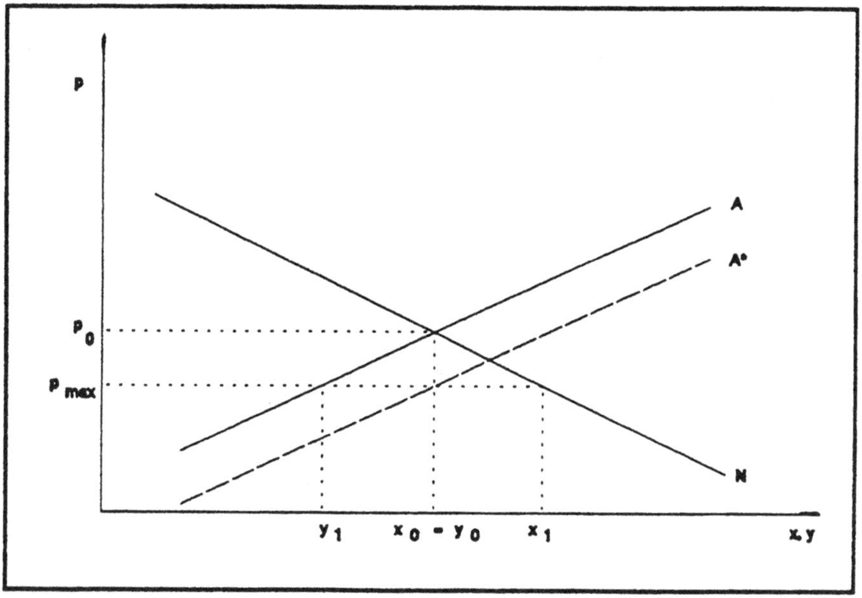

Quelle: Dornbach, J. (1995), S. 45

Eine pareto-optimale Ausbringungsmenge kann durch eine Subventionierung des Anbieters in dem Maße erreicht werden, daß er bereit ist, bei dem vorgegebenen Preis die Menge x_0 anzubieten.

Im folgenden soll untersucht werden, ob auf dem Wohnungsmarkt staatlich festgesetzte Mindest- oder Höchstpreise vorliegen und ob durch diese staatlichen Eingriffe eine suboptimale Allokation verursacht wird.[120]

---

[120] vgl.: Schumann, J. (1987), S. 178

2.2.4.2 Staatliche Eingriffe im Mietwohnungsmarkt und deren Wirkungen auf den Wohneigentumsmarkt

Auf dem Wohneigentumsmarkt existieren zwar keine Höchstpreis- oder Mindestpreisverordnungen, die eine Ausbringungsmenge bewirken, die unterhalb der pareto-optimalen Menge liegt, doch soll im folgenden die Verbundwirkung zwischen Eigentums- und Mietwohnungsmarkt kurz dargestellt werden, da die staatlichen Eingriffe auf dem Mietwohnungsmarkt die Preisbildung auf dem Wohneigentumsmarkt nachhaltig beeinflußen.

Das Mietpreisniveau ist stark geprägt durch die Preise des Sozialen Wohnungsbaus und die im Verhältnis zu den Neubaumieten relativ geringen Bestandsmieten. Die relativ niedrigen Bestandsmieten sind nicht mit den gestiegenen Baupreisen im Neubausektor, sondern vielmehr durch das langjährige Verbot einer inflationsorientierten Mietsteigerung in Form von Staffel- oder Indexmieten verbunden. So bleiben in bestehenden Mietverhältnissen die Mietpreise meistens hinter der aktuellen Preisentwicklung zurück.[121]

Dies bewirkt wiederum, daß der Kapitaleinsatz in anderen Sektoren häufig rentabler ist als der in die Wohnungswirtschaft. So bewirkt das Mietrecht sowohl eine Unterversorgung auf dem Mietwohnungsmarkt[122] als auch eine suboptimale Allokation auf dem Wohneigentumsmarkt als Folge eines reduzierten Preisgefüges für das Substitutionsgut Mietwohnung.[123]

Ohne eine Subvention des Wohneigentums führt das Wohnen zur Miete zu einer besseren Mittelverwendung als der Erwerb von Wohneigentum, da infolge der staatlichen Eingriffe die Mietpreise unter dem Gleichgewichtspreis des freien Markts liegen. Bei einem rationalen Verhalten des Nachfragers führt dieser sein Kapital dem besten Verwendungszweck zu; bei der Wahl zwischen Mietwohnung und selbstgenutzter Eigentumswohnung entscheidet sich ein rationaler Nachfrager also für eine Mietwohnung.

Der Wohneigentumsmarkt wird also durch Regulierungen auf dem Mietwohnungsmarkt beeinflußt, die zu einer Abweichung von der pareto-optimalen Allokation führen. Es bestehen zwei Möglichkeiten zur Vermeidung dieser Fehlallokation: durch Gewährung einer entsprechenden Subvention könnte die Rendite am selbstgenutzten Wohneigentumsmarkt erhöht werden. Hierbei muß jedoch die angespannte Haushaltslage des Staates berücksichtigt werden. Die zweite Möglichkeit besteht darin, die Mieten freizugeben und dadurch ein Mietpreisniveau auf Höhe des Gleichgewichtspreises zu erreichen. Diese Alternative stößt aber unter sozialpolitischen Aspekten an ihre Grenzen.

---

121 vgl.: Dornbach, J. (1995), S. 46
122 vgl.: Häuser, K., Heuer, J.H.B., Wielens, H. (1983), S. 62
123 vgl.: Deichmann, W. , Mackscheidt, K. (1982), S. 22

Die aktuellen Rahmenbedingungen bzw. die staatlichen Regulierungen des Mietwohnungsmarktes können als Begründung für eine Subvention gewertet werden, da diese die Nachfrage nach selbstgenutzten Wohneigentum unter die effiziente Gleichgewichtsnachfrage sinken lassen.[124]

2.2.5 Externe Effekte

Als letzter Grund für allokatives Marktversagen und damit als Begründung für eine Subvention sollen die externen Effekte behandelt werden.
Das Erste Theorem der Wohlfahrtsökonomik besagt, daß eine Gleichgewichtsallokation, die durch Konkurrenzmärkte - unter Abwesenheit von externen Effekten - erzielt wurde, notwendigerweise pareto-effizient ist.[125] Treten jedoch externe Effekte auf, ist es unwahrscheinlich, daß das Ergebnis des Konkurrenzmarkts pareto-effizient sein wird.[126]
Externe Effekte sind diejenigen Wirkungen auf ein Wirtschaftssubjekt, die aus Aktivitäten eines anderen Wirtschaftssubjekts resultieren und die nicht in den Preismechanismus miteinfließen. So werden die Verursacher von externen Erträgen nicht (voll) entschädigt, die Verursacher externer Kosten nicht (voll) belastet. Somit bewirken externe Effekte Effizienzverluste, da Wirtschaftssubjekte lediglich die internen, nicht jedoch die externen Kosten bei der Gewinnmaximierung berücksichtigen.[127] Als konstitutive Merkmale externer Effekte sind also Interdependenzen und fehlende marktmäßige Entschädigungen für die Wirkung dieser Interdependenzen festzuhalten.[128] Zur Gewährleistung einer pareto-optimalen Allokation müßten jedoch alle Aktivitäten, die andere Wirtschaftssubjekte beeinflußen, in den Preisbildungsprozeß einbezogen werden.[129]
Regierungen reagieren auf externe Effekte unterschiedlich; im Kontext dieser Arbeit soll jedoch hinsichtlich externer Effekte nur die Wirkung von staatlichen Subventionen verdeutlicht werden.[130]
Die beiden folgenden Abbildungen 6 und 7 zeigen die mikroökonomischen Auswirkungen von externen Erträgen und externen Kosten.

---

124 vgl.: Dornbach, J. (1995), S. 46 ff.
125 vgl.: Varian, H.R. (1991), S. 473
126 vgl.: Varian, H.R. (1991), S. 539
127 vgl.: Hartig, R. (1990), S. 11; vergleiche dazu auch ausführlicher: Stiglitz, J.E., Schönfelder, B. (1989), S. 101-102
128 vgl.: Brümmerhoff, D. (1992), S. 58
129 Auf die Beziehungen bei Externalitäten soll hier nicht näher eingegangen werden. Vgl. dazu: Brümmerhoff, D. (1992), S. 58-59
130 Zu den alternativen finanzpolitischen Maßnahmen zur Korrektur von Externalitäten vgl.: Zimmermann, H., Henke, K.-D. (1987), S. 40–41 und S. 378–388; Brümmerhoff, D. (1992), S. 64–76; Stiglitz, J.E., Schönfelder, B. (1989), S. 102

Abb. 6: Externe Erträge

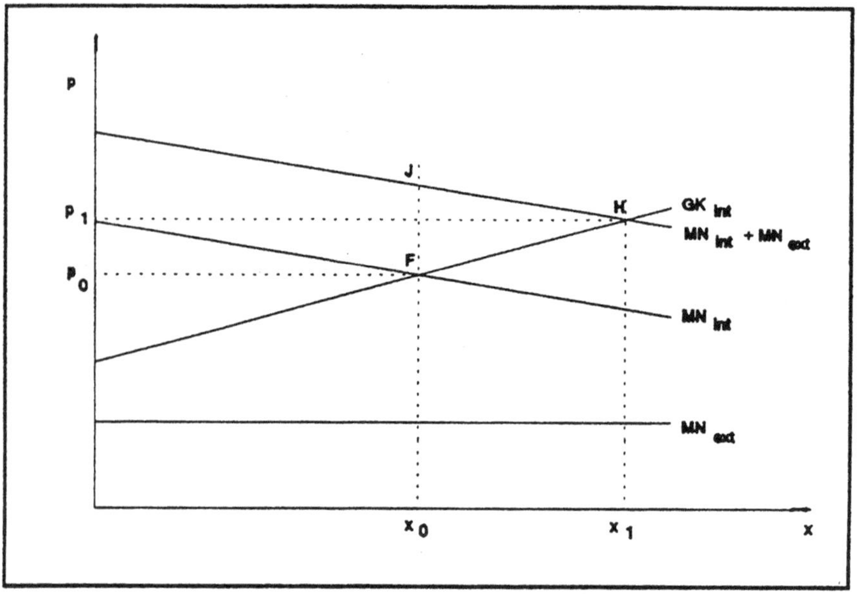

Quelle: Dornbach, J. (1995), S. 72

Unter Abwesenheit von externen Effekten ergibt sich ein Gleichgewicht bei p_0 und x_0. MN_{ext} stellt die externen Erträge dar, die durch das betrachtete Produkt entstehen. Wird das Produkt nun in Höhe der externen Erträge subventioniert, verändert sich die marginale Nachfragekurve in $MN_{int} + MN_{ext}$. Das neue Gleichgewicht liegt bei p_1 und x_1. Die gesamte Wohlfahrt hat sich um das Dreieck JFH erhöht.[131]

Auch bei dem Auftreten von externen Kosten, kann die Allokation ebenfalls durch staatliche Eingriffe verbessert werden. Dies soll anhand der Abbildung 7 verdeutlicht werden.

---

[131] vgl.: Andel, N. (1992), S. 390 f.

Abb. 7: Externe Kosten

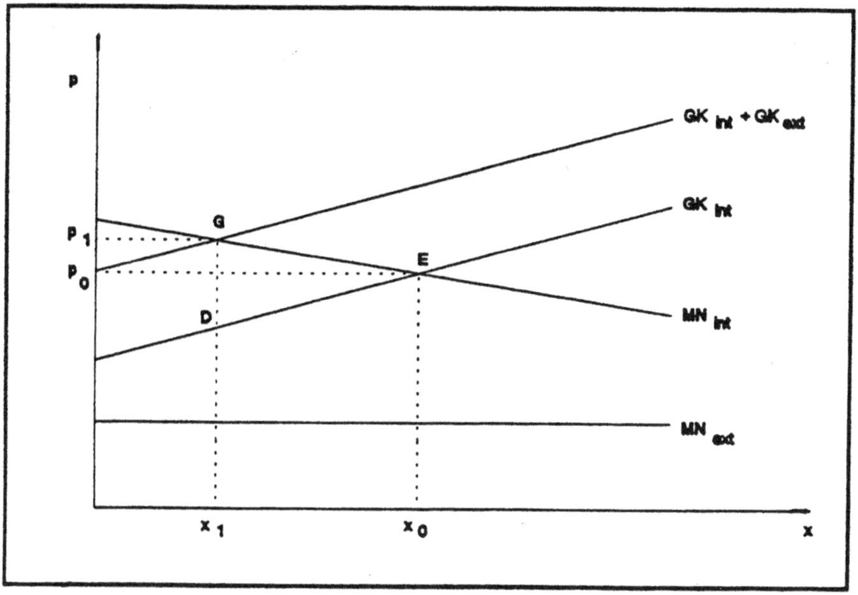

Quelle: Dornbach, J. (1995), S. 72

Läßt man die externen Kosten unberücksichtigt, ergibt sich ein Gleichgewicht bei p_0 und x_0. Eine Allokationsverbesserung kann einerseits durch eine Besteuerung in Höhe der externen Kosten oder andererseits durch eine Subventionierung des Anbieters in Höhe von DEG erreicht werden. Die zweite Möglichkeit muß jedoch noch mit der Auflage verbunden werden, daß die Produktion auf x_1 reduziert wird. Beide staatlichen Eingriffe führen zu dem neuen Geichgewichtspunkt p_1/x_1 und damit zu einer Allokationsverbesserung.[132]

Anhand der beiden Abbildungen wird nochmals deutlich, daß externe Erträge im Vergleich zum Allokationsoptimum ein zu niedriges Produktionsvolumen bewirken, dagegen externe Kosten ein zu hohes Produktionsvolumen.[133]

---

132 vgl.: Andel, N. (1992), S. 389 f.

133 vgl.: Dornbach, J. (1995), S. 73

In den folgenden Abschnitten soll nun untersucht werden, ob und wenn ja welche externen Effekte auf dem Wohneigentumsmarkt vorliegen und wieweit diese dann zu einer Abweichung von einer pareto-optimalen Allokation führen. Dabei muß jedoch berücksichtigt werden, daß das zentrale Problem externer Effekte darin besteht, daß sich sowohl deren Höhe als auch damit die Wirkungen der staatlichen Regulierungen auf den Untersuchungsgegenstand nur schwer beziffern lassen.[134]

Im folgenden werden nur einige ausgewählte, in direktem Zusammenhang mit dem selbstgenutzten Wohneigentum stehende Faktoren bezüglich ihrer externen Effekte untersucht.

2.2.5.1 Ökologische Aspekte

Eine Subventionierung des selbstgenutzten Wohneigentums führt unter ökologischen Gesichtspunkten sowohl zu externen Kosten als auch zu externen Erträgen.

So führt die Förderung von selbstgenutztem Wohneigentum in Form von Neubauten von Einfamilienhäusern zu einer Zersiedlung und damit zu einer Verschwendung der knappen Ressource „Boden".[135] Desweiteren wirft eine weiträumige Zersiedlung auch ökologische Probleme auf, da mit ihr gegebenenfalls ein Anschluß an Verkehrswege und eine Ausweitung des Verkehrsaufkommens verbunden ist.[136]

Auch der geringere Wärmeverlust und der niedrigere Bedarf an Baumaterial pro Quadratmeter Wohnfläche sind sowohl ökologische wie ökonomische Vorteile eines Mehrfamilienhauses[137] und sprechen demnach gegen die Herstellung von Einfamilienhäusern.
Die Subventionierung von selbstgenutztem Wohneigentum führt unter ökologischen Aspekten aber auch noch zu externen Erträgen.

---

134 vgl.: Brümmerhoff, D. (1992), S. 72 ff.
135 vgl.: Dornbach, J. (1995), S. 74
136 vgl.: Thiemer, A., Thiemer, B. (1997), S. 21
137 vgl.: Gesamtverband der Wohnungswirtschaft e.V. (1990), S. 30

Es kann angenommen werden, daß die Investitionsbereitschaft selbstnutzender Eigentümer im allgemeinen höher ist als die von vergleichbaren Mieterhaushalten. Vorhandenes Kapital wird zur Renovierung und Modernisierung genutzt; es kommt zu einer längeren Haltbarkeit der Bausubstanz. Die längere Nutzungsdauer der Baumaterialien bringt einen ökologischen Vorteil mit sich, der einen externen Ertrag darstellt.[138] Auch der schonendere Umgang mit dem Eigentum gegenüber Mietbesitz führt zu einer nachhaltigen Ressourcenschonung.[139]

2.2.5.2 Wohnumfeld

Infolge des siedlungsstrukturellen Zusammenhangs stehen Wohnungen sowohl untereinander als gegenüber dem übrigen Wohnumfeld in einem engen Verbund. Diese Verbundwirkungen können direkte, nichtmarktmäßige Begünstigungen oder Beeinträchtigungen von anderen Wirtschaftssubjekten bewirken.[140]

So führt eine Veränderung der Wohnumwelt zu externen Effekten, da der Wert einer Wohnung von der Wohnumwelt abhängt.[141] So strahlt der qualitative Zustand einer Wohnung oder eines Wohnkomplexes auch auf die Qualitätseinstufung der anderen Wohnungen aus. Wird beispielsweise in einem Wohnkomplex ein Spielplatz errichtet, profitieren davon auch die Bewohner benachbarter Gebäude. Es sind dann externe Erträge von dem Wohnkomplex auf die benachbarte Wohngegend ausgegangen. Eine verbesserte Wohn-umwelt steigert den Nutzen einer Wohnung, ohne daß der Besitzer die Kosten dafür tragen muß. Dagegen enstehen negative externe Effekte, wenn der Wohnkomplex verfallen würde.[142]

Die Förderung von Bestandserwerb kann daher zur Verbesserung der Wohnumwelt führen, da Eigentümer eine höhere Bereitschaft zu Renovierungsinvestitionen als Mieter besitzen.[143]

---

[138] vgl.: Dick, E. (1991), S. 103
[139] vgl.: Recktenwald, H.C. (1983), S. 455
[140] vgl.: Thiemer, A., Thiemer, B. (1997), S. 19
[141] vgl.: Eekhoff, J., Paul, T., Preißler, E.K.-H. (1985), S. 4
[142] vgl.: Thiemer, A., Thiemer, B. (1997), S. 19
[143] vgl.: Kornemann, R., Schneider, H.K. (1977), S. 96

2.2.5.3 Mobilität

Selbstgenutztes Wohneigentum senkt die Bereitschaft zur Mobilität, was ein weiteres Beispiel für einen negativen externen Effekt darstellt. Die individuelle Gestaltung des Wohnumfeldes bringt Kosten mit sich wie beispielsweise Ausgaben für Wand-, Decken-, Fußbodengestaltung, Einbaumöbel etc. Sie entsprechen der Präferenzstruktur des Eigentümers und erhöhen dessen Nutzen. Beim Verkauf der Immobilie ergeben sich Verluste, da nur selten die Kosten für die individuelle Umgestaltung voll beglichen werden. Weiterhin entstehen zusätzliche Kosten bei der individuellen Gestaltung der neuen Wohnung. Somit entstehen Effizienzverluste.

Darüberhinaus ergeben sich auch noch Transaktions- und Mobilitätskosten in Form von Grunderwerbssteuer, Notariatskosten, Finanzierungskosten und der Kosten der Wohnungssuche.
Die genannten Transaktions- und Mobilitätskosten führen zu einer Immobilität der selbstnutzenden Wohneigentümer, die sich auch negativ auf den Arbeitsmarkt auswirken kann. Nach einer Schätzung von Miegel beläuft sich die Zahl der Arbeitslosen, die aufgrund ihrer wohneigentumsbedingten Immobilität im Jahr 1982 arbeitslos waren, auf 200.000 bis 250.000.[144]
Bei Eigentümern einer weitgehend schuldenfreien Immobilie muß auch noch berücksichtigt werden, daß neben dem Faktor der Transaktionskosten auch der infolge einer geringeren monatlichen Belastung verminderte Arbeitszwang hinzukommt. Sind Eigentümer dagegen noch hoch verschuldet, unterliegen sie infolge der höheren Liquiditätsbelastungen einem gesteigerten Arbeitszwang und weisen eher die Bereitschaft zur Mobilität auf.[145]

Die vorherigen Ausführungen machen deutlich, daß es keine abschließende positive bzw. negative Beurteilung der Förderung von selbstgenutztem Wohneigentum in Hinblick auf die externen Effekte geben kann.

---

144 vgl.: Miegel, M. (1982), S. 26
145 vgl.: Dornbach, J. (1995), S. 77 und Wölling, A. (1985), S. 126-127

2.3 Verteilung

Auch die Verteilung kann durch staatliche Maßnahmen wie den Subventionen beeinflußt werden. Das Verteilungsziel besteht in einer Veränderung der Voraussetzungen und Ergebnisse der sich marktmäßig ergebenden Verteilung insbesondere von Einkommen und Vermögen.[146]
Theoretisch ist es zwar vorstellbar, daß der Marktmechanismus einer Wettbewerbswirtschaft effiziente Ergebnisse hervorbringt, doch stimmt die hierbei hevorgerufene Verteilung meistens mit den herrschenden Vorstellungen von Gerechtigkeit nicht überein. Die umfangreichen (um-)verteilungspolitischen Maßnahmen in der Bundesrepublik Deutschland machen deutlich, daß das auf dem Markt entstandene Verteilungsergebnis als korrekturbedürftig angesehen wird.[147]
So trifft der zweite große Zielbereich der staatlichen Finanzpolitik neben der Allokation die Verteilung.[148] Es soll eine gerechtere Verteilung erreicht werden, wobei Gerechtigkeit nicht als quantitative Größe angestrebt werden kann, sondern eher einen Bereich angibt, den die Allgemeinheit als wünschenswert ansieht. Sie wird in einer Verteilung gesehen, die gleichmäßiger als die marktmäßige ist.[149]

Die aktuelle Verteilungssituation soll hier anhand einiger Daten grob skizziert werden:
Ein Viertel aller privaten Haushalte verfügt nicht über Geldvermögen oder ist verschuldet. Die Entwicklung der Einkommens- und Vermögensverteilung hat seit Anfang der 70er Jahre vor allem die Position der Selbstständigenhaushalte gegenüber den anderen sozialen Haushaltsgruppen deutlich verbessert. Die Vermögenseinkommen sind zwischen 1970 und 1990 viel stärker als die verfügbaren Einkommen gestiegen.[150]

Ein Beitrag zur Veränderung dieser Verteilungssituation wird oftmals in der Förderung von selbstgenutztem Wohneigentum gesehen.
Ob bzw. unter welchen Voraussetzungen eine Umverteilung von Vermögen oder Einkommen durch die Bildung von selbstgenutztem Wohneigentum realisierbar ist, soll in den folgenden zwei Abschnitten untersucht werden.

---

146 vgl.: Brümmerhoff, D. (1992), S. 5 ff.
147 vgl.: Brümmerhoff, D. (1992), S. 434 ff.
148 vgl.: Brümmerhoff, D. (1992), S. 5 ff.
Eine detaillierte Abgrenzung des Vermögens- und des Einkommensbegriffs soll hier nicht vorgenommen werden. Hierfür wird verwiesen auf: Brümmerhoff, D. (1992), S. 417-430.
149 vgl.: Josua, W., Külp, B. (1971), S. 94
150 vgl.: Dornbach, J. (1995), S. 78

2.3.1 Einkommensverteilung

Zuerst soll die intrapersonelle Einkommensverteilung betrachtet werden: der Erwerb von Wohneigentum belastet die Liquidität des Haushalts im Zeitraum der Finanzierung, die meistens circa 25 Jahre dauert. Ein höherer Tilgungsanteil würde zwar den Finanzierungszeitraum verkürzen, doch wäre damit auch eine noch höhere monatliche Belastung der Liquidität der Haushalte verbunden.[151]
Das durchschnittliche Lebensalter bei dem Erwerb einer Immobilie beträgt gemäß der empirischen Analyse in Kapitel 3 etwa 40 Jahre; der liquiditätssteigernde Effekt für das verfügbare Einkommen tritt also etwa bei Renteneintritt ein. Somit erfolgt der Einkommens- bzw. Liquiditätsverzicht während der Erwerbsphase zugunsten einer Steigerung des Einkommens und damit der Liquidität im Ruhestand.

Somit kann die Förderung der Bildung von selbstgenutztem Wohneigentum zu einer Verbesserung der intrapersonellen und intertemporalen Einkommensverteilung der mittleren und unteren Einkommensschichten führen.

2.3.2 Vermögensverteilung

Analog zu der Einkommensverteilung soll der Einfluß der Wohneigentumsbildung auf die intrapersonelle Vermögensverteilung untersucht werden.
Vergleicht man die Fungibilität von Geldvermögen und die einer selbstgenutzten Immobilie, ist die des Geldvermögens natürlich ungleich höher. Dies läßt sich damit erklären, daß im Fall der Geldkapitalbildung das Vermögen in relativ kurzen Zeiträumen liquidiert werden kann. Doch impliziert diese geringere Fungibilität der Immobilie auch den Vorteil, daß die Vermögensbildung in Form von Wohneigentum in der Regel nachhaltiger ist. Der Erwerb einer selbstgenutzten Immobilie ist meist langfristig ausgerichtet, sodaß es neben dem Aufbau von Vermögen durch den Erwerb einer Immobilie (Ansparung, Finanzierung und Instandhaltung) auch zu einem Vermögenszuwachs infolge einer Wertsteigerung kommen kann.

Auch die intergenerative Vermögensverteilung ist ein Aspekt der Dauerhaftigkeit der Immobilie: im Rahmen ihrer Altersversorgungsfunktion werden selbstgenutzte Immobilien weder liquidiert noch

---

[151] vgl.: Badde, C. (1993), S. 129 u. 137

verzehrt[152], das Immobilienvermögen kann dann in vollem Umfang an die Nachkommen weitergegeben werden. Die folgende Tabelle verdeutlicht, wie oft dieser Sachverhalt zum Tragen kommt:[153]

Tab. 1: Erwerbsart von Grundvermögen durch private Haushalte

	Anzahl	Neubau/Neukauf	Kauf vom Vorbesitzer	Erbschaft od. Geschenk
Ein-/Zweifamilienhäuser	9.466	59,0%	19,5%	21,5%
Mehrfamilienhäuser	691	33,3%	27,9%	38,8%
Eigentumswohnungen	1.925	53,2%	40,4%	6,4%
insgesamt	12.082	56,6%	23,3%	20,1%

Quelle: Dornbach, J. (1995), S. 83

Das selbstgenutzte Wohneigentum kann also aufgrund der dargestellten Nachhaltigkeit und der positiven Vermögensentwicklung in Hinblick auf seine Wirkung auf die intrapersonelle Vermögensverteilung und Vermögensbildung positiv beurteilt werden.

Die Umbildung des potentiellen Vermögens einer Immobilie durch Verkauf wird meistens nicht zu Lebzeiten des Erwerbers vorgenommen, aus diesem Eigentumswechsel können auch somit keine direkten Umverteilungswirkungen abgeleitet werden. Es handelt sich vielmehr nur um eine bedingt interpersonelle Vermögensverteilung.

[152] Eine vernachlässigte Instandhaltung führt allerdings zu einem teilweise auftretenden Substanzverlust.

[153] vgl.: Dornbach, J. (1995), S. 83

2.4 Stabilisierung

Der dritte Zielbereich der staatlichen Finanzpolitik betrifft die Stabilisierung. Die Stabilisierungspolitik hat die Aufgabe, Schwankungen wie beispielsweise Konjunktur- und Wachstumsschwankungen zu glätten und für eine normale Auslastung des Produktionspotentials und für ein stabiles Preisniveau zu sorgen.[154] Eine Reduzierung dieser Schwankungen wird durch eine gezielte Abstimmung der gesamtwirtschaftlichen Nachfrage auf das Produktionspotential erreicht. Dabei soll der durchschnittliche Auslastungsgrad möglichst hoch sein.[155]

Dornbach untersucht die Frage, inwieweit eine Reduzierung der Konjunkturschwankungen bei gleichzeitiger Gewährleistung eines hohen Auslastungsgrades des Produktionspotentials durch die Förderung der Bildung von selbstgenutzten Wohneigentum bewirkt werden kann.

Dornbach stellt dar, daß der Bereich des selbstgenutzten Wohneigentums im Sektor Wohnungsbau kein bedeutendes Instrument der Stabilitätspolitik darstellen kann.

Betrachtet man jedoch den Bereich Eigentumsbau innerhalb des Sektors Wohnungsbau, stellt man fest, daß nur geringe Schwankungen bei der Anzahl von fertiggestellten Eigenheimen auftreten; diese lassen sich damit begründen, daß der Wunsch nach Wohneigentum unabhängig von der Konjunktur besteht. Somit läßt sich für das Gut „selbstgenutztes Wohneigentum“ eine stabilisierende Wirkung erwarten, deren Tragweite jedoch gering ausfallen dürfte.[156]

Aufgrund seiner Konjunkturneutralität ist das Gut „selbstgenutztes Wohneigentum“ aus stabilitätspolitischer Sicht grundsätzlich zu begrüßen; doch sind die hervorgehenden Stabilisierungseffekte so gering, daß eine hohe staatliche Förderung aus stabilitätspolitischer Sicht nicht gerechtfertigt werden kann.

---

[154] vgl.: Brümmerhoff, D. (1992), S. 5 ff.

[155] vgl.: Brümmerhoff, D. (1992), S. 392 ff.

[156] Im Rahmen dieser Arbeit soll jedoch nicht näher auf diese Zusammenhänge eingegangen werden, da sie der Erkenntnisgewinnung des Themas dieser Arbeit nicht zuträglich sind. Vergleiche dazu ausführlicher: Dornbach, J. (1995), S. 86 ff.

3. Empirische Bestimmungsgründe des Wohneigentumerwerbs

Nach den Erkenntnissen des vorangegangenen Kapitels ist die Förderung des selbstgenutzten Wohneigentums ein effizienzsteigernder Beitrag zur Erreichung der drei Subventionsziele Allokation, Verteilung und Stabilität.

Dennoch sind Subventionen in der Bundesrepublik Deutschland ein umstrittenes wirtschaftspolitisches Instrument, was in der Problematik der Zielgenauigkeit und der Festlegung sowohl der Subventionsempfänger - „wer"- als auch der Subventionstatbestände - „was" - begründet liegt.

Ziel der Eigenheimzulage ist es, den Schwellenhaushalten den Erwerb von selbstgenutztem Wohneigentum zu ermöglichen.[157] Der Begriff „Schwellenhaushalt" wird jedoch in der weiteren Zielformulierung nicht näher eingegrenzt. Auch die aktuelle Literatur macht keine übereinstimmenden Angaben oder Eingrenzungen zu diesem Begriff; zwar gibt es schon eine empirische Untersuchung zur Eingrenzung der Schwellenhaushalte, doch ist deren Basis die Einkommens- und Verbrauchsstichprobe des Statistischen Bundesamtes (EVS) des Jahres 1988. Da diese Erhebungen veraltet sind, soll im Rahmen dieser Arbeit die Eingrenzung der Schwellenhaushalte anhand von aktuelleren Zahlen durchgeführt werden. Grundlage der hier durchgeführten empirischen Analysen sind die Daten des sozioökonomischen Panels (SOEP) des Deutschen Instituts für Wirtschaftsforschung der Jahre 1984 bis 1996. Die Datenanalyse wird mit Hilfe des Computerprogramms SPSS durchgeführt.[158]
Die Anzahl der befragten Haushalte bei der SOEP-Erhebung ist zwar geringer als die Anzahl bei der EVS, doch konnten bei der folgenden Analyse bedauerlicherweise noch keine EVS-Daten verwendet werden, da zum Zeitpunkt der Analysen im Rahmen dieser Arbeit die relevanten aktuellen Zahlen noch nicht vorlagen. Die in dieser Arbeit gewonnenen Erkenntnisse unter Verwendung der SOEP-Daten wurden jedoch anhand der Ergebnisse, die auf Basis der umfangreicheren EVS-Daten erzielt wurden, auf ihre Plausibilität hin überprüft.

Da in Phasen eines starken Anstiegs der Anzahl der Haushalte die absolute Eigentumsbildung und deren Veränderung nicht isoliert als Indikator des Erfolges der Wohneigentumspolitik angesehen werden kann, muß generell die Wohneigentumsquote betrachtet werden.

---

157 vgl.: Bundesministerium für Raumordnung, Bauwesen und Städtebau (1995a), S. 1

158 Eine kurze und übersichtliche Darstellung des Programms ist zu finden in: Wittenberg, R. (1991), Wittenberg, R., Cramer, H. (1992), Voß, W. (1997)

Für eine exakte Bestimmung der Zielgenauigkeit einer Subvention wie beispielsweise der Eigenheimzulage müssen weitere Einflußfaktoren der Wohneigentumsbildung berücksichtigt werden. Diese lassen sich in zwei Gruppen einteilen: die haushaltsinternen Faktoren wie das Alter, das Einkommen und die Haushaltsstruktur; die zweite Gruppe bilden haushaltsexterne Faktoren wie beispielsweise die Siedlungsstruktur oder die Zinsempfindlichkeit der Nachfrage nach selbstgenutztem Wohneigentum. Nur so kann eine ausreichend umfassende Eingrenzung der Zielgruppe der Schwellenhaushalte erfolgen.
Im Rahmen dieser Arbeit wird anhand dieser Einflußfaktoren nicht nur die Eigentümerstruktur des Jahres 1996 - die jüngste Befragungs-Welle des SOEP - der untersuchten Haushalte charakterisiert; darüber hinaus wird die so ermittelte Eigentümerstruktur mit der des Jahres 1984 verglichen, der ältesten Befragungs-Welle des SOEP.

Diese Charakterisierung soll in zweierlei Hinsicht weiterverwendet werden: zum einen werden noch in diesem Kapitel Analysen zu dem durchschnittlichen Erwerbsalter, dem durchschnittlichen Einkommen und den Präferenzen durchgeführt; es werden also die Eigenschaften der Eigentümerhaushalte herausgearbeitet. Mit Hilfe eines indirekten Schlusses wird dann versucht, von den Eigenschaften der Eigentümerhaushalte auf die der Nicht-Eigentümerhaushalte zu schließen.

Die Erkenntnisse aus den empirischen Analysen dieses Kapitels ergänzen die theoretischen Überlegungen aus dem vorangegangenen Kapitel in dem Sinn, daß eine Gruppe von Subventionsempfängern anhand von Eigenschaften bestimmt wird, bei der sich eine Förderung wie die Eigenheimzulage in einer maximalen Steigerung der Wohneigentumsbildung niederschlägt.

In den folgenden Abschnitten werden die genannten haushaltsinternen und -externen Faktoren und deren Entwicklung genauer analysiert, um neben der theoretischen Betrachtung des Wohneigentumsmarkts auch einen empirisch fundierten Beitrag zur Erstellung der Kriterien für eine effektive und effiziente Ausgestaltung einer steuerlichen Wohneigentumsförderung in Kapitel 5 zu leisten.

Bei der Analyse der Eigentümerstruktur wurden diejenigen Haushalte ausgeschlossen, die das selbstgenutzte Wohneigentum über eine Schenkung oder ein Erbe erhalten haben.

3.1 Altersstruktureffekte

In diesem Abschnitt sollen die Eigentümerhaushalte hinsichtlich ihrer Altersstruktur untersucht werden.

Es wurde festgestellt, daß zwischen dem 30. und 40. Lebensjahr die Wohneigentumsquote besonders stark ansteigt, also der Übergang vom Mieter zum Eigentümer häufig stattfindet.[159]

Die Baby-Boom-Jahrgänge der 60er Jahre erreichen in den 90er Jahren diesen Lebenszyklus und treten damit in die Phase der Wohneigentumsbildung ein. Dementsprechend wäre in den 90er Jahren eine weit stärkere Erhöhung der Wohneigentumsquote als in den 80er Jahren zu erwarten, da die Altersgruppe mit einer erfahrungsgemäß hohen Übergangsquote stark vertreten ist.[160] Diese Entwicklung ist jedoch bisher nahezu ausgeblieben, wie die Abbildung 8 zeigt.

Betrachtet man die ermittelte Altersstruktur der Wohneigentümer der beiden untersuchten Jahre im einzelnen, stellt man fest, daß die Wohneigentumsquote der 30- bis 39jährigen im Zeitablauf sich durchschnittlich nicht einmal um 2 v.H. erhöht hat. Vergleicht man dagegen die Wohneigentumsquote der über 40jährigen der Jahre 1984 und 1996, stellt man fest, daß es in dieser Altersgruppe zu deutlichen Steigerungen - durchschnittlich 8,5 v.H. - kam.

Diese Entwicklung läßt sich damit erklären, daß sich die finanziellen Ausgangsvoraussetzungen für die Wohneigentumsbildung infolge von Gelderbschaften[161] in der Nachkriegszeit von Geburtsjahrgang zu Geburtsjahrgang verbessert haben.[162] Entsprechend dieser verbesserten Voraussetzungen, kam es bei den Haushalten, deren Vorstände über 40 Jahre alt waren, zwischen 1984 und 1996 zu einem Anstieg der Wohneigentumsquote. Wenn die Ausgangsvoraussetzungen für die Haushalte unter 40 Jahren vergleichbar günstig gewesen wären, so wäre für diese Gruppe eine ausgeprägtere Steigerung der Eigentumsquote zu erwarten gewesen.

---

159 vgl.: Krings-Heckemeier, M.-T., Pfeiffer, U., Dübel, A., Achtermeyer, D., Weltzien, D. (1994), S. 28

160 vgl.: Krings-Heckemeier, M.-T., Pfeiffer, U., Dübel, A., Achtermeyer, D., Weltzien, D. (1994), S. 29

161 Bei der Analyse der SOEP-Daten wurden im Rahmen dieser Arbeit die Eigentümer ausgeschlossen, die Wohneigentum geerbt hatten, um Verzerrungen zu vermeiden.

162 vgl.: Krings-Heckemeier, M.-T., Pfeiffer, U., Dübel, A., Achtermeyer, D., Weltzien, D. (1994), S. 28

Abb. 8: Wohneigentumsquote nach Alter 1984 und 1996 nach SOEP

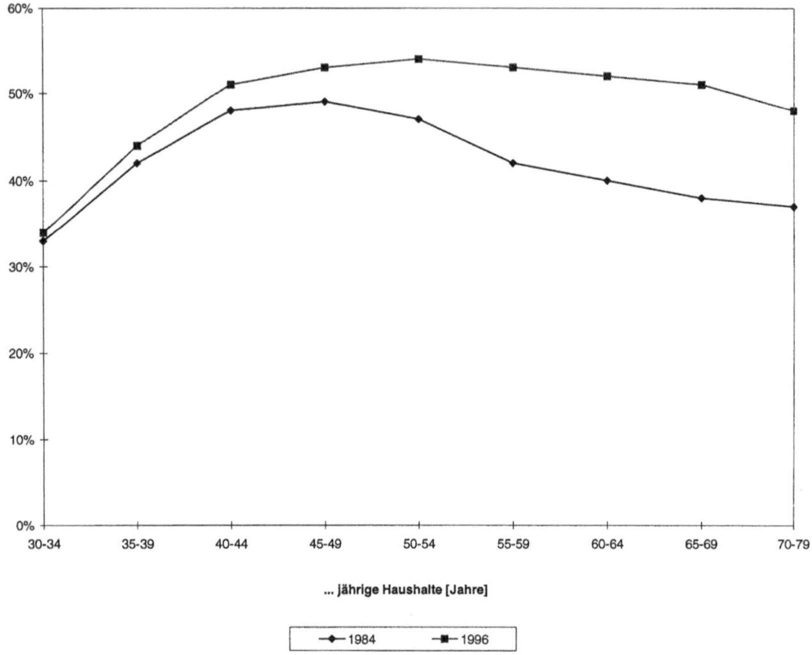

Quelle: eigene Berechnungen anhand der SOEP-Daten

Aus der Abbildung 8 läßt sich erkennen, daß sich die schon bestehenden altersstrukturellen Unterschiede in der Wohneigentumsquote in der Hinsicht verfestigt haben, daß vor allem ältere Haushalte Wohneigentum bilden.

Greift man die Ergebnisse eines internationalen Vergleichs dieser altersstrukturellen Wohneigentumsquoten auf, schneidet Deutschland im Vergleich zu den anderen europäischen Ländern schlecht ab: so beträgt die Wohneigentumsquote bei 30jährigen in Großbritannien bereits circa 40 v.H., während in Deutschland innerhalb dieser Altersgruppe lediglich 34 v.H. Wohneigentum besitzen.[163] [164]

163 vgl.: Krings-Heckemeier, M.-T., Pfeiffer, U., Dübel, A., Achtermeyer, D., Weltzien, D. (1994), S. 28

164 Krings-Heckemeier, M.-T., Pfeiffer, U., Dübel, A., Achtermeyer, D., Weltzien, D. haben anhand der Daten der Einkommens- und Verbrauchsstichpobe (EVS) des Statistischen Bundesamtes in einer Modellrechnung grob geschätzt, welche Wohneigentumsbildung aufgrund der veränderten Altersschichtung hätte auftreten müssen. Danach hätte sich die Wohneigentumsquote angesichts der starken Besetzung der Jahrgänge mit hohen "Übergangs-

Aus der aufgezeigten Entwicklung der altersstrukturellen Eigentumsbildung im Zeitablauf, lassen sich folgende Schlüsse ziehen:
Die Altersstruktur der Wohneigentümer zeigt, daß sich die strukturell schwache Eigentumsquote der jüngeren Haushalte in Deutschland verfestigt. Angesichts der starken Besetzung der Jahrgänge mit hohen Übergangsquoten zum Wohneigentum hätte sich die Wohneigentumsquote in den 90er Jahren deutlich erhöhen müssen.
Die bisherige staatliche Förderung hat nicht gereicht, um die Wohneigentumsquote auf das gewünschte Maß von über 50 v.H. zu erhöhen.

3.2 Einkommenstruktureffekte

3.2.1 Die Einkommensabhängigkeit der Wohneigentumsbildung

Nachdem in dem letzten Abschnitt die Altersstruktur der Wohneigentumsbildung untersucht wurde, soll in diesem Abschnitt analysiert werden, inwiefern die Wohneigentumsbildung von der Einkommenshöhe der Haushalte abhängt.
Wiederum erfolgt die Analyse auf Basis der SOEP-Daten der beiden Jahre 1984 und 1996, die das monatliche Haushaltsnettoeinkommen angeben; so wurden Einnahmen wie Kindergeld, Einnahmen aus Vermietung und Verpachtung und aus anderen Wertanlagen und Ausgaben wie Steuern, Sozialabgaben und Unterhaltszahlungen berücksichtigt.

Um die Einkommensabhängigkeit der Wohneigentumsbildung herausarbeiten zu können, ist es zweckmäßig, die Haushalte abhängig von ihrem Einkommen in Einkommensdezile einzuteilen. Bei der Bildung von Dezilen wird grundsätzlich die betrachtete Gruppe (hier die Haushalte) in zehn gleich große Teilgruppen geteilt, d.h. es befindet sich die gleiche Anzahl an Haushalten in den einzelnen Dezilen. Der unterschiedlichen Häufigkeit der einzelnen Einkommenshöhen wird durch die unterschiedlichen Einkommenspannbreiten der einzelnen Dezile Rechnung getragen. So ist die Einkommenspannbreite bei den häufigen mittleren und unteren Einkommen relativ klein (circa 300 DM), während bei den selteneren hohen Einkommen die Spanne von ungefähr 9.000 DM bis 30.000 DM Monatseinkommen reichen kann.

---

quoten" um etwa 1% erhöhen müssen, was etwa 230.000 selbstgenutzten Wohnungen entspräche. Tatsächlich sind jedoch im Zeitraum zwischen 1988 und 1993 nur 150.000 Eigentümerhaushalte entstanden. Es enstanden also 80.000 selbstgenutzte Eigenheime zu wenig. Vgl dazu: Krings-Heckemeier, M.-T., Pfeiffer, U., Dübel, A., Achtermeyer, D., Weltzien, D. (1994), S. 29

Abb. 9: Wohneigentumsquoten aller Haushalte nach Einkommensdezilen 1984 und 1996 nach SOEP

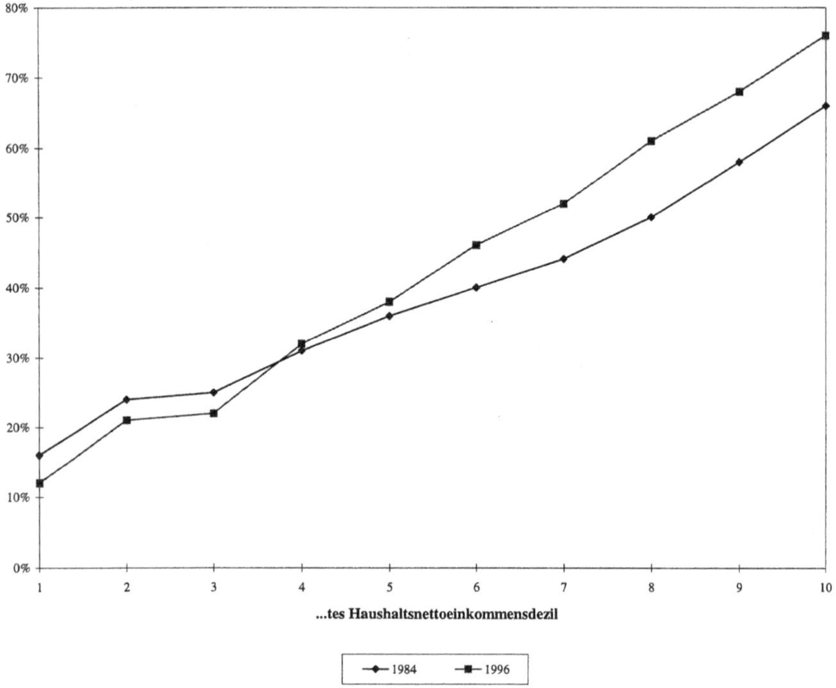

Quelle: eigene Berechnungen anhand der SOEP-Daten

Es soll noch einmal darauf hingewiesen werden, daß die Abzisse der Abbildung 9 die einzelnen Einkommensdezile darstellt und nicht Einkommensbeträge.

Die Abbildung 9 zeigt deutlich, daß die Wohneigentumsquoten der einzelnen Dezile 1996 verglichen mit denen von 1984 erst ab dem 5. Einkommensdezil angestiegen sind; der geringe Anstieg der Wohneigentumsquote fand also ausschließlich bei den Einkommensschichten der oberen 50 v.H. statt. Dies legt den Schluß nahe, daß sich die Situation der unteren Einkommensschichten und damit der Schwellenhaushalte nicht verbessert hat, die bisherigen Födermaßnahmen diese Einkommensgruppe also nur unzureichend begünstigt haben.

Weiterhin zeigen die in dieser Arbeit durchgeführten empirischen Analysen, die in Abbildung 10 zusammengefaßt werden, daß sich die Einkommensabhängigkeit der Eigentumsbildung bei den 30- bis 39jährigen zwischen 1984 und 1996 noch erhöht hat.

Abb. 10: Wohneigentumsquoten der 30- bis 39jährigen nach Einkommensdezilen nach SOEP

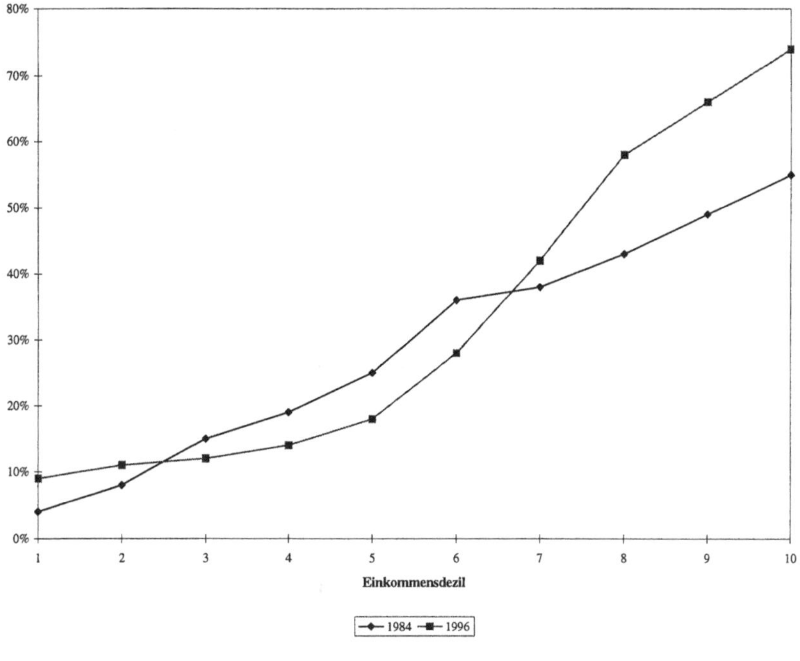

Quelle: eigene Berechnungen anhand der SOEP-Daten

So erreichten die Haushalte des 4., 5. und 6. Einkommensdezils eine Wohneigentumsquote, die bis zu 8 v.H. niedriger lag als zwölf Jahre zuvor.

Jüngere Haushalte mit mittleren Einkommen haben somit immer mehr Probleme, Wohneigentum zu bilden. Dabei spielen kürzere Ansparphasen, die aus längeren Ausbildungszeiten resultieren, eine wesentliche Rolle.[165] Diese Situation kehrt sich erst ab dem 7. Einkommensdezil um, also den 30 v.H.

165 vgl.: Krings-Heckemeier, M.-T., Pfeiffer, U., Dübel, A., Achtermeyer, D., Weltzien, D. (1994), S. 29

der 30- bis 39jährigen mit den höchsten Einkommen. Erst ab dieser Einkommenshöhe war ein Anstieg der Wohneigentumsquote im Vergleich zum Jahr 1984 festzustellen.

Die Abbildung 11 verbindet die Ergebnisse der Analysen zu den Altersstruktureffekten aus Kapitel 3.1 mit den oben gewonnenen Erkenntnissen zu der Einkommensabhängigkeit der Wohneigentumsbildung. Bei der Untersuchung zu den Altersstruktureffekten konnte festgehalten werden, daß insbesondere 30- bis 39jährige Wohneigentum bilden. In diesem Abschnitt sollen diese Erkenntnisse erweitert werden, indem untersucht wird, in welchen Einkommensbereichen sich die 30- bis 39jährigen Wohneigentümer befinden.

Die Abbildung 11 stellt somit die Wohneigentumsquote des Jahres 1996 auf Basis der SOEP-Daten nach Alter und Einkommen dar.

Abb.11: Wohneigentumsquote nach Einkommen und Alter für 1996 nach SOEP

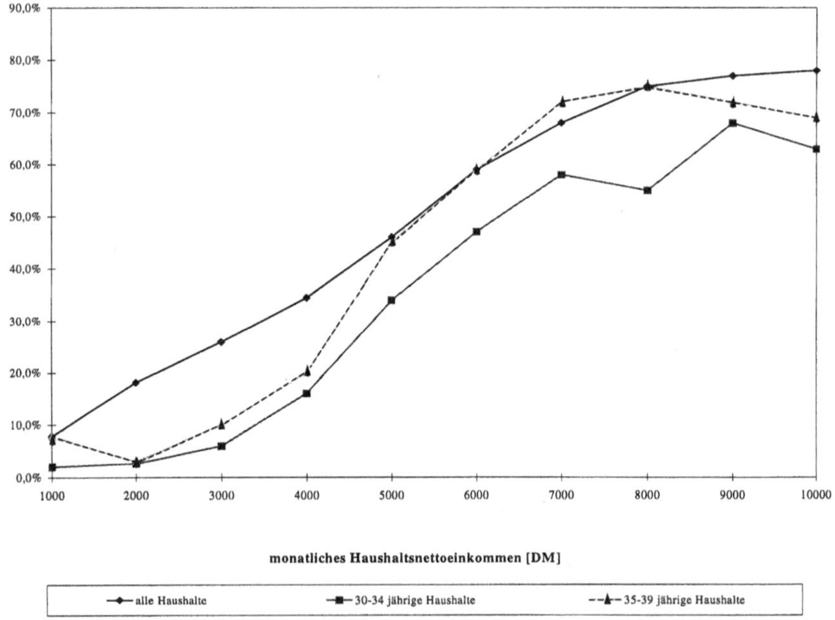

Quelle: eigene Berechnungen anhand der SOEP-Daten

Die Analyse nach Einkommen und Alter für das Jahr 1996 ergibt, daß bei den 30- bis 39jährigen die Wohneigentumsquote bei einem Haushaltsnettoeinkommen zwischen 3.000 und 6.000 DM besonders stark steigt. In diesem Einkommensbereich erhöht sich die Wohneigentumsquote *aller* Haushalte von 26 v.H. auf 59 v.H.; bei den *30- bis 39jährigen* stieg die Wohneigentumsquote von durchschnittlich 8 v.H. bei einem Haushaltsnettoeinkommen von 3.000 DM auf durchschnittlich 53 v.H. bei einem Haushaltsnettoeinkommen von 6.000 DM.

Das monatliche Haushaltsnettoeinkommen der Schwellenhaushalte liegt bei 30- bis 39jährigen zwischen 3.000 und 6.000 DM, wobei bei Einkommen unter 4.000 DM die Wohneigentumsbildung nur in sehr wenigen Fällen z.B. durch Geldgeschenke möglich erscheint.[166]

Besonders auffallend ist, daß die Wohneigentumsquote bei 30- bis 39jährigen mit einem Haushaltsnettoeinkommen von über 5.000 DM bereits den Durchschnitt der Wohneigentumsquoten aller Altersgruppen erreicht. Somit ist die Eigentumsbildung eher eine Frage des Einkommens als eine Frage der Präferenzen.[167]

Zusammenfassend läßt sich festhalten, daß die Verteilungsungleichheit des Wohneigentums gemessen an der Einkommensverteilung im Vergleich der Jahre 1984 und 1996 deutlich zugenommen hat. Die Einkommensabhängigkeit der Wohneigentumsbildung war besonders hoch bei den 30- bis 39jährigen. Die steuerliche Förderpolitik des Sonderausgabenabzugs nach § 10e EStG hat also nur unzureichend gegriffen.

3.2.2 Internationaler Vergleich der Wohneigentumsbildung

Nicht nur bei dem internationalen Vergleich der alterstrukturellen Wohneigentumsquote schneidet die Bundesrepublik Deutschland nicht gut ab, sondern auch bei dem internationalen Vergleich der „Gesamtwohneigentumsquote“: trotz zahlreicher Instrumente zur Wohneigentumsförderung und realer Einkommenssteigerungen ist die Wohneigentumsquote wesentlich niedriger als die der anderen aufgeführten Länder. Diese Unterschiede verdeutlicht die Abbildung 12.

166 Dies entspricht auch den Ergebnissen der Modellrechnung zu den Inanspruchnahmemöglichkeiten des Kapitels 6.1.

167 vgl. zu diesem Ergebnis auch: Krings-Heckemeier, M.-T., Pfeiffer, U., Dübel, A., Achtermeyer, D., Weltzien, D. (1994), S. 32-34

Abb.12: Wohneigentumsquoten im internationalen Vergleich

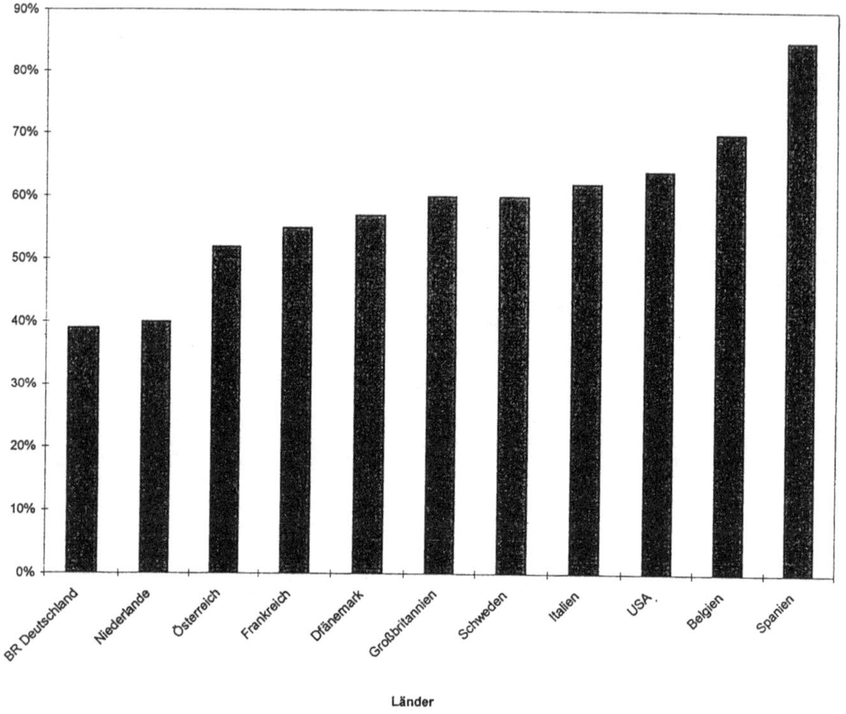

Quelle: Badde, C. (1993), S. 141

Weiterhin ergaben Analysen, daß große Unterschiede bei den unteren Einkommensschichten insbesondere zwischen der Bundesrepublik Deutschland und Frankreich hervorzuheben sind, wo die Einkommensabhängigkeit der Wohneigentumsquote deutlich geringer ist.[168]
Wie die Unterschiede in den Wohneigentumsquoten der einzelnen Länder entstanden sind, soll hier beispielhaft an Frankreich erklärt werden.

So begründen im wesentlichen vier Faktoren die höhere Wohneigentumsquote in Frankreich:

[168] vgl.: Krings-Heckemeier, M.-T., Pfeiffer, U., Dübel, A., Achtermeyer, D., Weltzien, D. (1994), S. 30 f.

Die Höhe der Bau- und Bodenkosten ist in Frankreich deutlich breiter gefächert als in der Bundesrepublik Deutschland. Haushalte mit einem durchschnittlich hohen Einkommen können preiswerte, neugebaute Objekte auf dem Markt finden.
Die französische Förderung der Wohneigentumsbildung orientiert sich seit langem stark an dem Einkommen und dem Familienstand. Ihre Ausgestaltung erinnert an die Subjektförderung, die mit steigendem Einkommen und rückläufigen Belastungen abgebaut wird.
Die Siedlungsdichte in Frankreich ist wesentlich geringer als in der Bundesrepublik Deutschland, was ebenfalls die Eigentumsbildung erleichtert.
Die Bausparförderung ist in Frankreich sehr großzügig bemessen, sodaß die Eigenkapitalbildung in breiten Schichten gestärkt werden konnte.

Die deutlich höhere Wohneigentumsquote und das dementsprechend deutlich günstigere verteilungspolitische Ergebnis in Frankreich ist nicht ein Resultat von vergleichsweise höheren Sparquoten, sondern vielmehr das Ergebnis eines sehr günstigen Angebots in Verbindung mit einer sowohl stark belastungs- als auch sehr familienorientierten Förderung.[169]

So verdeutlicht die Analyse, daß eine gezielte Förderstrategie unter günstigen Angebotsbedingungen durchaus spürbare Veränderungen der Wohneigentumsquote bei Haushalten mit unteren oder mittleren Einkommen bewirken kann.

3.3 Haushaltsstruktureffekte

Soll das Einkommen eines Haushalts etwas über dessen Versorgungssituation aussagen, muß über den bloßen Einkommensbetrag hinaus noch berücksichtigt werden, auf wieviele Haushaltsmitglieder sich dieser Betrag aufteilt. Bei einem gleichen Haushaltsnettoeinkommen sind Haushalte mit einer kleineren Mitgliederzahl besser gestellt als Haushalte mit einer größeren Mitgliederzahl.[170]
Die oben festgestellte zunehmende Einkommensabhängigkeit der Wohneigentumsbildung, d.h. die erst bei erhöhtem Einkommen einsetzende vermehrte Eigentumsbildung, muß im Kontext mit den Haushaltsstrukturen und den sich daraus ergebenden Versorgungssituationen gesehen werden. Die Zusammensetzung der Haushalte ändert sich infolge eines veränderten Haushaltsbildungsverhaltens, was berücksichtigt werden muß.[171]

169 vgl.: Krings-Heckemeier, M.-T., Pfeiffer, U., Dübel, A., Achtermeyer, D., Weltzien, D. (1994), S. 31
170 vgl.: Ulbrich, R. (1992), S. 20
171 vgl.: Krings-Heckemeier, M.-T., Pfeiffer, U., Dübel, A., Achtermeyer, D., Weltzien, D. (1994), S. 35

Die Entwicklung der Anzahl der Haushalte und deren Struktur ist auch als direkter Indikator für den potentiellen Siedlungsdruck geeigneter als die bloße Bevölkerungsentwicklung. Denn die Anzahl der Haushalte hängt nicht nur von der Bevölkerungsentwicklung, sondern auch von dem Haushaltsbildungsverhalten ab.[172]

Das Haushaltsbildungsverhalten wird von mehreren Faktoren beeinflußt. So führen zum einen verlängerte Ausbildungszeiten zu einer späteren Haushaltsgründung; zum anderen bewirkt die gestiegene Anzahl an Studenten und damit an tendenziell besser verdienenden Akademikerehen, daß diese sich dann relativ schnell Wohneigentum leisten können.[173]

Bei der Analyse der Haushaltsstruktur im Rahmen dieser Arbeit auf Basis der SOEP-Daten sollen nur die 30- bis 39jährigen Haushalte untersucht werden, da diese für die Förderung der Wohneigentumsquote besonders interessant sind, da hier mit minimaler Förderung eine maximale Steigerung der Wohneigentumsquote erreicht werden kann.

Die Veränderung der Haushaltsstrukturen der 30- bis 39jährigen der zwei Vergleichsjahre 1984 und 1996 ist hier statistisch untersucht worden und wird in der folgenden Abbildung zusammengefaßt.

---

172 vgl.: Bundesministerium für Raumordnung, Bauwesen und Städtebau, 1994, S. 13

173 vgl.: Krings-Heckemeier, M.-T., Pfeiffer, U., Dübel, A., Achtermeyer, D., Weltzien, D. (1994), S. 35

Abb. 13: Anteile der Haushaltstypen bei den 30- bis 39jährigen 1984 und 1996 nach SOEP

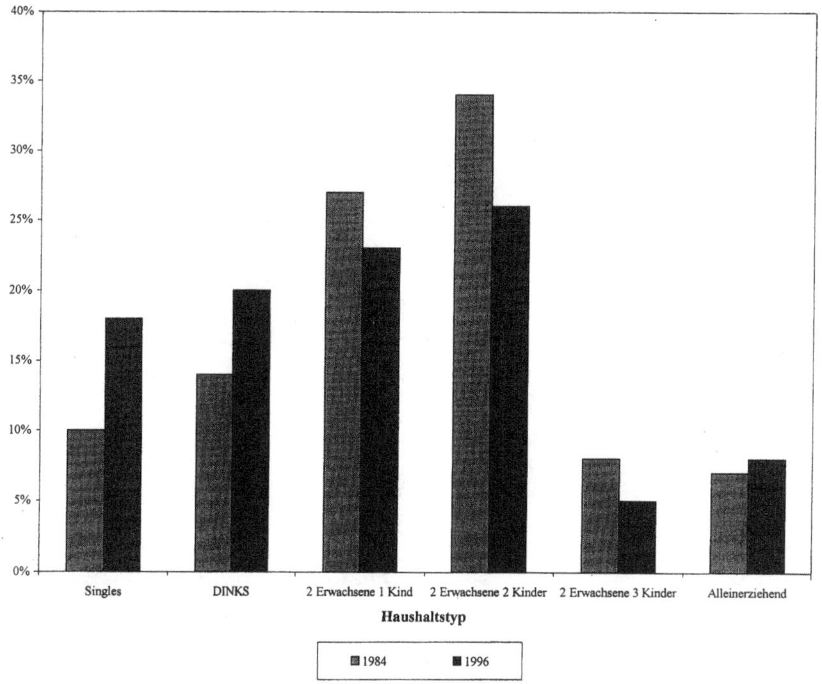

Quelle: eigene Berechnungen anhand der SOEP-Daten

Vergleicht man die zwei Untersuchungsjahre 1984 und 1996 so hat sich die Anzahl von Singleshaushalten um gut die Hälfte auf 18 v.H gesteigert. Auch die Anzahl der DINKS-Haushalte, also Haushalte mit doppelten Einkommen ohne Kinder, ist um mehr als 40 v.H. gestiegen. Dagegen ist der Anteil an Familienhaushalten[174] zwischen 1984 und 1996 um durchschnittlich 30 v.H. zurückgegangen. Schließlich nahm der Anteil an alleinerziehenden Haushalten innerhalb von zwölf Jahren um 1 v.H. zu.

Diese veränderte Zusammensetzung der Haushaltsstruktur spiegelt sich auch in der Wohneigentumsquote wieder, da vor allem Familienhaushalte Wohneigentum bilden. Zwar ist die Wohneigen-

[174] Unter einem Familienhaushalt wird hier ein Haushalt mit einem Erwachsenenpaar und mindestens einem Kind verstanden.

tumsbildung bei Familien für sich betrachtet gestiegen, doch ist zu erwarten, daß langfristig durch einen abnehmenden Anteil an Familienhaushalten dieser Effekt wieder kompensiert wird.

Abb. 14: Wohneigentumsquoten der 30- bis 39jährigen nach Haushaltstyp 1984 und 1996 nach SOEP

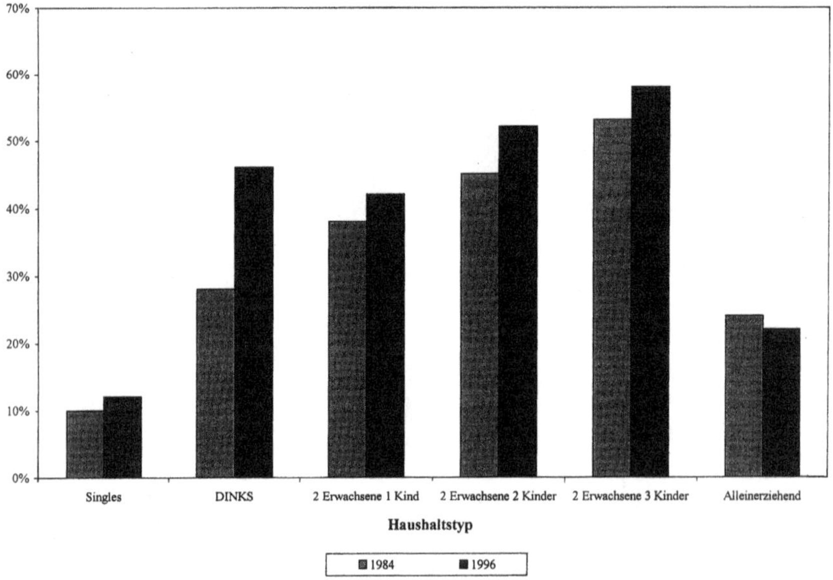

Quelle: eigene Berechnungen anhand der SOEP-Daten

So hat die deutliche Erhöhung der Singleshaushalte einen negativen Einfluß auf die Höhe der Wohneigentumsquote.

Der Eigentumserwerb stellt für den Haushalt eine Langfristentscheidung hinsichtlich der Einkommensverwendung dar; dies betrifft zum einen die Verwendung des laufenden Einkommens und zum anderen die Liquidierbarkeit des (Spar-)Vermögens. So werden langfristige Bindungen wie der Eigentumserwerb in der Regel nur dann eingegangen, wenn man sich persönlich und ökonomisch in einer stabilen Lage befindet.

Wohneigentum hat besonders in der Familiengründungs- als auch in der Familienerweiterungsphase einen hohen Stellenwert.[175]

Es bestehen empirisch enge Zusammenhänge zwischen der Kinderanzahl und der Wohneigentumsbildung. Weil aber DINKS-Haushalte ein deutlich höheres Haushaltsnettoeinkommen erreichen als Familien, ist ihre Eigentumsquote im Ergebnis gleich hoch bzw. sogar höher. Vergleicht man jedoch beide Gruppen unter der Voraussetzung gleicher Haushaltsnettoeinkommen, so stellt sich heraus, daß die Paare ohne Kinder eine niedrigere Neigung zu Wohneigentum haben.[176]

Folgende Abbildung zeigt die Wohneigentumsquote bei Familien von 30- bis 39jährigen 1996 nach SOEP.

Abb. 15: Wohneigentumsquoten bei 30- bis 39jährigen nach Einkommen 1996 nach SOEP

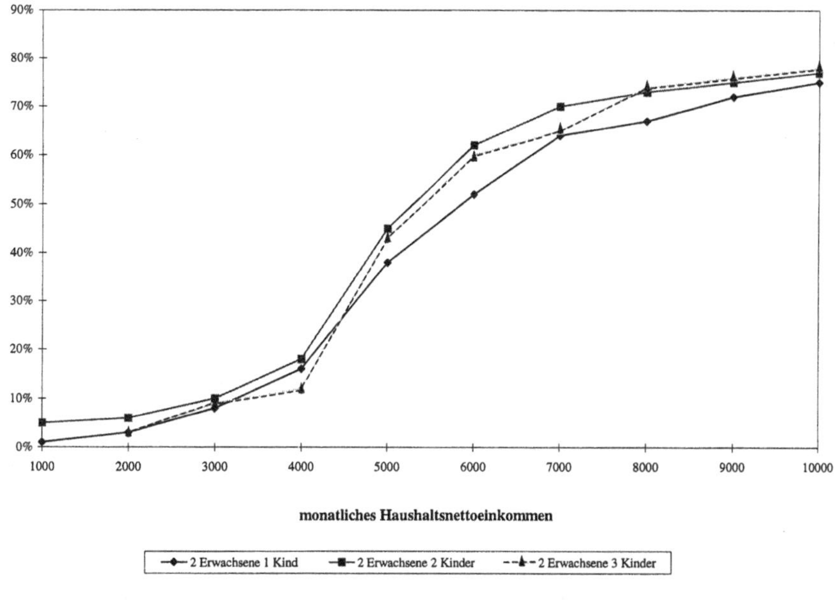

Quelle: eigene Berechnungen anhand der SOEP-Daten

Aus der dargestellten Entwicklung der Eigentümerquote in Abhängigkeit vom Haushaltsbildungsverhalten lassen sich folgende Schlußfolgerungen ziehen:

175 vgl.: Krings-Heckemeier, M.-T., Pfeiffer, U., Dübel, A., Achtermeyer, D., Weltzien, D. (1994), S. 36

176 vgl.: Krings-Heckemeier, M.-T., Pfeiffer, U., Dübel, A., Achtermeyer, D., Weltzien, D. (1994), S. 36f

Da die Anzahl an DINKS-Haushalten, die eine niedrigere Neigung zur Wohneigentumsbildung als Familienhaushalte haben, steigt, kann angenommen werden, daß langfristig die Wohneigentumsquote eher noch sinken wird. Weiterhin konnte aufgezeigt werden, daß Familienhaushalte mit einem höheren Familieneinkommen Wohneigentum bilden. Dagegen benötigen Familienhaushalte mit niedrigerem Familieneinkommen längere Ansparphasen, müssen also den Eigentumserwerb zeitlich verschieben. Deshalb ist es insbesondere notwendig, Familienhaushalte, die zwar ein geringeres Einkommen, aber grundsätzlich eine hohe Präferenz für Wohneigentum haben, zu fördern.

3.4 Siedlungsstruktureffekte

In dem folgenden Abschnitt soll die Entwicklung der Haushaltsbildung in Groß- und Kleinstädten analysiert werden. Leider weisen die SOEP-Erhebungswellen die dafür notwendigen Daten nicht auf, sodaß im Rahmen dieser Arbeit keine empirischen Analysen durchgeführt werden können. Jedoch sollen einige grundsätzliche Überlegungen zu der Siedlungsstruktur vorgestellt werden, die bereits auf Basis der Daten der Einkommens- und Verbrauchsstichprobe des Statistischen Bundesamtes angestellt wurden.[177]

Grundsätzlich ist die Wohneigentumsbildung stark abhängig von der Siedlungsstruktur; sowohl eine größere Entfernung zu einer Großstadt als auch eine kleinere Gemeindegröße wirken sich positiv auf die Wohneigentumsbildung aus. Eine Wohneigentumsquote von 50 v.H. wird in einer eher ländlich gelegenen Kleinstadt bei einem monatlichen Haushaltsnettoeinkommen zwischen 3.000 und 4.000 DM, in der Großstadt erst bei 6.000 bis 7.000 DM erreicht. Schätzungen lassen darauf schließen, daß ein Umzug weg von der Großstadt zu einer erhöhten Wohneigentumsbildung führen kann.[178] Dementsprechend sind schon bei geringeren Einkommen die Eigentumsquoten in Mittel- und Kleinstädten deutlich höher als in Großstädten.

Dabei hat aber die Gemeindegröße an sich eine größere Bedeutung für die Wohneigentumsbilung als die Entfernung zur Großstadt.[179] Daraus läßt sich schließen, daß Bauland um so preiswerter und zugänglicher wird, je kleiner die Gemeinde ist. Dieser Zusammenhang ist jedoch nicht eine Folge einer geringeren Nachfrage; vielmehr sind kleinere, aufgrund ihrer Lage wirtschaftlich weniger attraktive Gemeinden bemüht, einen Einwohnerzuwachs zu erreichen.

177 vgl.: Krings-Heckemeier, M.-T., Pfeiffer, U., Dübel, A., Achtermeyer, D., Weltzien, D. (1994), S. 38-41
178 vgl.: Krings-Heckemeier, M.-T., Pfeiffer, U., Dübel, A., Achtermeyer, D., Weltzien, D. (1994), S. 32
179 vgl.: Krings-Heckemeier, M.-T., Pfeiffer, U., Dübel, A., Achtermeyer, D., Weltzien, D. (1994), S. 151-167

Dieser Zuwachs bewirkt häufig eine bessere Auslastung der öffentlichen und privaten Dienstleistungen, was zu einer Kostendegression führt.[180]
Dagegen bringt in Mittel- oder Großstädten ein Einwohnerzuwachs kaum Vorteile. Vielmehr entstehen erhebliche Nachteile durch ein höheres Verkehrsaufkommen, Überlastung der Innenstadtbereiche oder durch eine Verteuerung der Dienstleistungen. Hiermit lassen sich auch die geringere Neigung zu einer nachfragegerechten Baulandausweisung und die daraus resultierenden hohen Bodenpreisen erklären. Dieser Vergleich zeigt, daß auch in den Stadtregionen Spielräume für eine angebotsorientierte Eigentumspolitik bestehen.[181]

Auf Grundlage der beobachteten Siedlungsstruktureffekte läßt sich zusammenfassend festhalten, daß die Bewohner von Großstädten im Vergleich zu denen von Mittel- und Kleinstädten eine vergleichbare Wohneigentumsquote erst dann erreichen, wenn ihre Einkommen um 1.500 bis 3.000 DM pro Monat höher sind. Die Eigentumsbildung in Großstädten konzentriert sich auf ältere Haushalte, die eine entsprechend längere Ansparphase hinter sich haben. Hohe Eigenkapitalbeträge oder hohes Einkommen sind erforderlich, um bei dem knappen Bauland und den hohen Preisen in Großstädten Wohneigentum erwerben zu können. Dagegen ist in ländlichen Regionen mit geringer Baulandknappheit die Eigentumsbildung für jüngere Haushalte wesentlich leichter.

3.5 Weitere Bestimmungsgründe der Nachfrage nach selbstgenutztem Wohneigentum

Weiterhin müssen sowohl die konjunkturellen Einflüße als auch die des Substitutionsgutes Mietwohnung untersucht werden.

1. Zinsempfindlichkeit der Nachfrage nach selbstgenutztem Wohneigentum:
Das auch konjunkturell bestimmte Zinsniveau ist ein entscheidender Einflußfaktor auf die Wohneigentumsbildung: aufgrund der steuerlichen Regelungen können Selbstnutzer höhere Zinsen nicht steuerlich geltend machen, da Wohneigentum bisher als Konsumgut behandelt wurde. Dagegen können Investoren im Mietwohnungssektor mit erhöhten Zinsen auch erhöhte Kosten abschreiben. Die Kosten für selbstgenutztes Wohneigentum und somit die Wohneigentumsbildung sind also stärker zinsabhängig als die Kosten im freifinanzierten Mietwohnungsbau.

---

180 vgl.: Krings-Heckemeier, M.-T., Pfeiffer, U., Dübel, A., Achtermeyer, D., Weltzien, D. (1994), S. 39
181 vgl.: Krings-Heckemeier, M.-T., Pfeiffer, U., Dübel, A., Achtermeyer, D., Weltzien, D. (1994), S. 40

2. Langsame Anpassung der Bestandsmieten an die Erstbezugsmieten:
Für eine umfassende Untersuchung der Wohneigentumsbildung müssen auch Überlegungen zu dem Substitutionsgut Mietwohnung angestellt werden. Die Abhängigkeit von der allgemeinen Mietsteigerung beim selbstgenutzten Wohneigentum ist geringer als beim freifinanzierten Mietwohnungsbau; dies erklärt sich daraus, daß die Bestandsmieten an die Erstbezugsmieten nur langsam angepaßt werden; der Ertragsanreiz der Wohneigentumsbildung ist für Selbstnutzer also geringer als für Investoren im freifinanzierten Mietwohnungsbau. Hiermit kann die geringe Reaktion auf die allgemeine Mietsteigerung seitens des selbstgenutzten Wohneigentums erklärt werden.

Aus den Überlegungen lassen sich folgende Schlüsse ziehen:
Als Folge hoher Zinsabhängigkeit einerseits und geringer Abhängigkeit von der allgemeinen Mietsteigerung andererseits blieb die Wohnungsnachfrage nach selbstgenutztem Wohneigentum deutlich hinter der nach Mietwohnungsbau zurück.[182] Die hohe Zinsabhängigkeit resultiert daraus, daß steigende Zinsbelastungen im Wohneigentumsbereich im Rahmen der steuerlichen Regelungen nicht kompensiert werden können; dies ist dagegen im frei finanzierten Mietwohnungsbau möglich. Diese Ungleichbehandlung drückt sich auch in den Unterschieden in den Fertigstellungszahlen von Mehrfamilienhäusern (primäre Nutzung als Mietwohnungen) und von Ein- und Zweifamilienhäusern (primäre Nutzung als selbstgenutztes Wohneigentum) aus.[183]

3.6 Besonderheiten in den Neuen Bundesländern

Im Vergleich zu den Alten Bundesländern liegen wesentlich weniger systematische Informationen zu der Entwicklung der Wohneigentumsbildung in den Neuen Bundesländern vor. Leider können auch hier keine empirischen Analysen zu der Entwicklung und dem Hintergrund der Wohneigentumsbildung durchgeführt werden, da die dazu benötigten Daten nicht vorliegen. Trotzdem soll kurz auf die speziellen Probleme der Neuen Bundesländer bezüglich der Wohneigentumsbildung eingegangen werden.

182 vgl.: Krings-Heckemeier, M.-T., Pfeiffer, U., Dübel, A., Achtermeyer, D., Weltzien, D. (1994), S. 43
183 vgl.: Krings-Heckemeier, M.-T., Pfeiffer, U., Dübel, A., Achtermeyer, D., Weltzien, D. (1994), S. 41 f.

Für die ersten Jahre nach der Wiedervereinigung war zu erwarten, daß die Eigentumsquote stagniert oder sogar abnimmt. Dies kann mit dem langen Rechtsstreit über die heutige gesetzliche Handhabung früherer Enteignungen erklärt werden. Gleichzeitig führte der Bauboom zu einer starken Kostenerhöhung, die Baukosten erreichten westdeutsches Niveau.[184] Die zurückhaltende Entwicklung des selbstgenutzten Wohneigentums ist auch als Folge der wirtschaftlichen Entwicklung anzusehen. So stiegen zwar die realen Einkommen der Arbeitnehmer kontinuierlich an, doch nahm die Unsicherheit über die Einkommensentwicklung wegen des hohen Risikos der Arbeitslosigkeit erst langsam ab.
Weiterhin dämpft die geringe Geldvermögensausstattung sowohl das Kapitaleinkommen als auch die Kreditwürdigkeit der ostdeutschen Haushalte.
Auch im Wettbewerb mit Investoren im Mietwohnungssektor hatten die ostdeutschen Selbstnutzer ungünstigere Voraussetzungen. Beispielhaft sollen hier nur die exorbitanten Abschreibungserleichterungen - Sonderabschreibungen von bis zu 50 v.H. im ersten Jahr nach § 4 des Fördergebietsgesetzes - genannt werden. Käufer von Eigentumswohnungen, die zur Vermietung bestimmt waren, konnten so höhere Preise offerieren als Käufer mit Selbstnutzungsabsicht.
Von Seiten der Förderpolitik war als Alternative zum Neubau eine Privatisierung von Bestandswohnungen beabsichtigt, die mit einem erheblichen Subventionsaufwand verbunden war. Eine Erhebung des Gesamtverbandes der Wohnungswirtschaft belegt aber, daß trotz dieser Subventionen weniger als ein Viertel der Wohnungen an bisherige Mieter zur Schaffung von Wohneigentum verkauft wurden; den Rest erwarben Investoren des frei finanzierten Mietwohnungsbaus.[185]

In Anbetracht der geringen Vermögensausstattung der ostdeutschen Haushalte hat das Ziel der breiten Vermögensstreuung durch Wohneigentumsbildung in Ostdeutschland eine weitaus größere Bedeutung als in Westdeutschland. Entgegen dieser Zielsetzung wird jedoch durch die bisherigen wohnungspolitischen Weichenstellungen der Mietwohnungsbau durch westdeutsche Anleger stark gefördert; dies führt aber im Ergebnis zu einer Vermögenskonzentration in Westdeutschland.[186]

---

184 vgl.: Krings-Heckemeier, M.-T., Pfeiffer, U., Dübel, A., Achtermeyer, D., Weltzien, D. (1994), S. 45

185 vgl.: Krings-Heckemeier, M.-T., Pfeiffer, U., Dübel, A., Achtermeyer, D., Weltzien, D. (1994), S. 44-46

186 vgl.: Krings-Heckemeier, M.-T., Pfeiffer, U., Dübel, A., Achtermeyer, D., Weltzien, D. (1994), S. 46 f.

4. Die Eigenheimzulage

4.1 Grundsätzliches

Die Förderung der selbstbewohnten und unentgeltlich überlassenen Wohnung wurde durch das „Gesetz zur Neuregelung der steuerrechtlichen Wohneigentumsförderung" mit Wirkung ab dem Jahr 1996 neu geregelt. Die Eigenheimzulage, die in dem Eigenheimzulagengesetz (EigZulG) geregelt ist, ersetzt die bisherige Grundförderung nach § 10e EStG und die Förderung der unentgeltlich zu Wohnzwecken überlassenen Wohnung im eigenen Haus nach §10h EStG.

Die Eigenheimzulage setzt sich aus dem Fördergrundbetrag (§ 9 Abs. 2 bis 4 EigZulG) und der Kinderzulage (§ 9 Abs. 5 EigZulG) zusammen; insoweit entfällt die Regelung für das Baukindergeld nach § 34f EStG.

Die Eigenheimzulage ist progressionsunabhängig. Die Zulage wird also generell in gleicher Höhe ausgezahlt und soll damit auch einkommensteuerlich nicht oder nur wenig belasteten Einkommensbeziehern den Zugang zum Erwerb oder zur Herstellung eines Wohneigentums erleichtern. Die Zulage wurde weiterhin mit besonderen, zeitlich befristeten ökologischen Förderkomponenten ausgestattet; neu ist auch die Förderung des Erwerbs von Genossenschaftsanteilen.

Daneben ist ein Abzug der Aufwendungen vor Bezug der Wohnung (sog. Vorkostenabzug) nach dem neuen § 10i EStG möglich, der jedoch progressionsabhängig ist.

In den folgenden Abschnitten sollen die wichtigsten Eckpunkte der Eigenheimzulage skizziert werden, um den notwendigen Hintergrund für die abschließende Wirkungsanalyse in Kapitel 6 zu geben.[187]

4.2 Das Eigenheimzulagengesetz

Die progressionsunabhängige Eigenheimzulage wird in einem Verfahren festgesetzt, das von der Einkommensteuer-Veranlagung unabhängig ist. Der Förderzeitraum beläuft sich auf acht Jahre (§ 3 EigZulG).

---

187 Detailliertere Beschreibungen der Eigenheimzulage finden sich beispielsweise bei Wacker, R. (1996), Jechnerer, M. (1997), Grefe, C. (1996).

Der Fördergrundbetrag beträgt jährlich bis zu 5.000 DM bei Neubauwohnungen (5 v.H. der Anschaffungs- oder Herstellungskosten) und bis zu 2.500 DM jährlich beim Erwerb von Altbauwohnungen (2,5 v.H. der Anschaffungs- oder Herstellungskosten). Gegebenenfalls wird dieser Grundbetrag ergänzt durch eine zweite Komponente, nämlich der Kinderzulage in Höhe von 1.500 DM pro Kind und Jahr (§ 9 Abs. 5 EigZulG).

Weiterhin wird der Fördergrundbetrag erhöht, wenn bestimmte ökologische Voraussetzungen erfüllt sind (§ 9 Abs. 3 und 4 EugZulG). Bei der Anschaffung von Genossenschaftsanteilen beträgt die Eigenheimzulage bis zu 2.400 DM und die entsprechende Kinderzulage 500 DM jährlich (§ 17 Satz 4 EigZulG).

Die Eigenheimzulage gehört nicht zu den Einkünften i.S. des EStG, und mindert nicht die steuerlichen Herstellungs- und Anschaffungskosten (§ 16 EigZulG). Sie wird von der Finanzverwaltung aus den Einnahmen an Einkommensteuer geleistet.

4.2.1 Begünstigte Personen (§ 1 EigZulG)

Gemäß § 1 EigZulG kann die Eigenheimzulage von unbeschränkt steuerpflichtigen Personen beansprucht werden, die zivilrechtliche oder wirtschaftliche Eigentümer eines begünstigten Objektes sind, und dessen Herstellungs- oder Anschaffungskosten tragen.

Dabei sind folgende Punkte zu beachten:

1. Einzelrechtsnachfolge

Da der unentgeltliche Einzelrechtsnachfolger die Anschaffungs- oder Herstellungskosten nicht getragen hat, kommt auch bei einer mittelbaren Grundstücksschenkung eine Eigenheimzulage nicht in Betracht. Für Steuerpflichtige, die eine Wohnung aufgrund einer gemischten Schenkung oder im Rahmen einer vorweggenommenen Erbfolgeregelung erworben haben, kann die Zulage nur insoweit beansprucht werden, wie die Wohnung entgeltlich erworben wurde. Die Eigenheimzulage ist dann entsprechend in voller Höhe des Teilentgelts bis zur Höchstbemessungsgrundlage ohne Einschränkungen zu gewähren.

2. Gesamtrechtsnachfolge

Bei unentgeltlichem Erwerb einer Wohnung aufgrund einer Gesamtrechtsnachfolge ist eine Fortsetzung der Förderung nach dem Erblasser möglich.

4.2.2 Begünstigte Objekte (§ 2 EigZulG)

1. Wohnungen im eigenen Haus

Die Herstellung oder Anschaffung einer selbstbewohnten Wohnung, die im Inland belegen ist, wird begünstigt. Für eine Förderung ist es - wie bisher - unerheblich, ob sich diese Wohnungen in einem Zwei- oder Mehrfamilienhaus oder in einem gemischt genutzten Gebäude befinden. Gegebenenfalls sind dann die begünstigten Herstellungs- oder Anschaffungskosten nach den Nutzflächenverhältnissen aufzuteilen. Unselbstständige Gebäudeteile oder Zubehörräume wie beispielsweise Garagen werden den begünstigten Wohnungen quotal zugerechnet. Nachträgliche Änderungen in der baulichen Gestaltung werden bei der Höhe der Eigenheimzulage ab dem Kalenderjahr berücksichtigt, in dem die Änderung vorgenommen wurde. Dagegen werden nachträgliche Herstellungs- oder Anschaffungskosten im eigentlichen Sinn laut Gesetz nicht begünstigt. Dieses führt lediglich die Herstellung oder Anschaffung einer Wohnung auf, und unterscheidet sich damit von dem § 10e Abs. 1 Satz 1 und 4 EStG, die die Herstellungs- und Anschaffungs*kosten* ansprechen. So werden lediglich Aufwendungen, die noch mit dem eigentlichen Herstellungs- oder Anschaffungsvorgang zusammenhängen, wie beispielsweise die Kosten für die Fertigstellung unwesentlicher Bauarbeiten oder anschaffungsnahe Aufwendungen noch "nachträglich" berücksichtigt.

2. Ausbauten und Erweiterungen (§ 2 Abs. 2 EigZulG)

Ausbauten und Erweiterungen, die an einer im Inland belegenen eigenen Eigentumswohnung oder an einer Wohnung in einem im Inland belegenen eigenen Haus vorgenommen werden, bleiben begünstigt. Anders als bei § 10e Abs. 2 EStG ist es jedoch bei der Eigenheimzulage nicht mehr erforderlich, daß der Ausbau oder die Erweiterung an einer Wohnung erfolgt, die zu eigenen Wohnzwecken genutzt wird. Die Wohnung, an der der Ausbau oder die Erweiterung vorgenommen wird, muß weder bei Beginn der Baumaßnahmen von dem Eigentümer bereits bewohnt, noch nach Fertigstellung dieser Maßnahmen bewohnt werden.

Diese Regelung ist deshalb sinnvoll und schlüssig, weil eine Nutzung zu eigenen Wohnzwecken i.S. der Eigenheimzulage ohnehin bereits eine unentgeltliche Überlassung einer Wohnung an Angehörige zu Wohnzwecken umfaßt (§ 4 Satz 2 EigZulG).

4.2.3 Der Förderzeitraum (§ 3 EigZulG)

Der Förderzeitraum für die Eigenheimzulage erstreckt sich vom Jahr der Anschaffung oder Herstellung bis zum Ablauf der folgenden sieben Jahre. Gemäß § 4 EigZulG setzt die Förderung in den einzelnen Kalenderjahren des Förderzeitraums eine Nutzung des zu begünstigenden Objekts zu eigenen Wohnzwecken oder eine unentgeltliche Überlassung des Objekts zu Wohnzwecken an Angehörige voraus; somit entfällt die Förderung für die Kalenderjahre, in denen eine entsprechende Nutzung nicht vorliegt.

Vergleichbar mit der Grundförderung des § 10e EStG ist die Eigenheimzulage eine Jahresförderung; somit wird sie auch dann in vollem Umfang gewährt, wenn deren Voraussetzungen nicht während des gesamten Kalenderjahrs vorliegen. So können bei Nutzungsänderungen gegebenenfalls Absetzungen für Abnutzungen (AfA) als Werbungskosten oder Betriebsausgaben neben der Eigenheimzulage geltend gemacht werden. Die Berechtigung zur Inanspruchnahme der Förderung endet entweder infolge des Wegfalls des wirtschaftlichen Eigentums, des Ablaufs des achtjährigen Begünstigungszeitraums oder der Beendigung der begünstigten Nutzung.

4.2.4 Nutzung zu eigenen Wohnzwecken (§ 4 EigZulG)

Der Anspruch auf die Eigenheimzulage setzt voraus, daß der Anspruchsberechtigte die Wohnung in den einzelnen Kalenderjahren des Förderzeitraums zu eigenen Wohnzwecken nutzt. Dazu zählt nicht nur die unentgeltliche Überlassung der Wohnung an ein Kind, sondern darüber hinaus zählt nach § 4 Satz 2 EigZulG eine unentgeltliche Wohnungsüberlassung zu Wohnzwecken an Angehörige als Nutzung zu eigenen Wohnzwecken.

Weiterhin ersetzt das Eigenheimzulagengesetz die Regelung des § 10h EStG, und unterscheidet sich von dieser dadurch, daß die zu begünstigende Wohnung nun nicht mehr durch Baumaßnahmen an einem Gebäude hergestellt werden muß, in dem der Förderberechtigte eine Wohnung zu eigenen Wohnzwecken nutzt. Jedes angeschaffte oder hergestellte Objekt i.S. von § 2 Abs. 1 oder 2 EigZulG wird auch bei unentgeltlicher Überlassung i.S. von § 4 Satz 2 EigZulG begünstigt.[188]

---

[188] Weiterhin ist eine unentgeltliche Überlassung an alle Angehörigen i.S. von § 15 AO möglich, beispielweise an die Großeltern, Eltern, Geschwister, Kinder und Enkel und auch an geschiedene Ehegatten und Verlobte. § 10h EStG hat dagegen nur eine unentgeltliche Überlassung an bestimmte Angehörige i.S. von § 15 Abs. 1 Nr. 3 und 4 AO.

Weiterhin unterscheidet sich § 4 EigZulG dadurch von § 10h EStG, daß die unentgeltliche Überlassung nicht mehr auf Dauer angelegt sein muß.
Infolge der identischen Behandlung von selbstbewohnten und i.S. des § 4 Satz 2 EigZulG unentgeltlich überlassenen Wohnung erhält der Anspruchsberechtigte in beiden Fällen die Eigenheimzulage und auch bei Erfüllung der Voraussetzungen die Kinderzulage nach § 9 Abs. 5 EigZulG. Damit kann - im Gegensatz zu § 10h EStG - eine Kinderzulage aufgrund einer unentgeltlichen Wohnungsüberlassung an Dritte beansprucht werden, auch wenn der Wohnraumbedarf des Kindes gar nicht abgedeckt werden kann.

4.2.5 Die Einkunftsgrenzen (§ 5 EigZulG)

Die Eigenheimzulage kann gemäß § 5 Satz 1 EigZulG ab dem Jahr beansprucht werden (Erstjahr), in dem der Gesamtbetrag der Einkünfte nach § 2 Abs. 3 EStG des Erstjahrs zuzüglich des Gesamtbetrags der Einkünfte des Vorjahrs 240.000 DM nicht übersteigt. Bei zusammenveranlagten Ehepartnern beträgt die Einkunftsgrenze für das Erst- und Vorjahr insgesamt 480.000 DM (§ 5 Satz 2 EigZulG).
Die Verteilung der Einkünfte in den beiden Jahren ist unerheblich. Wird ein Objekt nach dem Jahr der Anschaffung oder Herstellung erstmals zu eigenen Wohnzwecken i.S. von § 4 EigZulG genutzt, ist dieses letzte Jahr das für die Einkunftsgrenze maßgebliche Erstjahr i.S. von § 5 EigZulG.
Anders als bei § 10e Abs. 5a EStG ist eine Überpüfung der Einkunftsgrenze nicht jedes Kalenderjahr des Förderzeitraums nach § 3 EigZulG vorzunehmen. Die Eigenheimzulage kommt ab dem Jahr in Betracht, in dem der Anspruchsberechtigte die oben genannte Grenze nicht überschreitet.

4.2.6 Objektbeschränkung (§ 6 EigZulG)

Der Anspruchsberechtigte kann die Eigenheimzulage nur für *ein* Objekt in Anspruch nehmen, sei es eine Wohnung, ein Ausbau oder eine Erweiterung. Ehepartner, bei denen die Voraussetzungen des

§ 26 Abs. 1 EStG (Zusammenveranlagung) erfüllt sind, können dagegen die Eigenheimzulage für insgesamt zwei Objekte beanspruchen, wenn diese nicht in räumlichen Zusammenhang gelegen sind und bei der Fertigstellung oder der Anschaffung dieser Objekte bei den Ehegatten bereits die Voraussetzungen des § 26 Abs. 1 EStG vorlagen.

Liegt *Miteigentum* vor, führt eine Inanspruchnahme der Eigenheimzulage gegebenenfalls für jeden Miteigentumsanteil an einem der Objekte zum Objektverbrauch. Sind zusammenveranlagte Ehepartner Miteigentümer eines begünstigten Objekts, ergeben die Miteigentumsanteile lediglich ein Objekt i.S. der Objektverbrauchsregelung (§ 6 Abs. 2 Satz 2 EigZulG).

4.2.7 Das Folgeobjekt (§ 7 EigZulG)

Bei der Folgeobjektregelung nach § 7 EigZulG ist § 10e Abs. 4 Satz 4, 5 und 7 EStG mit nur geringen Modifikationen übernommen worden. Nach dieser Folgeobjektregelung kann ein Anspruchsberechtigter die Eigenheimzulage bei einem Folgeobjekt fortsetzen, soweit er diese beim Erstobjekt mangels Nutzung zu eigenen Wohnzwecken nicht bis zum Ende des Förderzeitraumes beanspruchen konnte. Als Nutzung zu eigenen Wohnzwecken gilt dabei auch die unentgeltliche Überlassung eines Objekts zu Wohnzwecken an Angehörige. Es ist also gleichgültig, ob das Erst- oder das Folgeobjekt jeweils selbstbewohnt oder unentgeltlich überlassen wird. Ein Wechsel in der Nutzung ist jeweils bei beiden Objekten möglich.

Im Gegensatz zu § 10e Abs. 4 Satz 4 EStG wird in § 7 Satz 1 EigZulG nicht mehr gefordert, daß die Anschaffung oder Herstellung des Folgeobjekts innerhalb von zwei Jahren vor und drei Jahren nach Ablauf des Kalenderjahres erfolgen muß, in dem das Erstobjekt letztmals zu eigenen Wohnzwecken genutzt worden ist. Somit kann der Anspruchsberechtigte die abgebrochene Förderung für das Erstobjekt bei einem Folgeobjekt beanspruchen, auch wenn dieses erst viele Jahre nach Beendigung der Selbstnutzung des Erstobjekts angeschafft oder hergestellt worden ist. Insgesamt tritt dann nur ein Objektverbrauch i.S. von § 6 EigZulG auf.

4.2.8 Die Bemessungsgrundlage (§ 8 EigZulG)

Vergleichbar mit der Grundförderung nach § 10e EStG sind die Herstellungs- oder Anschaffungskosten der Wohnung zuzüglich der Anschaffungskosten für den dazugehörenden Grund und Boden die Bemessungsgrundlage für den Fördergrundbetrag (§ 9 Abs. 2 EigZulG). Die letztgenannten werden jedoch im Gegensatz zur Grundförderung des § 10e Abs. 1 Satz 1 EStG in vollem Umfang berücksichtigt. Bei Ausbauten und Erweiterungen sind ausschließlich die Herstellungskosten Bemessungsgrundlage. Werden Teile der Wohnung nicht zu eigenen Wohnzwecken i.S. von § 4 EigZulG genutzt, muß die Bemessungsgrundlage um die Herstellungs- und Anschaffungskosten anteilig gekürzt werden. Diese beiden Regelungen sind mit denen der Grundförderung nach § 10e EStG vergleichbar.

4.2.9 Höhe der Eigenheimzulage (§ 9 EigZulG)

4.2.9.1 Fördergrundbetrag (§ 9 Abs. 2 EigZulG)

Der Fördergrundbetrag beträgt bei der Herstellung oder Anschaffung von Neubau jährlich 5 v.H. der Bemessungsgrundlage (§ 8 EigZulG), höchstens jedoch 5.000 DM (§ 9 Abs. 2 Satz 1 EigZulG). Dagegen beträgt bei Altobjekten, d.h. Objekten, die nicht bis zum Ende des zweiten auf das Jahr der Fertigstellung folgende Jahr angeschafft worden sind, der Fördergrundbetrag lediglich 2,5 v.H., höchstens 2.500 DM (§ 9 Abs. 2 Satz 2 EigZulG). Bei einer Bemessungsgrundlage von 100.000 DM werden also schon die Förderhöchstbeträge erreicht.
Wenn mehrere Anspruchsberechtigte i.S. von § 1 EigZulG Eigentümer einer Wohnung sind, können sie den Fördergrundbetrag nur entsprechend ihres Miteigentumsanteils in Anspruch nehmen (§ 9 Abs. 2 Satz 3 EigZulG). Dies ist auch möglich, wenn einzelne Miteigentümer die Voraussetzungen für die Gewährung der Eigenheimzulage nicht erfüllen.

Wenn der Anspruchsberechtigte bereits den Fördergrundbetrag wegen einer Anschaffung von Genossenschaftsanteilen erhalten hat und nun eigengenutztes Wohneigentum erwirbt, muß der Fördergrundbetrag nach § 9 Abs. 2 EigZulG um den Betrag vermindert werden, den der Anspruchsberechtigte im jeweiligen Kalenderjahr des Förderzeitraumes für die Anschaffung von Genossenschaftsanteilen beansprucht hat.

Weiterhin gewährt die Eigenheimzulage eine Zusatzförderung für Anlagen zur Energieeinsparung (§ 9 Abs. 3 EigZulG). Der Fördergrundbetrag erhöht sich dann um jährlich 2 v.H. der Aufwendungen für Maßnahmen zur Energieeinsparung, höchstens jedoch um 500 DM jährlich. Der zu fördernde Höchstaufwand beträgt also 25.000 DM. Unerheblich ist hierbei, ob es sich um Herstellungskosten oder Erhaltungsaufwand handelt.
Begünstigt werden die Aufwendungen für den Einbau bestimmter Wärmepumpen-, Solar- und Wärmerückgewinnungsanlagen einschließlich deren Anbindung an das Heizsystem. Eine Zusatzförderung wird jedoch nicht für Ausbauten und Erweiterungen gewährt. Voraussetzung für die Gewährung dieser zum Fördergrundbetrag zusätzlichen Förderung ist, daß in den einzelnen Kalenderjahren des Förder-

zeitraums auch die Voraussetzungen zur Gewährung des Fördergrundbetrags erfüllt sein müssen. Demnach scheidet eine isolierte Förderung aus.
Auch eine Zusatzförderung für sogenannte Niedrigenergiehäuser (§ 9 Abs. 4 EigZulG) sieht die Eigenheimzulage vor. Nach dieser Regelung werden Wohnungen begünstigt, nicht jedoch Ausbauten oder Erweiterungen (§ 9 Abs. 4 Satz 2 EigZulG), die in einem Gebäude belegen sind, dessen jährlicher Heizwärmebedarf den nach der Wärmeschutz-VO maßgeblichen Betrag um mindestens 25 v.H. unterschreitet. Diese weitere Zusatzförderung zum Fördergrundbetrag beträgt pauschal jährlich 400 DM; der Anspruchsberechtigte muß also nicht nachweisen, wie hoch die entsprechenden Aufwendungen waren. Der Anspruchsberechtigte muß jedoch durch einen Wärmebedarfsausweis den geforderten Wert beweisen.

4.2.9.2 Kinderzulage (§ 9 Abs. 5 EigZulG)

Die Kinderzulage ist die zweite Komponente der Eigenheimzulage. Sie beträgt für jedes Kind, für das der Anspruchsberechtigte oder sein Ehegatte im jeweiligen Kalenderjahr des Förderzeitraums einen Kinderfreibetrag oder Kindergeld erhält, 1.500 DM pro Jahr.
Voraussetzung für eine Gewährung ist, daß das Kind im Förderzeitraum zum inländischen Haushalt des Anspruchsberechtigten gehört. Die Kinderzulage ersetzt das sogenannte Baukindergeld nach § 34f EStG.
Da die Eigenheimzulage auch für eine unentgeltlich überlassene Wohnung i.S. von § 4 Satz 2 EigZulG beansprucht werden kann, besteht in diesen Fällen ebenfalls ein Anspruch auf die Kinderzulage; sie wird auch dann gewährt, wenn der Wohnungsbedarf des Kindes durch die unentgeltlich überlassene Wohnung nicht gedeckt wird.
Miteigentümer erhalten grundsätzlich die Kinderzulage in voller Höhe. Besteht jedoch zugleich ein Anspruch auf die Kinderzulage für ein und dasselbe Kind - beispielsweise bei nicht verheirateten Eltern eines gemeinsamen Kindes - so erhalten die beiden Anspruchsberechtigten die Kinderzulage je hälftig. Sind die Voraussetzungen der Eigenheimzulage für zwei Objekte erfüllt, wird durch § 9 Abs. 5 Satz 4 EigZulG eine mehrfache Kinderzulage je Kind, Kalenderjahr und Anspruchsberechtigten ausgeschlossen.
Die mit der Anschaffung von Genossenschaftsanteilen verbundene Kinderzulage in Höhe von 500 DM muß auf die Kinderzulage angerechnet werden, die bei Herstellung oder Erwerb der Wohnung beansprucht wird.

4.2.9.3 Begrenzung des Fördergrundbetrags und der Kinderzulage (§ 9 Abs. 6 EigZulG)

Um eine Überförderung insbesondere bei Ausbauten und Umbauten zu vermeiden, darf die Summe der Fördergrundbeträge einschließlich der Kinderzulagen die Bemessungsgrundlage nicht überschreiten. Dagegen unterliegen die Zusatzförderungen zur Energieeinsparung nach § 9 Abs. 3 und 4 EigZulG nicht dieser Begrenzung.

4.2.10 Verfahren zur Festsetzung der Eigenheimzulage (§§ 10 bis 15 EigZulG) Entstehen des Anspruchs und die Beantragung (§§ 10, 12 EigZulG)

Der Anspruch auf die Eigenheimzulage entsteht mit dem Beginn der Nutzung des zu begünstigenden Gebäudes zu eigenen Wohnzwecken i.S. von § 4 EigZulG, also gegebenenfalls auch mit der unentgeltlichen Überlassung der Wohnung zu Wohnzwecken an Angehörige. Der Anspruch für die weiteren Jahre des Förderzeitraums beginnt mit dem Beginn des Kalenderjahrs, für das diese festzusetzen ist.

Die Eigenheimzulage wird von dem Finanzamt, das für die Besteuerung des Einkommens des Anspruchsberechtigten zuständig ist, für das Erst- und die Folgejahre, also für den gesamten Förderzeitraum festgesetzt. Maßgeblich für die Höhe des Fördergrundbetrags und für die Kinderzulage sind die Verhältnisse des Anspruchsberechtigten bei Beginn der Nutzung des zu begünstigenden Objekts zu eigenen Wohnzwecken. Unterschreitet der Anspruchsberechtigte jedoch beispielsweise die Einkunftsgrenze erst ein Jahr nach Bezug der Wohnung, liegen also die Voraussetzungen für eine Gewährung erst zu einem späteren Zeitpunkt vor, so sind die Verhältnisse zu diesem Zeitpunkt maßgeblich.
Eine Neufestsetzung der Eigenheimzulage muß vorgenommen werden, wenn sich die Verhältnisse für die Höhe des Fördergrundbetrages beispielsweise aufgrund nachträglich gewährter oder gezahlter Zuschüsse, einer nachträglichen Kaufpreisminderung oder bei einer Veränderung der Anzahl an Kindern ändern. Eine Neufestsetzung ist mit Wirkung des Kalenderjahrs durchzuführen, für das sich eine Abweichung der Eigenheimzulage ergibt (§ 11 EigZulG Abs. 2 und 3 EigZulG). Die neu festgesetzte Eigenheimzulage hat dann Wirkung bis zum Ende des Förderzeitraums.
Bei Änderungen zugunsten des Anspruchsberechtigten werden die veränderten Verhältnisse bereits im Jahr der Änderung berücksichtigt. Dagegen werden Änderungen zuungunsten des Anspruchsberechtigten bei der Förderung erst in dem Kalenderjahr berücksichtigt, das der Änderung der Verhältnisse folgt.

Der Anspruchsberechtigte ist nach § 12 EigZulG dazu verpflichtet, eine Änderung der Verhältnisse, die zu einer Minderung oder einem gänzlichen Wegfall der Förderung führen kann, unverzüglich dem Finanzamt mitzuteilen.

Der Bescheid über die Festsetzung der Eigenheimzulage ist rückwirkend aufzuheben oder zu ändern, wenn nachträglich bekannt wird, daß der Gesamtbetrag der Einkünfte die maßgebliche Einkunftsgrenze überschreitet (§ 11 Abs. 4 EigZulG).

4.2.11. Anschaffung von Genossenschaftsanteilen (§ 17 EigZulG)

Eine Vergünstigung des Erwerbs von Genossenschaftsanteilen setzt voraus, daß ein unbeschränkt steuerpflichtiger Anspruchsberechtigter, dessen Gesamtbetrag der Einkünfte innerhalb der Einkunftsgrenze des § 5 EigZulG liegt, Geschäftsteile in Höhe von mindestens 10.000 DM an einer Wohnungsgenossenschaft anschafft, die nach dem 1.1.1995 in das Genossenschaftsregister eingetragen wurde. Voraussetzung ist, daß die Genossenschaft in ihrer Satzung den Mitgliedern das unkündbare und vererbliche Recht auf den Erwerb des Eigentums an der von ihnen zu Wohnzwecken genutzten Wohnung für den Fall einräumt, daß die Mehrheit der in einem Objekt wohnenden Genossenschaftsmitglieder der Begründung von Wohneigentum und der Veräußerung der Wohnungen schriftlich zugestimmt hat. Sind diese Voraussetzungen erfüllt, kann der Anspruchsberechtigte einmal eine Eigenheimzulage in Anspruch nehmen. Bemessungsgrundlage für die Höhe der Eigenheimzulage ist die Höhe der Einlage, die an die Wohnungsgenossenschaft geleistet wurde. Der Fördergrundbetrag beträgt 3 v.H. der Bemessungsgrundlage für jedes Jahr, höchstens jedoch 2.400 DM jährlich. Dementsprechend wird die Anschaffung von Genossenschaftsanteilen bis zu einer Höhe von 80.000 DM gefördert. Diese Komponente der Eigenheimzulage wird für jedes Jahr, in dem der Anspruchsberechtigte die Genossenschaftsanteile besitzt, längstens insgesamt acht Jahre lang bezahlt. Der Anspruchsberechtigte erhält eine Kinderzulage von 500 DM für jedes zu berücksichtigende Kind jährlich. Die Summe der Fördergrundbeträge und der Kinderzulagen darf jedoch nicht die Bemessungsgrundlage überschreiten. Bei einem späteren Kauf der von dem Anspruchsberechtigten bewohnten Wohnung von der Wohnungsbaugenossenschaft, wird die Eigenheimzulage, die der Anspruchsberechtigte für die vorherige Anschaffung von Genossenschaftsanteilen erhalten hat, auf die der Anschaffung der Wohnung angerechnet. Diese Anrechnung erfolgt, um eine Doppelförderung zu vermeiden.

4.3 Vorkosten (§ 10i EStG)

Die Regelung der Vorkosten befindet sich weiterhin im Sonderausgabenbereich, genauer im neuen § 10i EStG. Objekte, für die Vorkosten geltend gemacht werden können, sind selbstbewohnte oder unentgeltlich an Angehörige zu Wohnzwecken überlassene Wohnungen.

Der Vorkostenabzug des § 10i EStG wird auf zwei Fälle beschränkt.

4.3.1 Vorkostenpauschale

Es wird eine Pauschale von 3.500 DM im Jahr der Fertigstellung bzw. Anschaffung gewährt, wenn für die Wohnung im Jahr der Anschaffung oder Herstellung *oder* in einem der zwei folgenden Jahre eine Eigenheimzulage beansprucht wird. Diese soll angefallene Finanzierungskosten bis zum Einzug abgelten. Auch sie ist an die Einhaltung der Einkunftsgrenzen geknüpft und bedeutet in steuerlichem Zusammenhang das Ende des Disagios.

4.3.2 Erhaltungsaufwendungen

Voraussetzung für den Abzug der Erhaltungsaufwendungen bis zu 22.500 DM ist wie bisher, daß die Erhaltungsaufwendungen unmittelbar mit der Herstellung oder Anschaffung der Wohnung zusammenhängen und, nicht zu den Anschaffungs- oder Herstellungskosten gehören. Die Erhaltungsaufwendungen müssen bis zum Beginn der erstmaligen Nutzung einer Wohnung zu eigenen Wohnzwecken entstanden sein.

5. Kriterien für eine effektive und effiziente Ausgestaltung einer steuerlichen Wohneigentumsförderung

In Kapitel 1 wurden sowohl das Konsumgut „selbstgenutztes Wohneigentum“ als auch der dazugehörige Wohneigentumsmarkt auf die Guts- bzw. Markteigenschaften untersucht. Dabei wurden die spezifischen Eigenschaften des Guts und die Schwächen des Markts herausgearbeitet. Das darauf folgende Kapitel 2 analysierte, ob die Erreichung der finanzwissenschaftlichen Subventionsziele der Allokation, Verteilung und Stabilisierung durch eine Förderung des selbstgenutzten Wohneigentums nachhaltig positiv und damit subventionsbegründend beeinflußt werden können. Als Ergebnis dieses Kapitels ließ sich festhalten, daß eine Subvention in Form einer Förderung des selbstgenutzten Wohneigentums effizienzsteigernd wirken kann.

Finanzpolitische Maßnahmen müssen zielgerichtet eingesetzt werden; die komplizierten Ziel-, Mittel- und Wirkungszusammenhänge müssen intensiv untersucht werden und die Ausgestaltung der Subvention muß diese Zusammenhänge berücksichtigen. Der Erfolg einer finanzpolitischen Maßnahme wie einer Subvention läßt sich daran erkennen, ob der erwartete und der tatsächlich eintretende Effekt übereinstimmen. Die Wirkung finanzpolitischer Maßnahmen bezeichnet man als Inzidenz, nämlich einer Änderung eines Zustandes oder einer Entwicklung als Folge einer finanzpolitischen Maßnahme im Vergleich zu dem Zustand ohne finanzpolitischen Eingriff.[189]

Subventionen als wirtschaftspolitisches Instrument sind sehr umstritten. Denn sowohl die Festlegung, „wer“ oder „was“ subventionsbedürftig ist als auch die Zielgenauigkeit ist sehr problematisch.[190] Weiterhin soll die durch die Subvention initiierte Verhaltensweise mit einem möglichst niedrigen Subventionsaufwand erreicht werden.[191] Auch die Auswirkungen von Subventionen auf andere Märkte oder Sektoren sind nicht genau prognostizierbar, sodaß die Ausgestaltung einer Subvention für eine ausschließliche Förderung ausgewählter Märkte oder Sektoren sehr schwierig ist.[192]

Diese grundsätzlichen Überlegungen sollen nun auf die Subvention des Erwerbs von Wohneigentum übertragen werden. Zur Erreichung einer möglichst hohen Effizienz müssen die Schwellenhaushalte gefördert werden; sie stehen bereits an der Schwelle zur Wohneigentumsbildung, doch ist ihnen ohne (staatliche) Unterstützung der Erwerb von Wohneigentum nicht möglich. Werden im Rahmen einer

189 vgl.: Brümmerhoff, D. (1992), S. 242
190 vgl.: Hartig, R. (1990), S. 1
191 vgl.: Expertenkommission (1995), S. 256
192 vgl.: Harzem, K. (1987), S. 38

Subvention auch die privaten Haushalte gefördert, die ohne den zusätzlichen Anreiz einer Subvention selbstgenutztes Wohneigentum erworben hätten, beeinträchtigt diese Wirkung die Effizienz der Subvention.
Die Zielsetzung der Wohneigentumsförderung soll auch mit verteilungspolitischen Gesichtspunkten in Einklang gebracht werden; dabei muß jedoch berücksichtigt werden, daß der Subventionsaufwand um so höher wird, je breiter die Zielgruppe definiert wird, die mittels staatlicher Förderung zu Wohneigentum gelangen soll.[193] So bedarf es also einer genauen Eingrenzung der Zielgruppe, bei der auch die Ergebnisse aus der empirischen Analyse zu den Bestimmungsgründen der Wohneigentumsbildung aus Kapitel 3 einbezogen werden sollen.
Nachdem in Kapitel 2.2.4.2 die Auswirkungen staatlicher Eingriffe im Mietwohnungsmarkt auf den Wettbewerb im Wohneigentumsmarkt dargestellt wurden, sollen in diesem Kapitel die Auswirkungen einer Wohneigentumsförderung auf den Mietwohnungsmarkt analysiert werden. Diese Analyse wird vorgenommen, um die Wirkung einer Wohneigentumsförderung auf die Haushalte, die trotz Förderung kein Wohneigentum bilden können und deshalb auf dem Mietwohnungsmarkt verbleiben, aufzeigen zu können.

Vor dem Hintergrund der theoretischen Überlegungen zu den Guts- und Markteigenschaften des selbstgenutzten Wohneigentums, unter Einbeziehung der Ergebnisse der empirischen Analysen zu den Eigentümerstrukturen aus Kapitel 3 und der eben angestellten Überlegungen zur Ausgestaltung einer Wohneigentumsförderung soll nun ein Kriterienkatalog erstellt werden. Bei der Erstellung dieses Kataloges werden auch alternative Fördermöglichkeiten einander gegenübergestellt.

5.1 Eingrenzung der Zielgruppe

Eine staatliche Förderung der Bildung selbstgenutzten Wohneigentums sollte sich auf solche Haushalte konzentrieren, die zwar Wohneigentum erwerben wollen, jedoch deren zu geringes Einkommen, der Mangel an Eigenkapital und die daraus entstehende hohe Liquiditätsbelastung aus der Finanzierung des Wohneigentums die entscheidende Hürde darstellt. Staatliche Förderungsmaßnahmen des Erwerbs von Wohneigentum müssen gerade diesen Haushalten den Schritt zu Wohneigentum erleichtern.[194] Derartige Haushalte werden *Schwellenhaushalte* genannt, weil sie an der Schwelle zu Wohneigentum stehen.

---

193 vgl.: Expertenkommission (1995), S. 255 f.
194 vgl.: Expertenkommission (1995), S. 256

Bevor die Zielgruppe der Schwellenhaushalte abgegrenzt wird, soll zuvor noch eine Analyse der Effekte der Förderung von selbstgenutzten Wohneigentum durchgeführt werden. Dabei wird hier die Verbundwirkung zwischen Wohneigentums- und Mietwohnungsmarkt beleuchtet.

5.1.1 Effekte einer staatlichen Wohneigentumsförderung

Die Förderung von selbstgenutztem Wohneigentum wird gerne damit begründet, daß diese den gesamten Wohnungsmarkt entlasten würde und positive „Sickereffekte" dieser Fördermaßnahmen bis zu den sozial schwachen Haushalten durchdringen würden.[195]
Die Widerlegung dieser Argumentation soll anhand des Modells durchgeführt werden, das auch schon in Abschnitt 1.1.4.4 (vgl. Seite 14) bei der Analyse des Verbunds der Teilmärkte verwendet wurde. Die dort geltenden Annahmen sollen hier bestehen bleiben.

Bei der Eigentumsförderung wird zunächst die Wohnungsnachfrage stimuliert, da Maßnahmen wie direkte staatliche Förderungen in Form einer Eigenheimzulage, eines Baukindergelds, einer steuerlichen Berücksichtigung von Sonderausgaben etc. das laufende bzw. das erwartete verfügbare Einkommen des Haushalts erhöhen. Haushalte, die willens und fähig sind, Wohneigentum zu bilden, richten laut Annahme ihre Nachfrage eher auf Wohnraum höherer Qualität; ihre zusätzliche Nachfrage entfaltet sich also auf dem Markt, der hier vereinfacht als Neubau beschrieben werden soll.

In Abbildung 16 wird deutlich, daß die Nachfrageausweitung von N_n nach N'_n auf diesem Teilmarkt zunächst zu einem Nachfrageüberhang führt; dieser wiederum zieht eine Preis- bzw. Mietsteigerung von p^0_n bis p'_n nach sich. Die damit gestiegene Rendite regt den Neubau von Wohnungen und auch die Modernisierung von Bestandswohnungen an. Dies führt den Preisanstieg wieder teilweise auf p^1_n zurück. Die Modernisierung der Bestandswohnungen bewirkt ein „Filtering up" der Wohnungen im Bestand und läßt das Angebot auf dem Markt für Bestandswohnungen von A_a auf A'_a schrumpfen. Gleichzeitig verdrängt der Preisanstieg auf dem qualitätsmäßig höher gelegenen Wohnungsmarkt die Schwellenhaushalte, die die Fördermittel nicht beanspruchen können oder wollen, auf den Markt mit qualitätsmäßig niedrigerem, aber billigeren Wohnraum. Dies trägt zu einer zusätzlichen Nachfrageausweitung von N_a nach N'_a bei. Der Angebotsrückgang und der Nachfrageanstieg lassen nun auch die Mieten im Bestand von p^0_a nach p^1_a steigen, was wiederum die einkommenschwächeren Haushalte als Nachfrager von Wohneigentum verdrängt.

[195] vgl.: Mackscheidt, K., Deichmann, W. (1982), S. 30 f.

Abb. 16: Wirkungen der Wohneigentumsförderung

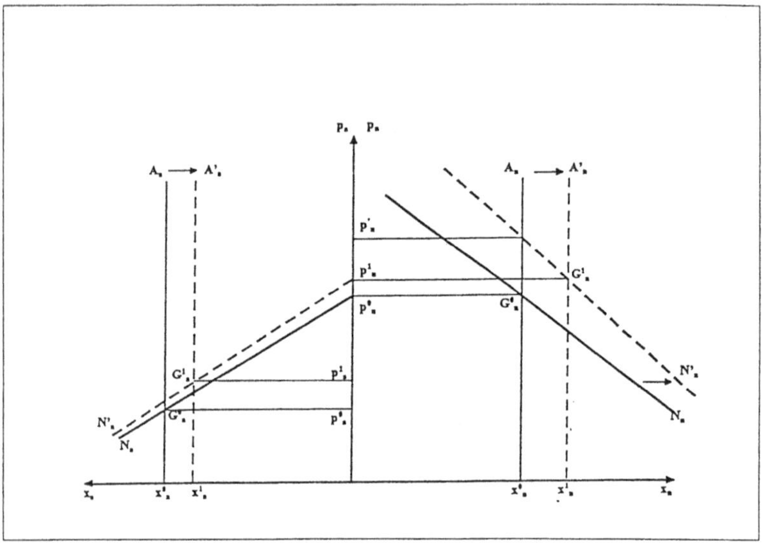

Quelle: Thiemer, A., Thiemer, B. (1997), S.13

Es läßt sich also ein eindeutiges Fazit ziehen: Eine Förderung der Wohneigentumsbildung verschlechtert auf jeden Fall die Situation derjenigen Haushalte, die auf dem Mietwohnungsmarkt verbleiben, weil trotz Förderung der Erwerbswunsch nicht realisiert werden kann. Der Sicker- oder Filtering-Effekt wirkt sich negativ auf diese Gruppe aus. Es kommt zu einer einseitigen Stärkung der Geförderten.[196]

Eine verstärkte Wohneigentumsförderung begünstigt also die Geförderten und verschärft die Probleme der übrigen Haushalte, die nicht in der Lage sind, Wohneigentum zu bilden, also die Probleme der auf dem Mietwohnungsmarkt verbliebenen Schwellenhaushalte.
Diese Überlegungen machen deutlich, daß bei der Wohneigentumsförderung die Höhe des Einkommens der zu fördernden Haushalte nicht zu hoch angesetzt werden darf; durch einen zu hohen Ansatz geraten die Haushalte, die den Sprung zu Wohneigentum nicht schaffen, durch den oben dargestellten Prozeß noch mehr ins Hintertreffen.

196 vgl.: Eekhoff, J. (1993), S. 45 f.; Thiemer, A., Thiemer, B. (1997), S. 12 f.

5.1.2 Charakterisierung der Typen von Schwellenhaushalten

Die Schwellenhaushalte lassen sich sowohl nach ihrem finanziellen Potential als auch nach ihrer Bereitschaft, Wohneigentum zu bilden, grob in die folgenden vier Gruppen einteilen. Bei dieser Charakterisierung kann leider nicht auf die Daten der SOEP-Erhebungen zurückgegriffen werden, da die dazu benötigten Daten dem Verfasser nicht vorliegen. Im folgenden wird eine Beschreibung der einzelnen Typen von Schwellenhaushalten auf Basis der EVS des Statistischen Bundesamtes vorgenommen.[197]

5.1.2.1 Die absoluten Schwellenhaushalte

Die absoluten Schwellenhaushalte sind diejenigen Haushalte, die einen starken Wunsch nach Wohneigentum haben, sich aber aus finanziellen Gründen unter den gegebenen Marktbedingungen ein Eigenheim nicht leisten können.[198]
Innerhalb dieser Gruppe lassen sich nochmals die *resignierten Haushalte*, die infolge mangelnden finanziellen Rückhalts Wohneigentum nicht erwerben können, von den *zufriedenen Haushalten*, die infolge günstiger Rahmenbedingungen doch Wohneigentum erwerben können, unterscheiden.

Bei den *resignierten Haushalten* handelt es sich überwiegend um in Städten wohnende Haushalte in der Familienerweiterungsphase. Das relativ geringe Einkommen pro Kopf erlaubt normalerweise die Anmietung von ausreichend großen Wohnungen nicht. Die Enge der Wohnverhältnisse wird als große Belastung - auch für die Kinder - empfunden. Der Wunsch nach Wohneigentum ist hier besonders stark ausgeprägt. Der Suchprozeß stellt dann jedoch eine große Ernüchterung dar, da die angebotenen Objekte zu teuer sind. Wird trotz geringen Einkommens und trotz geringer Kapitaldecke dennoch Eigentum erworben, muß dieses teilweise infolge der zu hohen Finanzierungslasten wieder veräußert werden.[199]

---

197 vgl.: Krings-Heckemeier, M.-T., Pfeiffer, U., Dübel, A., Achtermeyer, D., Weltzien, D. (1994), S. 20 f. u. 87-99

198 vgl.: Krings-Heckemeier, M.-T., Pfeiffer, U., Dübel, A., Achtermeyer, D., Weltzien, D. (1994), S. 20

199 vgl.: Krings-Heckemeier, M.-T., Pfeiffer, U., Dübel, A., Achtermeyer, D., Weltzien, D. (1994), S. 88

Die resignierten absoluten Schwellenhaushalte sind es gewohnt, überdurchschnittlich hohe Ausgaben für Wohnen tragen zu müssen. In der Regel beläuft sich die Belastung auf 40 v.H. des Nettoeinkommens. Infolgedessen ist es für diese Haushalte ohne staatliche Förderung praktisch unmöglich, eine ausreichende Eigenkapitalausstattung anzusparen oder die laufenden Belastungen nach dem Erwerb von Wohneigentum tragen zu können.[200]
Eine staatliche Förderung der Eigenkapitalbildung und eine staatliche Unterstützung zur Reduzierung der finanziellen Belastungen nach dem Erwerb würde die Wohneigentumsquote dieser Gruppe deutlich erhöhen.

Die *zufriedenen Haushalte* zeichnen sich dadurch aus, daß trotz niedrigen Einkommens infolge von günstigen Rahmenbedingungen ein Wohneigentumserwerb problemlos möglich ist; die oben genannten Hemmnisse konnten durch frühes Ansparen und kostengünstige Objekte umgangen werden. Dazu wird als Zwischenlösung oft das Wohnen bei den Eltern in Kauf genommen.[201] Bei dieser Gruppe ist also weniger eine staatliche Unterstützung bei der Eigenkapitalbildung notwendig, sondern vielmehr eine staatliche Unterstützung zur Reduzierung der finanziellen Belastungen nach dem Erwerb des Wohneigentums. Jedoch würde eine staatliche Unterstützung des Ansparens die Anschaffung eines Wohneigentums beschleunigen.[202]

Schon die Differenzierung innerhalb der Gruppe der absoluten Schwellenhaushalte macht deutlich, wie unterschiedlich die Bereitschaft zu Konsumverzicht zugunsten von Wohneigentum sein kann. Diese individuellen Unterschiede können kaum bei einer angestrebten effizienten Ausgestaltung der Wohneigentumsförderung berücksichtigt werden.

---

200 vgl.: Krings-Heckemeier, M.-T., Pfeiffer, U., Dübel, A., Achtermeyer, D., Weltzien, D. (1994), S. 89

201 vgl.: Krings-Heckemeier, M.-T., Pfeiffer, U., Dübel, A., Achtermeyer, D., Weltzien, D. (1994), S. 90

202 vgl.: Krings-Heckemeier, M.-T., Pfeiffer, U., Dübel, A., Achtermeyer, D., Weltzien, D. (1994), S. 87-93

5.1.2.2 Die relativen Schwellenhaushalte

Bei den relativen Schwellenhaushalten handelt es sich um Haushalte, die ebenfalls den konkreten Wunsch haben, Wohneigentum zu erwerben, die sich allerdings den Erwerb *noch* nicht leisten können.[203]

Hier lassen sich vier Untergruppen unterscheiden: die *zögernden*, die *flexiblen*, die *planenden* und die *abwartenden* Haushalte:

Bei den *zögernden* Haushalten handelt es sich um diejenigen, die aufgrund einer vorübergehenden finanziellen Unsicherheit infolge der familiären Situation gehemmt sind, Wohneigentum zu erwerben. Es handelt sich hierbei überwiegend um Doppelverdiener-Haushalte, die sich in der Familienerweiterungsphase befinden. Aufgrund der guten Einkommensituation wäre eine Finanzierung - auch nach Wegfall eines Einkommens - nach einer kurzen Ansparphase möglich. Trotz dieser grundsätzlichen Möglichkeit des Erwerbs wird dieser nicht vorgenommen. So wollen einerseits in der Familienerweiterungphase nicht beide Partner erwerbstätig sein, andererseits soll das gewohnte Konsumniveau trotz Wegfalls eines Einkommens ungefähr aufrechterhalten bleiben. Der Eigentumserwerb wird also aus familiären Gründen verschoben.[204]

Die staatliche Unterstützung sollte somit auch hier primär auf eine Reduzierung der Belastungen nach dem Eigentumserwerb gerichtet sein.

Dagegen verschieben die *flexiblen* Haushalte den Eigentumserwerb aus beruflichen Gründen. Hierbei handelt es sich oft um Akademikerhaushalte. Mit dem Familienzuwachs wächst auch der Wunsch, Wohneigentum für mehr Bewegungsfreiheit für die Kinder zu erwerben. Gleichzeitig verspricht man sich im Erwerbsfall finanzielle Vorteile, wenn die Erwerbskosten eine mit den Mietkosten vergleichbare Höhe erreichen. Obwohl die flexiblen relativen Schwellenhaushalte infolge mehrjährigen Doppelverdienens meistens über eine ausreichende Kapitaldecke verfügen, wird der tatsächliche Eigentumserwerb jedoch nicht getätigt, weil man keine kostengünstigen Objekte findet oder man sich nicht örtlich binden will.[205]

Eine staatliche Förderung der flexiblen Schwellenhaushalte ist also eigentlich nicht notwendig, da der Wohneigentumserwerb aufgrund von Präferenzen (noch) nicht erfolgt.

---

[203] vgl.: Krings-Heckemeier, M.-T., Pfeiffer, U., Dübel, A., Achtermeyer, D., Weltzien, D. (1994), S. 21
[204] vgl.: Krings-Heckemeier, M.-T., Pfeiffer, U., Dübel, A., Achtermeyer, D., Weltzien, D. (1994), S. 92
[205] vgl.: Krings-Heckemeier, M.-T., Pfeiffer, U., Dübel, A., Achtermeyer, D., Weltzien, D. (1994), S. 93

Hingegen ist bei den *planenden* Haushalten eine zu geringe Kapitaldecke der Grund für eine Verschiebung des Eigentumserwerbs. Der Großteil dieser Haushalte hätte zwar aufgrund ihrer Einkommenssituation Eigenkapital ansparen können, wollte aber bisher keinen Konsumverzicht zugunsten von Wohneigentum üben.

Nun ist jedoch die Bereitschaft entstanden, gezielt zu sparen, um die notwendige Eigenkapitaldecke zu erreichen.[206]

Bei den planenden relativen Schwellenhaushalte ist eine staatliche Förderung des Ansparens sinnvoll, da diese Haushalte nur über eine zu geringe Eigenkapitalausstattung verfügen; das Einkommen ist aber hoch genug, um bei entsprechender Eigenkapitaldecke die dann verbleibenden Finanzierungsbelastungen tragen zu können. Auch diese Förderung sollte dem Einkommen entsprechend abgestuft sein.

Die *abwartenden* Haushalte verschieben den Eigentumserwerb wegen erwarteter Erbschaften bzw. Schenkungen. Sie wohnen schon teilweise in eigentumsähnlichen Verhältnissen, zahlen keine oder nur eine geringe Miete, weil sie in den Häusern von Verwandten wohnen. Da sie in der Regel nicht die alleinigen Erben sind, muß trotz Erbschaft noch das Eigentum erworben werden, indem die anderen Erben ausgezahlt werden. Finden die vorgezogenen „Erbschaften" in Form von Schenkungen statt, wird dadurch der Wohneigentumserwerb zeitlich nach vorne gezogen. Jedoch mindern Erbschaften und Schenkungen insgesamt die eigene Sparleistung, da oft das zu erbende Vermögen das Sicherheitsbedürfnis schon befriedigt.

Einschränkend muß jedoch gesagt werden, daß nicht alle Haushalte, vor allem, wenn sie kleine Kinder haben, mit dem Eigentumserwerb warten, bis sie eine Erbschaft antreten.[207]

Die abwartenden relativen Schwellenhaushalte bedürfen also bei der Eigenkapitalbildung keine staatliche Unterstützung. Dagegen kann eine Unterstützung zur Reduzierung der laufenden Kosten nach dem Erwerb gegebenenfalls notwendig sein.

---

206 vgl.: Krings-Heckemeier, M.-T., Pfeiffer, U., Dübel, A., Achtermeyer, D., Weltzien, D. (1994), S. 94

207 vgl.: Krings-Heckemeier, M.-T., Pfeiffer, U., Dübel, A., Achtermeyer, D., Weltzien, D. (1994), S. 94 f.

5.1.2.3 Die verhaltensbedingten Schwellenhaushalte

Hierbei handelt es sich um Haushalte, die aufgrund ihrer finanziellen Verhältnisse grundsätzlich in der Lage sind, Wohneigentum zu bilden, es jedoch wegen einer anderen Prioritätensetzung nicht tun. Die Bereitschaft, finanzielle und persönliche Einschränkungen im Lebensstil infolge eines Wohneigentumerwerbs hinnehmen zu müssen, ist sehr beschränkt. Dieser Haushaltstyp möchte jetzt das Leben genießen, nicht erst wenn das Haus abbezahlt ist.[208]
Die verhaltensbedingten relativen Schwellenhaushalte bedürfen weder in der Ansparphase noch nach dem Erwerb eine staatliche Unterstützung.

5.1.2.4 Die Schwellenhaushalte in Ostdeutschland

Zu DDR-Zeiten war die überwiegende Zahl der ostdeutschen Bevölkerung Mieter, ausgestattet mit Privilegien wie der Unkündbarkeit und einer Miethöhe, die selten für den Vermieter kostendeckend war. Da nach der Wiedervereinigung die Mietkosten infolge der Modernisierung der Mietwohnungen kontinuierlich anstiegen, erwägen immer mehr Haushalte den Eigentumserwerb. Aus Sicht der Betroffenen hat Wohneigentum den Vorteil, daß die Kosten im Vergleich zu potentiellen Mietsteigerungen kalkulierbarer sind.
Jedoch können nur wenige Haushalte sich derzeit den Wunsch nach Wohneigentum erfüllen, da nur selten die notwendige Eigenkapitalausstattung vorhanden ist. Darüber hinaus ist die bedrohliche Arbeitsmarktsituation ein beträchtlicher Unsicherheitsfaktor, der viele Haushalte zögern läßt. So sind Doppelverdienerhaushalte diejenigen Interessenten, die sich am ehesten den Wunsch nach Wohneigentum erfüllen können. Bei der Suche nach einem Objekt wird jedoch auch oft festgestellt, daß es auf dem Markt keine finanzierbaren angemessenen Immobilien gibt. Der Erwerb einer Wohnung aus dem Bestand - in der Regel dann ehemalige Mietwohnungen in Plattenbauten – wird als unattraktiv eingeschätzt, selbst wenn hier die Kosten gering sind.[209]

Eine staatliche Unterstützung sowohl während der Anspar- als auch während der Finanzierungsphase ist bei Schwellenhaushalten in Ostdeutschland sinnvoll. Aufgrund der geschichtlichen Gegebenheiten

---

208 vgl.: Krings-Heckemeier, M.-T., Pfeiffer, U., Dübel, A., Achtermeyer, D., Weltzien, D. (1994), S. 95 f.

209 vgl.: Krings-Heckemeier, M.-T., Pfeiffer, U., Dübel, A., Achtermeyer, D., Weltzien, D. (1994), S. 97 ff.

verfügen ostdeutsche Haushalte selten über eine solide Eigenkapitalausstattung. Weiterhin ist davon auszugehen, daß auch nach dem Erwerb die Belastungen - insbesondere die der Erhaltung und der Renovierung - überdurchschnittlich hoch sein werden, da zu DDR-Zeiten nur wenige Reparaturen und Modernisierungsarbeiten durchgeführt wurden.[210]

Die oben getroffenen Unterscheidungen der Schwellenhaushalte machen zwei Überlegungen deutlich: So ist es selbst innerhalb der förderungswürdigen Schwellenhaushalte notwendig, die Förderhöhe, den Förderzeitraum und den Förderungsschwerpunkt in Form von Vor- bzw. Nachsparen zu diversifizieren.

Diese Differenzierung ist aber auch abhängig von den individuellen Beweggründen, Wohneigentum zu erwerben. Jedoch ist es unmöglich, diese individuelle Komponente in das Konzept einer staatlichen Wohneigentumsförderung miteinzubeziehen.

5.1.3 Bestimmung der Höhe der Einkommensschwelle

Aus der obigen Abgrenzung der Schwellenhaushalte ist erkennbar, daß sowohl der Mangel an Eigenkapital als auch die Liquiditätsbelastung aus der Finanzierung nach dem Erwerb die entscheidenden Schranken für Schwellenhaushalte bedeuten, Wohneigentum erwerben zu können. Bei der Konzeption einer staatlichen Förderung des selbstgenutzten Wohneigentums müssen somit Überlegungen hinsichtlich der Einkommensschwelle und auch der Höhe der Förderbeträge angestellt werden.

Um die Anzahl von *Fehlsubventionen* zu minimieren, sollte die Einkommensschwelle so gewählt werden, daß sie gerade noch die Schwellenhaushalte umschließt. Die Höhe dieser Schwelle konkret zu bestimmen, ist jedoch sehr problematisch, da mehrere Sachverhalte berücksichtigt werden müssen. Nach Meinung der Expertenkommission soll an Kriterien wie dem Alter, dem Familienstand, dem Einkommen und dem Vermögen angeknüpft werden;[211] darüber hinaus will Kirchner noch die beiden Kriterien Wohnort und Präferenzen berücksichtigen.[212]

Eine Vermeidung von Fehlsubventionen verlangt weiterhin eine Begrenzung des Förderbetrags auf die Höhe, die gerade notwendig ist, um die Schwelle zum selbstgenutzten Wohneigentum zu überschreiten. Dabei ist anzunehmen, daß die gerade notwendige Zusatzförderung für einen Haushalt bei gegebener Größe mit steigendem Einkommen abnimmt.

---

210 vgl.: Krings-Heckemeier, M.-T., Pfeiffer, U., Dübel, A., Achtermeyer, D., Weltzien, D. (1994), S. 97-99

211 vgl.: Expertenkommission (1995), S. 256

212 vgl.: Kirchner, J. (1995b), S. 493

Dabei muß bedacht werden, daß der *Subventionsaufwand* um so höher wird - auch je Wohneinheit gerechnet – je höher die Einkommensgrenzen der Anspruchsberechtigung auf Förderung und damit je breiter die Zielgruppe definiert wird, der mittels staatlicher Förderung der Zugang zu Wohneigentum eröffnet werden soll.[213] Die Festlegung der Höhe der Einkommensschwelle, bis zu der Haushalte gefördert werden sollen, ist sehr schwierig, da Faktoren wie beispielsweise die Anzahl der Haushaltsmitglieder etc. (vgl. Kap. 3) eine pauschale Einkommensschwelle nicht zweckmäßig erscheinen lassen. Neben diesen grundsätzlichen Überlegungen zu der Bestimmung der Höhe der Einkommensschwelle müssen für eine konkrete Bestimmung der Einkommenschwelle im Rahmen der Wohneigentumsförderung auch noch die Ergebnisse der Analysen des empirischen Teils einbezogen werden, die ja speziell zur Bestimmung der optimalen Einkommensgrenze durchgeführt wurden (vgl. Kap. 3).
Die empirischen Analysen ergaben, daß bezüglich der einkommensseitigen Definition der absoluten Schwellenhaushalten es sich um Haushalte in der Familienerweiterungsphase handelt mit einem Haushaltsnettoeinkommen in Abhängigkeit von der Haushaltsgröße zwischen 3.000 DM und 4.000 DM monatlich; dies entspricht ungefähr einem Bruttoeinkommen von 50.000 DM und 80.000 im Jahr.[214] Nach den empirischen Analysen beläuft sich das Haushaltnettoeinkommen der relativen Schwellenhaushalte monatlich auf 4.000 DM bis 6.000 DM, was wiederum in Abhängigkeit von der Abzahl der Haushaltsmitglieder einem Haushaltsbruttoeinkommen zwischen 80.000 DM und 120.000 DM entspricht.[215]

Das Bedeutungsfeld dieser Definition darf jedoch nicht als allgemein gültig angesehen werden, da immer auch noch die Präferenzen des Haushalts, die bei der Beschreibung der einzelnen Typen von Schwellenhaushalten herausgearbeitet wurden, berücksichtigt werden müssen.

---

213 vgl.: Expertenkommission (1995), S. 256
214 vgl.: Krings-Heckemeier, M.-T., Pfeiffer, U., Dübel, A., Achtermeyer, D., Weltzien, D. (1994), S. 88
215 vgl.: Krings-Heckemeier, M.-T., Pfeiffer, U., Dübel, A., Achtermeyer, D., Weltzien, D. (1994), S. 92

5.2 Ausgestaltung der Förderinstrumente im einzelnen

Zur Durchsetzung wohnungspolitischer Strategien und Ziele steht dem Staat ein breit gefächertes Instrumentarium zur Verfügung, darunter auch die subjekt- und die objektbezogenen Instrumente.[216]
Auf die Wirkungen der Subjektförderung und der Objektförderung soll in den beiden folgenden Abschnitten eingegangen werden.
Eine abschließende Einordnung der Eigenheimzulage erfolgt in Kapitel 5.2.4.

5.2.1 Die Subjektförderung

Die Subjektförderung zielt auf das Subjekt, d.h. auf die einzelne Person ab und besitzt somit eine individuelle Ausrichtung.[217] Sie orientiert sich an der persönlichen Situation und der Leistungsfähigkeit des Subventionsempfängers.[218]
Ziel der Subjektförderung ist es, unter Berücksichtigung der ursprünglichen Ausstattung des Subjekts, diesem einen Transfer zu gewähren, der dessen wirtschaftliche Leistungsfähigkeit in dem Maß erhöht, daß er sich den Erwerb von Wohneigentum leisten kann.
Zu dieser Kategorie von Förderung gehören alle Formen der steuerlichen Förderung im Rahmen der Einkommensteuergesetze oder im Rahmen eigener Leistungsgesetze wie beispielsweise dem Eigenheimzulagengesetz.
Eine Subjektförderung ermöglicht also eine Gestaltung der staatlichen Wohneigentumsförderung, die die haushaltsspezifischen Einkommensverhältnisse und die individuellen Wohnbedürfnisse berücksichtigt. Mikroökonomisch betrachtet wirkt sie wie eine wohnbezogene Kaufkrafterhöhung.[219]
Die folgende Abbildung zeigt die Wirkung der Subjektförderung am Beispiel einer kaufkraftsteigernden Förderung.

---

216 vgl.: Kühne-Büning, L. (1994c), S. 221. Kühne-Büning unterscheidet darüber hinaus die angebots- und nachfragebezogenen Instrumente und die ordnungs- und leistungsbezogenen Instrumente.
217 vgl.: Kühne-Büning, L. (1994c), S. 221
218 vgl.: Kühne-Büning, L. (1994c), S. 229
219 vgl.: Stiglitz, J.E., Schönfelder, B. (1989), S. 368 f.

Abb. 17: Wirkung einer Subjektförderung

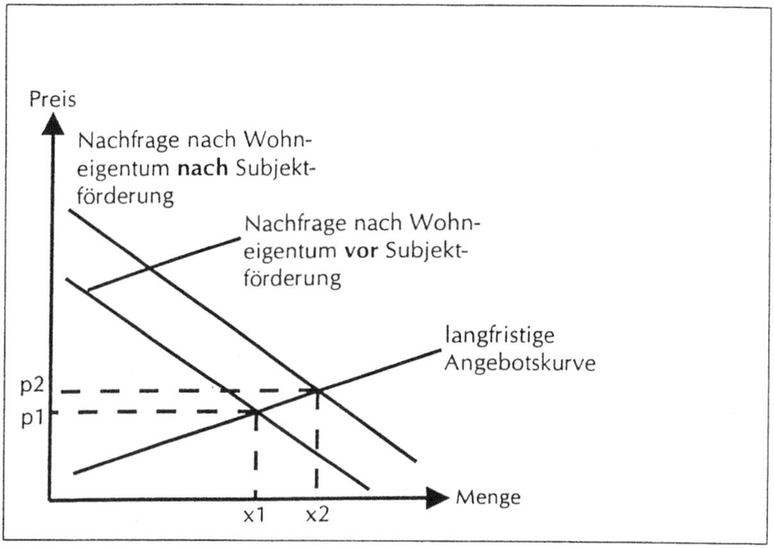

Quelle: Stiglitz, Schönfelder (1989), S. 369

Durch die Subjektförderung verschiebt sich die Nachfragekurve nach außen; die Versorgung mit Wohneigentum nimmt zu, die Wohneigentumsquote steigt. Die Erwerbsmöglichkeiten des Nachfragers haben sich also verbessert.[220] Begleitet wird dieser Zuwachs jedoch von einer Preissteigerung, die von der Elastizität der langfristigen Angebotskurve für Wohneigentum abhängig ist.[221]
Ein Teil der Mittel der Subjektförderung verpufft also in Preissteigerungen und dies zwar um so mehr, je unelastischer das langfristige Angebot an Wohneigentum ist.

Im Rahmen der Subjektförderung darf der Umfang der Förderung das Niveau des Wohnbedarfs eines Haushalts grundsätzlich nicht verzerren im Sinne von erhöhen, da es sonst zu einer Bedarfsdeckung oberhalb des allokativen Optimums kommt.

---

220 vgl.: Gööz, R. (1997), S. 108

221 Diesen Zusammenhang berücksichtigen Deichmann und Mackscheidt nicht. Vgl. dazu Deichmann, W., Mackscheidt, K. (1982), S. 25

Die Bemessungsgrundlage der Subjektförderung darf einerseits also keinen Anreiz dafür geben, aufgrund steueroptimierender Überlegungen eine Immobilie zu erwerben, die den tatsächlichen Bedarf übersteigt.[222] Andererseits soll die Förderung ausreichend hoch sein, um den Haushalten, die auf dem Wohnungsmarkt aus eigener Kraft kein Wohneigentum erwerben könnten, eine angemessene Wohnversorgung ermöglichen zu können.[223]
Da die Subjektförderung eine Erhöhung des Primäreinkommens bewirkt, kann sie als Ergänzung der verteilungspolitischen Ausgestaltung des allgemeinen Steuerrechts angesehen werden.

5.2.2 Die Objektförderung

Die Objektförderung bezieht sich auf das Objekt, im Rahmen dieser Arbeit also auf neu zu erstellendes Wohneigentum oder auf Wohneigentum, das aus dem Bestand erworben bzw. modernisiert wird.[224] Als Beispiele für die Objektförderung soll die Gewährung zinsverbilligter bzw. zinsloser Baudarlehen, Zuschüsse zur Senkung der Bau- und Bodenkosten und laufende Beiträge zu den Kapitaldienstleistungen genannt werden.[225]

Die Objektförderung unterstützt die Erstellung bzw. den Erwerb von Wohneigentum unabhängig von der Ausstattung des Subjekts. Die Höhe der Förderung wird festgesetzt anhand von Kriterien, die direkt am Objekt anknüpfen.
Die Abbildung 18 auf der folgenden Seite zeigt die Wirkung einer Objektförderung.[226]

---

222 Nach Dornbach sollte eine sinnvolle Subjektförderung den Wohnflächenbedarf eines Erwerberhaushalts mitberücksichtigen, da so Ressourcen geschont werden. Diese Forderung erscheint aber in der Praxis kaum umsetzbar (hoher Verwaltungsaufwand und Problem der Informationsbeschaffung). Vgl. dazu: Dornbach, J. (1995), S. 189-200

223 vgl.: Jenkis, H.W. (1994), S. 153

224 vgl.: Kühne-Büning, L. (1994c), S. 221

225 vgl.: Kühne-Büning, L. (1994c), S. 228

226 vgl.. Stiglitz, J.E., Schönfelder, B. (1989), S. 369

Abb. 18: Wirkung einer Objektförderung

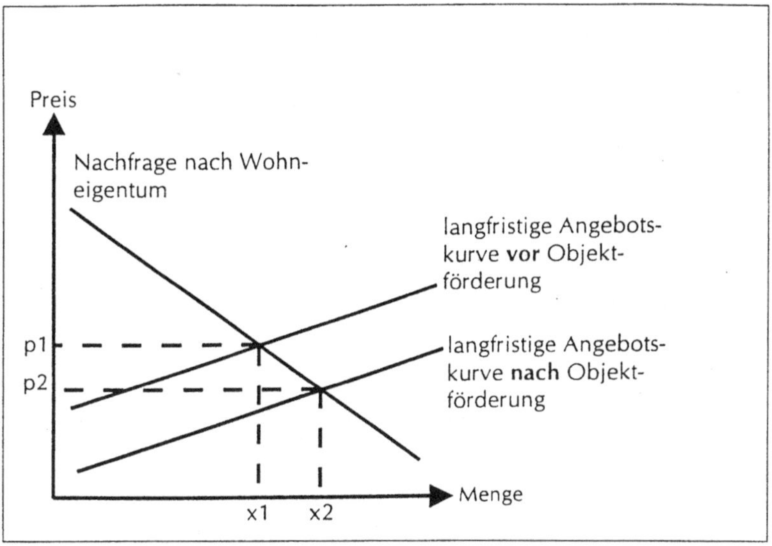

Quelle: Stiglitz, J.E; Schönfelder, B. (1989), S. 369

Die Versorgung mit Wohneigentum nimmt durch die Objektförderung bei - im Vergleich zu den Preisen ohne Objektförderung - gesunkenen Preisen zu.[227]

Im Rahmen der Objektförderung kann noch dahingehend differenziert werden, ob Neubau und Bestand in gleichem Umfang gefördert werden sollen oder in einem unterschiedlich hohen Maße, worauf die beiden folgenden Abschnitte im einzelnen eingehen.

---

227 vgl.: Göötz, R. (1997), S. 109

5.2.2.1 Die Bestandsförderung

Ein wesentliches Argument für die Förderung des Bestandserwerbs begründet sich im Anschaffungspreis von Bestand, der im Vergleich zum Neubau wesentlich niedriger ist. So liegen die Kosten eines Bestandserwerbs im Durchschnitt um 30 v.H. unter den Kosten des Erwerbs von Neubau.[228] Oft ist es gerade diese Preisdifferenz, die es unteren und mittleren Einkommensschichten erst ermöglicht, Eigentum zu erwerben.[229]

Gegen eine Förderung des Bestandserwerbs spricht aber deren Wirkung auf den gesamten Wohnungsmarkt: da es bei dem Erwerb von Wohneigentum aus dem Bestand nicht zu einer Angebotsausweitung, sondern nur zu einem Nutzerwechsel kommt, wird der ohnehin schon bestehende Nachfrageüberhang am Mietwohnungsmarkt verschärft; die Mieten steigen und die nicht geförderten Marktteilnehmer werden in einer schlechteren Position belassen.[230]

Diese Argumentation kann jedoch durch folgende Überlegung widerlegt werden:
Zweifelsohne werden durch zusätzliche Bestandserwerbe keine zusätzlichen Umzugsketten ausgelöst, da auch die Belegung der Bestandswohnung durch einen Mieter zu einer Umzugskette geführt hätte. Doch kaufen selbstnutzende Bestandserwerber in der Regel ein qualitativ und quantitativ höherwertiges Eigenheim. Tendenziell ergeben sich hierdurch preissteigernde Wirkungen in qualitativ höherwertigen und preisdämpfende Wirkungen in qualitativ geringwertigen Mietmarktsegmenten. Die Engpaßsituation auf qualitativ höherwertigen Marktsegmenten verstärkt sich, doch tritt eine Entlastung auf dem Markt einfacher Wohnqualitäten ein. Auch wenn sich infolge einer Bestandsförderung nachfragebedingt per saldo also gewisse preistreibende Wirkungen einstellen, müssen diese langfristig nicht ohne Angebots- und somit Marktentlastungswirkungen bleiben.[231] So ergaben auch Marktanalysen, daß sich Investoren teilweise nur deshalb im Neubau engagieren, weil sie nach einigen Jahren ihre Wohnungen an selbstnutzende Bestandserwerber veräußern können.[232]

Aufgrund dieser Überlegungen läßt sich folgendes Fazit ziehen: Unbestritten ist die marktentlastende Wirkung einer verstärkten Neubauförderung. Dagegen ist die Bestandsförderung in ihren Auswirkungen nicht eindeutig bestimmbar. Es ist jedoch äußerst unwahrscheinlich, daß die Bestandsförderung

228 vgl.: Dorn, V., Kelle, M. (1995), S. 774
229 vgl.: Dornbach, J. (1995), S. 190
230 vgl.: Expertenkommission (1995), S. 319
231 vgl.: Dorn, V., Kelle, M. (1995), S. 774
232 vgl.: Expertenkommission (1995), S. 319

vollständig in Preiserhöhungen verpufft und ohne Angebotswirkungen bleibt. Die Schlechterstellung sozial schwacher Haushalte ist also keine zwangsläufige Folge der Bestandsförderung.

Der Konflikt zwischen angebotspolitischem Ziel (Wohnungsangebotserhöhung) und dem vermögenspolitischen Ziel (Erhöhung der Wohneigentumsquote auch bei niedrigeren Einkommenschichten) kann durch die Gewährung sowohl einer Neubau- als auch einer Bestandsförderung gelöst werden.
Für den Grad der parallelen Erreichung des Angebots- und des Vermögensziels ist die Relation von Neubau- und Bestandserwerbsförderung entscheidend.[233]

Die Eigenheimzulage sieht eine deutliche Akzentuierung zugunsten der Neubauförderung vor.

5.2.2.2 Die Neubauförderung

Unter angebotspolitischen Gesichtspunkten ist die Förderung des Erwerbs von Neubau positiv zu bewerten. Es kommt zu einer Ausweitung des Angebots auf dem Teilmarkt mit hoher Qualität und mit hohen Preisen. Bei gegebener Nachfrage verringern sich - ceteris paribus - die Preise. Dies ermöglicht wiederum Haushalten, die sich bisher nur preisgünstigere Wohnungen niedrigerer Qualität leisten konnten, den Erwerb von Wohneigentum auf Neubauniveau, das eine höhere Qualität aufweist. Damit reduziert sich die Nachfrage auf den "Abwanderungsmärkten", die Situation der verbleibenden Haushalte bzw. von Haushalten, die von noch niedrigeren auf diesen Teilmarkt wechseln, verbesssert sich. Somit pflanzt sich eine Angebotsausweitung im Neubau auf diese Weise auf den Bestandsmarkt fort.

Gegen eine ausschließliche Förderung im Neubausektor spricht jedoch, daß möglichst vielen Haushalten, insbesondere den mittleren und unteren Einkommenschichten bzw. den Schwellenhaushalten, die Bildung von Vermögen in Form von Wohneigentum und damit eine verbesserte Altersvorsorge offenstehen sollte.[234]
Da eine Neubauförderung infolge der höheren Erwerbskosten primär Haushalten höherer Einkommensklassen zugute kommt, wird das Ziel einer Versorgung breiter Schichten der Bevölkerung mit Wohneigentum unterlaufen. So entstehen Opportunitätskosten in Form einer verringerten Erreichung des versorgungspolitischen Ziels.

---

233 vgl.: Expertenkommission (1995), S. 319

234 vgl.: Eekhoff, J., Töpfer, K. (1995), S. 9

Mit dem Ziel der Förderung von Wohneigentum soll also nicht ein weiteres Ziel, nämlich das einer Angebotsausweitung durch eine ausschließliche Neubauförderung, verknüpft werden.

Somit bildet der Konflikt zwischen der versorgungs- und der angebotspolitischen Zielsetzung die Grundlage für die Diskussion um die Objektförderung. So wird zwar einerseits das Ziel einer Angebotsausweitung mit einer reinen Neubauförderung am besten erreicht; andererseits wird das versorgungspolitische Ziel der Versorgung breiter Bevölkerungsschichten mit Wohneigentum dann am besten erreicht, wenn bei einem gegebenen Fördervolumen möglichst vielen Haushalten über die Schwelle zur Eigentumsbildung geholfen wird. Vor dem Hintergrund der niedrigeren Erwerbskosten von Bestand ist unter dieser Zielsetzung die Bestandsförderung positiv zu bewerten.

5.2.3 Vergleich der Subjekt- und Objektförderung

Grundsätzlich müssen sich die zwei verschiedenen Arten der Förderung nicht ausschließen; infolge ihrer kumulativen Wirkung führen sie dann jedoch zu kaum berechenbaren Entlastungswirkungen, die zwar den einkommenschwächeren Haushalten zu Wohneigentum verhelfen, jedoch andererseits unerwünschte Mitnahmeeffekte zur Folge haben können.[235]

In dieser Arbeit ist beim Vergleich der beiden Förderungsarten entscheidend, ob eine Förderung und ihre Wirkung auch den unteren Einkommenschichten, also den Schwellenhaushalten, den Weg zu Wohneigentum eröffnet.

Durch eine gezielte Ausrichtung der Subjektförderung kann die Einkommensgruppe der Schwellenhaushalte erreicht werden. Eine Subjektförderung stellt den effizienteren Weg in dem Sinne dar, daß sie treffsicherer ist und so den unteren und mittleren Einkommensschichten bei einer entsprechenden Ausgestaltung zu Wohneigentum verhelfen kann.
Da dagegen die Objektförderung die Steuerpflichtigen nicht direkt, sondern nur über Umwege erreicht, kann bei dieser Förderungsart nicht sichergestellt werden, daß sie auch die definierte Zielgrupe erreicht.[236]

---

[235] vgl.: Gesamtverband der Wohnungswirtschaft (1992), S. 69 f.

[236] Zur Beseitigung dieses Problem schlägt Nachtkamp einen Verteilungsschlüssel vor, nach dem die geförderten Objekte auf die einzelnen Subjekte verteilt werden sollen. Dies wäre jedoch eine ineffiziente Lösung, da die Präferenzen der Subjekte nur bedingt berücksichtigt werden könnte. Vergleiche dazu: Nachtkamp, H. (1991), S. 115

Eine effektive und effiziente Ausgestaltung der Eigenheimzulage betreffend ist somit unter Berücksichtigung der besonderen Förderung der Schwellenhaushalte die Subjektförderung der Objektförderung vorzuziehen.

5.2.4 Die Einordnung der Eigenheimzulage

Die Fördervoraussetzungen der Eigenheimzulage knüpfen sowohl an dem Subjekt als auch an dem Objekt an:
Die *subjektbezogenen Kriterien* setzen sich zusammen aus der Einkommensteuerpflicht, der Bauherren- bzw. Erwerbereigenschaft, der Kinderzahl und schließlich aus der Selbstnutzung der Wohnung.
Die *objektbezogenen Kriterien* bildet die Bemessungsgrundlage, errechnet aus den Anschaffungs- und Herstellungskosten einschließlich der Grund- und Bodenkosten und dem Erwerbszeitpunkt bzw. dem Alter des Objekts.

Voraussetzung für die Beanspruchung der Förderung nach dem Eigenheimzulagengesetz ist jedoch die Erfüllung der genannten Subjektkriterien; insofern kann also nicht von einer reinen Objektförderung gesprochen werden.
Die Eigenheimzulage nach dem Eigenheimzulagengesetz ist somit eine Mischung aus der Subjekt- und der Objektförderung.[237]

---

237 vgl.: Göötz, R. (1997), S. 112 f.

5.3 Die Förderdauer

Der Erwerb von Wohneigentum ist für die meisten Haushalte die größte Investition in ihrem Leben. Da die wenigsten Haushalte über genug Eigenkapital verfügen, sind sie auf Fremdmittel angewiesen. Diese beschaffen sie sich auf dem Kapitalmarkt als Nachfrager von Krediten. Die Tilgungsdauer ist sehr lang, sie beträgt durchschnittlich 25 Jahre.[238] Die lange Rückzahlungsdauer macht eine langfristige Planung für den Erwerber unumgänglich. Diese kann jedoch nur dann stattfinden, wenn die staatlichen Fördermaßnahmen auch langfristig angelegt sind. Sie müssen für den Wohneigentumserwerber eine Planungssicherheit schaffen. Dies ist nur mittels einer langfristig ausgelegten Politik zur Förderung des Wohneigentums zu erreichen, die nicht nach Ablauf von wenigen Jahren wieder geändert wird. Kurzfristige Veränderungen können zu liquiditätsbedingter Insolvenz führen, was den Verkauf des erworbenen Wohneigentums erzwingen kann.

Legen veränderte Rahmenbedingungen dennoch eine Änderung der Wohneigentumspolitik nahe, ist es grundsätzlich notwendig, die bisherige Förderung für diejenigen Haushalte, die sie bereits beanspruchen, weiterlaufen zu lassen. Es kann aber auch ein Wahlrecht für die geförderten Haushalte eingeführt werden, nach dem sie selbst bestimmen können, ob sie die bisherige oder die neu eingeführte Förderungsform erhalten wollen.

Die Förderdauer muß so bemessen sein, daß nach Ablauf der Förderung kein liquiditätsbedingtes Insolvenzrisiko besteht.[239]

---

238 vgl.: Badde, C. (1993), S. 129-132

239 vgl.: Dornbach, J. (1995), S. 192 ff.

5.4 Allgemeine Fördergrundsätze

5.4.1 Förderung einer zweckgebundenen Kapitalbildung

5.4.1.1 Die Vorsparförderung

Die sogenannte Vorsparförderung ist ein Instrument zur Anreizbildung für das Ansparen von möglichst viel Eigenkapital vor dem Bau oder Erwerb von Wohneigentum; es ist also eine Förderung des Zwecksparens. Mit dieser Förderungsform soll die Eigenkapitalhürde überwunden werden.[240] Sie kann in Form von Wohnungsbauprämien, Sonderausgabenregelungen beim Bausparen oder einer Ansparzulage gewährt werden.[241] Je mehr Eigenkapital verfügbar ist, umso mehr kann die laufende Belastung des Eigentümers von Anfang an in Richtung eines Mieters von vergleichbaren Wohnraum abgesenkt werden. Insbesondere für Haushalte, die über ein niedriges Einkommen verfügen oder unsichere Einkommenserwartungen haben, ist es wichtig, durch den Einsatz von Eigenkapital dazu beizutragen, die Liquiditätsbelastung während der Finanzierungsdauer zu mindern.[242]

Darüber hinaus wird frühzeitiges und regelmäßiges Sparen von den Kreditinstituten als Signal für Kreditwürdigkeit angesehen. Durch "Vorsparen" können insbesondere junge Familien, die eigentlich aufgrund ihrer Einkommenssituation noch nicht kreditwürdig wären, einen Kredit erhalten.[243]

Auch nimmt die Motivation zu Konsumverzicht zugunsten des Ansparens bei ersichtlich steigender Chance auf eine Realisierung der Wohneigentumsbildung zu.
Durch die frühzeitige Bildung von Eigenkapital wird auch das vermögenspolitische Problem bei der Ansparförderung früher angegangen als bei einer Nachsparförderung, die im folgenden Abschnitt erläutert wird.[244]

---

[240] vgl.: Gritzka, C. (1995), S. 31

[241] Eine Analyse dieser Förderungsformen soll hier nicht stattfinden. Vergleiche dazu: Behring, K., Goldrian, G. (1991)

[242] vgl.: Expertenkommission (1995), S. 256

[243] vgl.: Expertenkommission (1995), S. 257

[244] vgl.: Krings-Heckemeier, M.-T., Pfeiffer, U., Dübel, A., Achtermeyer, D., Weltzien, D. (1994), S. 132-134

5.4.1.2 Die Nachsparförderung

Die sogenannte Nachsparförderung ist ein Instrument zur Erleichterung der enstehenden Belastungen nach dem Bau oder Erwerb von Wohneigentum. Sie kann in Form einer Finanzierungsförderung, steuerlichen Erleichterungen, eines Schuldzinsenabzugs oder in Form einer Kinderkomponente gewährt werden.[245]
Die Nachsparförderung ist dahingehend positiv zu beurteilen, daß sie zielgenauer ist als die Vorsparförderung,[246] da nur Haushalte gefördert werden, die schon tatsächlich Wohneigentum erworben haben und nicht nur die Absicht zeigen.

Weiterhin muß bedacht werden, daß eine Nachsparförderung in Form einer Finanzierungsförderung keinen „gänzlichen" Ersatz für Eigenkapital darstellt, weil das Eigenkapital auch zugleich eine Haftungsfunktion erfüllt.
In den letzten Jahren konnte eine Entwicklung hin zu einer Ausweitung der Finanzierungshilfen, d.h. zu einer Nachsparförderung festgestellt werden; so kam es zu einer Verlagerung großer Teile der Eigenheimförderung zugunsten von Haushalten mit höherem Einkommen, da überhaupt nur für diese der Erwerb von Wohneigentum ohne Vorsparförderung in Frage kommt.[247] Eine Finanzierungsförderung löst nämlich nicht das Eigenkapitalproblem von Schwellenhaushalten, da diese Förderung nur eine bessere Zahlungsfähigkeit der Schuldner nach der Wohneigentumsbildung bedeutet.

Eine staatliche Förderung einer zweckgebundenen Kapitalbildung - unabhängig davon, ob „Vorsparen" oder „Nachsparen" gefördert wird - bewirkt eine Erhöhung der Sparbereitschaft. Sie sollte jedoch derart bemessen sein, daß zum Zeitpunkt des Wohneigentumserwerbs eine Mindestquote an Eigenkapital vorhanden ist, da es sonst leicht zu einer Überschuldung kommen kann. Deshalb müssen für förderwürdige Haushalte Anreize für ein zweckgebundenes Sparen gesetzt werden; dabei können natürlich Familien mit Kindern insbesonders gefördert werden.

---

245 Auch hier wird auf die Analyse auf Behring, K., Goldrian, G. (1991) verwiesen.
246 vgl.: Mackscheidt, K. (1994), S. 100 ff.
247 vgl.: Bellinger, D. (1993), S. 541

5.4.2 Konsistentes Gesamtfördersystem

Das deutsche Steuerrecht richtet die einkommensteuerliche Belastung des Steuerpflichtigen an dem Prinzip der Leistungsfähigkeit aus. Steigende Einkommen repräsentieren eine wachsende steuerliche Leistungsfähigkeit. Diesem Grundprinzip trägt der progressive Einkommensteuertarif Rechnung, indem er von wachsenden steuerpflichtigen Einkommen einen prozentual ansteigenden Teil abschöpft. Dieser progressive Einkommensteuertarif bewirkt jedoch auf der anderen Seite auch eine mit steigendem Einkommen zunehmende Entlastungswirkung von Steuerfreibeträgen im Rahmen steuerlicher Fördersysteme wie dem Sonderausgabenabzug nach § 10e EStG und der Eigenheimzulage.

Während der mit steigendem steuerpflichtigen Einkommen beginnende Belastungsanstieg in der Bevölkerung problemlos als gerechtfertigt angesehen wird, wird dagegen die tariflich verursachte, mit sinkendem steuerpflichtigen Einkommen degressiv verlaufende Einkommenswirkung von Freibeträgen in den verangenen Jahren - insbesondere durch die Einführung des § 10e EStG - unter verteilungspolitischen Gesichtspunkten stark kritisiert.[248]

Bei den Fördertatbeständen in Form von Abzugsbeträgen von der Bemessungsgrundlage wird somit gegen die horizontale und vertikale Steuergerechtigkeit verstoßen. Die stark kritisierte Anknüpfung der Förderung am steuerpflichtigen Einkommen sollte zugunsten der Anknüpfung der Förderung an dem zu fördernden Objekt fallen gelassen.

Mit der Diskussion um die Reform der steuerlichen Wohneigentumsförderung mußte vor allem die Grundsatzentscheidung getroffen werden, woran der Erfolg der neuen Förderung gemessen werden soll:

An der Erreichung des *angebotspolitischen* Ziels einer möglichst großen Anzahl an neugebauten Eigenheimen oder an *verteilungspolitischen* Zielsetzungen, was eine hohe Wohneigentumsbildung breiter Bevölkerungsschichten beinhaltet. Plädiert man für eine möglichst mit der Wohneigentumsbildung einhergehende Angebotsausweitung, muß sich die Förderung auf diejenigen Haushalte konzentrieren, die über das nötige Eigenkapital und Einkommen für einen Neubauerwerb verfügen. Eine steuerabhängige Förderung wäre in diesem Fall sinnvoll.

---

[248] Auf die Kritik an dem § 10e EStG soll hier nicht näher eingegangen werden, da schon zahlreiche Literaturbeiträge dazu vorhanden sind. Beispielhaft seien Göötz, R. (1997) und Dornbach, J. (1995) genannt.

Setzt man jedoch als Nebenbedingung das verteilungspolitisches Ziel der Wohneigentumsbildung breiter Bevölkerungsschichten, stellt man fest, daß insbesondere bei den unteren und mittleren Einkommensschichten ein Förderbedarf besteht (vgl. Kap. 5.4.1.1 und 5.4.1.2).[249]
Neben diesem ersten Grundsatz für ein konsistentes Fördersystem, daß die steuerliche Wohneigentumsförderung auf ein vorher klar definiertes Ziel ausgerichtet sein soll, gibt es noch einen weiteren Grundsatz, nämlich den der Transparenz. So besagt dieser, daß die steuerlichen Bestimmungen eindeutig und allgemein verständlich sein sollen.[250]

5.4.3 Verhinderung von Mitnahmeeffekten

Finanzielle Anreizmaßnahmen wie Subventionen werden oft kritisiert, weil sie sogenannte Mitnahmeeffekte auslösen können. Ein Mitnahmeeffekt liegt dann vor, wenn der Adressat der finanziellen Anreizmaßnahme diejenige Aktivität, die nach Absicht des Subventionsgebers getätigt werden soll, teilweise oder in vollem Umfang auch ohne diesen Anreiz getätigt hätte.[251] Da diese Tätigkeit also auch ohne finanzielle Anreizmaßnahmen stattgefunden hätte, hat der Subventionsempfänger die zugeflossenen Mittel also nur „mitgenommen".
Staatliche Maßnahmen in Form von Subventionen streben jedoch einen Effekt der „Zusätzlichkeit" an.[252]
Aus der empirischen Analyse des Kapitels 3 können Schlüsse bezüglich der Konzeption der staatlichen Wohneigentumsförderung gezogen werden, die das Auftreten von Mitnahmeeffekten verhindern.
Ergebnis der empirischen Analyse des Kapitels 3 war es unter anderem, daß die Wohneigentumsquote als eine Funktion des Einkommens interpretiert werden kann, d.h. daß die Wohneigentumsquote mit steigendem Einkommen steigt.
Somit können Mitnahmeeffekte nur dann vermieden werden, wenn der Förderbetrag mit steigender finanzieller Leistungsfähigkeit sinkt. Die finanzielle Leistungsfähigkeit sollte sich an der Summe der *positiven* Einkünfte nach § 2 Abs. 1 Ziffer 1-7 EStG bemessen, da im Fall der Orientierung der Förderung am zu versteuernden Einkommen die Möglichkeit bestünde, die förderrelevante Einkommensobergrenze durch eine steuerliche Berücksichtigung von Verlusten - insbesondere aus Vermietung und Verpachtung - zu unterlaufen.[253]

---

249 vgl.: o.V. (1996), S.3
250 vgl.: Andel, N. (1992), S. 273
251 vgl.: Zimmermann, H. (1987), S. 339
252 vgl.: Zimmermann, H. (1987), S. 339
253 vgl.: Dornbach, J. (1995), S. 185

Weiterhin kann aus dem empirischen Teil dieser Arbeit entnommen werden, daß die Wohneigentumsquote bei den einkommenstarken Haushalten bereits sehr hoch ist; es ist davon auszugehen, daß die Bildung von Wohneigentum in diesem Einkommensbereich durch staatliche Förderung sich nicht noch weiter steigern läßt,[254] da bei Nicht-Eigentümern in diesem Einkommensbereich die Präferenz für Wohneigentum nicht besteht.

Die oberen Einkommensgruppen sollten also zur Verhinderung von Mitnahmeneffekten von einer Förderung ausgeschlossen werden, da sich diese selbstgenutztes Wohneigentum auch ohne staatliche Förderung leisten können.

Neben dem Ausschluß der oberen Einkommensgruppe stellt sich weiterhin die Frage, inwieweit auch die Vermögenssituation eines Haushalts berücksichtigt werden soll, da auch untere Einkommensgruppen durch Schenkungen oder Erbe in die Lage versetzt werden, angemessenes Wohneigentum bilden zu können. Nach Auffassung des Verfassers sollte durchaus auch das Vermögen berücksichtigt werden, um so entstehende Mitnahmeeffekte zu vermeiden.

So gelten für eine Vermeidung von Mitnahmeeffekten folgende Grundsätze:
Die Förderung soll nicht in Fixbeträgen gewährt werden, da diese von Preissteigerungen aufgezehrt werden.
Die geförderte Zielgrppe muß so gewählt werden, daß die Förderung eine Initialwirkung auf seiten der Nachfrager auslöst.
Das Fördervolumen sollte mit steigender finanzieller Leistungsfähigkeit absinken.
Für eine effiziente Förderung ist es notwendig, neben der Einkommensgrenze auch noch eine Vermögensgrenze festzusetzen.[255]

---

254 vgl.: Dornbach, J. (1995), S. 188
255 vgl.: Dornbach, J. (1995), S. 195

6. Wirkungsanalyse der Eigenheimzulage unter Berücksichtigung ihrer Zielsetzung und der angeführten Kriterien zu ihrer Ausgestaltung

Das Kapitel 2 dieser Arbeit behandelt die Frage der Zweckmäßigkeit von Subventionen in dem Bereich des selbstgenutzten Wohneigentums. Als Ergebnis dieser Überlegungen ließ sich festhalten, daß das in der finanzwissenschaftlichen Literatur formulierte Ziel einer Verbesserung von Allokation, Verteilung und Stabilität durch die Förderung des selbstgenutzten Wohneigentums erreicht werden kann. Diese Überlegungen begründen somit eine Subvention des selbstgenutzten Wohneigentums.

Die Wirkung der Eigenheimzulage auf die allokative Effizienz ist in der Literatur schon diskutiert worden.[256] Deshalb soll im Rahmen dieser Arbeit bei der Analyse der Wirkung der Eigenheimzulage das Augenmerk auf die distributive Effizienz der Eigenheimzulage unter Berücksichtigung des Ziels der besonderen *Förderung der Schwellenhaushalte* gerichtet sein.[257]

Die Analyse der Wirkung der Eigenheimzulage ist in drei große Abschnitte geteilt. In Abschnitt 6.1 wird untersucht, ob die Eigenheimzulage ihrer Zielsetzung entsprechend auch tatsächlich den Schwellenhaushalten über die Schwelle zu Wohneigentum verhilft. So werden auf Basis einer Modellrechnung[258] zu den Inanspruchnahmemöglichkeiten Überlegungen angestellt, ob die Schwellenhaushalte es sich bei Inanspruchnahme der Eigenheimzulage leisten können, Wohneigentum zu erwerben, d.h. ob die Eigenheimzulage den Förderbedarf der Schwellenhaushalte wirklich deckt. Auch die Förderwirkung des Sonderausgabenabzugs nach § 10e EStG wird parallel zu der der Eigenheimzulage in dieser Modellrechnung ermittelt, um einen direkten Vergleich mit der Eigenheimzulage anstellen zu können.
Diese Berechnungen zu den Inanspruchnahmemöglichkeiten werden für Zwei-, Drei-, Vier-, Fünf- und Sechs-Personen-Haushalte innerhalb der Einkommensgruppe der Schwellenhaushalte durchgeführt.[259] Diese Differenzierung nach der Haushaltsgröße wird vorgenommen, da die Versorgungssituation nicht nur durch den bloßen verfügbaren monatlichen Einkommensbetrag charakterisiert wird, sondern ebenso berücksichtigt werden muß, auf wieviele Haushaltsmitglieder sich dieser Betrag aufteilt.[260]

---

256 vgl.: Göötz, R. (1997), S. 115-180. Unabhängig von der Eigenheimzulage sind schon zahlreiche Veröffentlichungen zu dieser Problemstellung erschienen. Drei der jüngsten dieser Veröffentlichungen seinen hier beispielhaft genannt: Rüsch, C. (1996); Gutachten der Expertenkommission (1995); Francke, H.-H. (1992)

257 Trompeter analysiert mit Hilfe eines Computermodells den Vermögensaufbau im Rahmen der Eigenheimzulage. Vergleiche dazu: Trompeter, F. (1996)

258 Eine vom Grundkonzept vergleichbare Modellsimulation berechneten Bach und Bartholmai für den Vorschlag zu der Reform der steuerlichen Wohneigentumsförderung von Bündnis 90/Die Grünen. Vergleiche dazu: Bach, S.,Bartholmai, B. (1995), S. 38-42

259 Analog zu den Ergebnissen der Analyse der Haushaltsstruktureffekte werden keine Berechnungen zu

In Kapitel 6.2 wird schließlich untersucht, ob die Eigenheimzulage die in Kapitel 5 aufgestellten Fördergrundsätze eines konsistenten Fördersystems, der Verhinderung von Mitnahmeeffekten etc. erfüllt.

6.1 Wirkungsanalyse der Eigenheimzulage bei Schwellenhaushalten differenziert nach Haushaltsgröße

6.1.1 Modellannahmen und Erläuterung der Berechnungen

Ziel dieses Kapitels ist es zu untersuchen, ob die Eigenheimzulage die von der Reform der steuerlichen Wohneigentumsförderung anvisierten Schwellenhaushalte in die Lage versetzt, Wohneigentum bilden zu können. Es wird nicht nur die Möglichkeit der Wohneigentumsbildung während des achtjährigen Förderzeitraumes analysiert, sondern auch die Fähigkeit der Haushalte, über den Förderzeitraum hinaus, d.h. langfristig, die (Finanzierungs-)Kosten des Wohneigentums tragen zu können.

Modellannahmen

Die im Rahmen dieser Wirkungsanalyse untersuchten unterschiedlichen Einkommen orientieren sich an den Ergebnissen der empirischen Analysen des Kapitels 3 bzw. an der Bestimmung des Einkommens der anvisierten Schwellenhaushalte in Kapitel 5; so können die Untersuchungen auf die relevanten Haushalte sinnvoll begrenzt werden.
In dem Berechnungsmodell zu den Inanspruchnahmemöglichkeiten wird nicht nur die Wirkung der Eigenheimzulage auf die finanzielle Situation der genannten Haushaltstypen ermittelt, sondern auch die des bisherigen Sonderausgabenabzugs nach § 10e EStG.[261] Damit kann dann auch ein direkter Vergleich der beiden Förderformen dahingehend angestellt werden, in welchem unterschiedlichen Ausmaß die beiden Förderformen sich auf die finanzielle Situation der einzelnen Haushalte auswirken.

Auf Grundlage der Berechnungen zu den Inanspruchnahmemöglichkeiten sollen zwei Sachverhalte

---

der Wirkungsanalyse von Ein-Personenhaushalten durchgeführt, da dieser Haushaltstyp in der Regel Wohneigentum nicht präferiert.

260 vgl.: Ulbrich, R. (1992), S. 20

261 Die einzelnen Berechnungen werden im Anhang dieser Arbeit unter dem Begriff Inanspruchnahmemöglichkeiten dargestellt.

untersucht werden: zum einen soll festgestellt werden, ob überhaupt und wenn ja welche der beiden steuerlichen Förderungen den Schwellenhaushalten den Förderbedarf gewährt, der dazu vorher berechnet wird. Zum anderen ist ein direkter Vergleich der beiden Förderformen hinsichtlich der Höhe ihrer Förderwirkung möglich.
Die Vorgehensweise bei den Berechnungen sollen im folgenden genauer erläutert werden.

Im Rahmen der Berechnungen zu den Inanspruchnahmemöglichkeiten werden die beiden Förderjahre 1995 und 1996 betrachtet, da so auch klar die Förderwirkungen der Abzugsmöglichkeiten der Finanzierungskosten bzw. der Erhaltungsaufwendungen, die ja nur in dem ersten Förderjahr gewährt werden,[262] berechnet und dargestellt werden können.

Erläuterung des Berechnungsschemas zu den Inanspruchnahmemöglichkeiten

Ausgangspunkt der Berechnungen bildet das *Haushaltsbruttoeinkommen.* Nach der oben vorgenommenen Einschränkung auf die relevanten Schwellenhaushalte liegen die Haushaltsbruttoeinkommen, die untersucht werden, zwischen 50.000 DM und 120.000 DM.

Ausgehend von dem Haushaltsbruttoeinkommen wird das *Haushaltsnettoeinkommen* ermittelt, welches das für die Haushaltsmitglieder verfügbare Einkommen darstellt. Es wird berechnet, indem sämtliche steuerpflichtigen Einkünfte[263] und als wichtigster Sozialtransfer das Kindergeld[264] zu dem Haushaltsbruttoeinkommen zusammengefaßt werden und davon dann Steuern und (Sozial-) Versicherungsbeiträge abgezogen werden.
So ergibt sich das Haushaltsnettoeinkommen.

Das *für die Wohnraumversorgung bleibende Einkommen* wird ermittelt, indem von dem ermittelten Haushaltsnettoeinkommen der Grundbedarf abgezogen wird. Dieser *Grundbedarf* setzt sich zusammen aus dem Lebensunterhalt, der Kaltmiete[265] und den Heizkosten. Der Grundbedarf ist derjenige Anteil an den laufenden Ausgaben, der dem Haushalt ein angemessenes Lebensniveau ermöglicht.

---

262 Vergleiche dazu die Ausführungen zu der Eigenheimzulage in Kapitel 4.3.2.

263 Es wird angenommen, daß neben dem Arbeitslohn keine weiteren steuerpflichtigen Erwerbseinkünfte bestehen.

264 Aus Gründen der Vereinfachung wird in dieser Modellrechnung grundsätzlich das Kindergeld gewährt.

265 Bei der Berechnung des Förderbedarfs ist die Kaltmiete nicht miteinzubeziehen, da sie nach dem Erwerb von selbstgenutzten Wohneigentum selbstverständlich entfällt.

Zur Bestimmung der Höhe des *Lebensunterhalts* wurde der Mittelwert der Erfahrungs-werte der Banken innerhalb ihrer Kalkulationen zur Baufinanzierung und der durchschnittlichen sozialhilferechtlichen Werte verwendet.[266] So beträgt der jährliche Lebensunterhalt eines Erwachsenen 10.800 DM, der eines Kindes 3.800 DM.

Bei der Ermittlung der *Bruttokaltmiete* wurde je nach Wohnungsgröße ein Quadratmetermietpreis zwischen 8,50 DM und 11 DM angenommen.[267]
Dieser angenommene Quadratmeterpreis ist abhängig von der Wohnungsgröße, die mit der Anzahl der Haushaltsmitglieder variiert: ein Ein-Personenhaushalt bewohnt eine Wohnung mit einer Größe von 50 qm, ein Zwei-Personenhaushalt eine Wohnung mit einer Größe von 60 qm, ein Drei-Personenhaushalt eine 75 qm große Wohnung, ein Vier-Personenhaushalt eine 100 qm große, ein Fünf-Personenhaushalt eine 120 qm große Wohnung und schließlich ein Sechs-Personenhaushalt eine 130 qm große Wohnung.
Die *Kosten für Heizung* inklusive Wasser belaufen sich auf monatlich 1,50 DM/qm.

Die *Bau- bzw. Erwerbskosten* für Neubau bzw. des Bestands wurden zur Vereinfachung einheitlich und pauschal mit 3.000 DM pro qm veranschlagt. Dabei ist zu bedenken, daß die Bau- oder Erwerbskosten je nach Regionen, Siedlungstypen und Lage sehr stark schwanken. Die hier zugrundegelegten Werte orientieren sich deshalb an Durchschnittswerten; in Ballungszentren und/oder bei Neubau dürften sie infolgedessen an der Untergrenze, in ländlichen Regionen und/oder bei Bestandserwerb eher an der Obergrenze liegen.[268]

Das *für Wohnraumversorgung verbleibende Einkommen* gibt schließlich an, wieviel des oben berechneten Haushaltsnettoeinkommens für die Wohnraumversorgung im Sinne eines Erwerbs von Eigentum noch verbleibt. Dabei ist die Kaltmiete natürlich hinzuzählen, da sie bei dem Erwerb von Wohneigentum entfällt.

Die *Kosten für Wohneigentum* setzen sich zusammen aus den Finanzierungskosten der Immobilie und den laufenden Bewirtschaftungskosten. Diese setzen sich wiederum zusammen aus den Heizkosten und den Betriebskosten in Höhe von 1,80 DM pro qm pro Monat; bei der Berechnung der Finan-

---

266 vgl.: Kaltenborn, B., Buslei, H. (1995), S. 34

267 Die Werte im einzelnen sind: 50 qm-Wohnung: 11 DM/qm; 60 qm-Wohnung: 10,50 DM/qm; 75 qm-Wohnung: 10,20 DM/qm; 100 qm-Wohnung: 10 DM/qm; 120 qm-Wohnung: 9 DM/qm; 130 qm-Wohnung: 8,50 DM/qm. Grundlage dieser Werte sind die Ergebnisse der 1 %-Gebäude- und Wohnungsstichprobe von 1993. Vergleiche dazu: Eisel, R. (1995), S. 502 ff.

268 vgl.: Bach, S., Bartholmai, B. (1995), S. 39

zierungskosten wurde ein Eigenkapitalanteil von 20 v.H. unterstellt. Der Sollzinssatz wurde mit 7 v.H. und der Tilgungssatz mit 1 v.H. angesetzt.

Der *Förderbedarf* drückt die Differenz zwischen dem für Wohnraum verbleibenden Einkommen und den Kosten für Wohneigentum aus.
Der ermittelte Förderbedarf wird dann verglichen mit den Förderungen, die sich aus dem Sonderausgabenabzug nach § 10e EStG einerseits und der Eigenheimzulage andererseits ergeben. Die Förderhöhe beider Förderformen wird sowohl für den Bestandserwerb als auch für den Neubau ermittelt.

Im folgenden sollen die Elemente einer Förderung eines Bestandserwerbs erläutert werden und anschließend die des Neubauerwerbs. Dabei wird jeweils zuerst die Förderung nach dem Sonderausgabenabzug und dann die Förderung nach der Eigenheimzulage dargestellt, die dann abschließend mit dem oben ermittelten Förderbedarf verglichen wird. Dabei muß zwischen dem Erwerb von Bestand bzw. von Neubau unterschieden werden, da eine unterschiedlich hohe Förderung abhängig von der Objektart gewährt wird. Diese Unterscheidung ist sowohl für den Sonderausgabenabzug nach § 10e EStG als auch für die Eigenheimzulage vorgesehen.

Im folgenden wird die Förderung des Bestandserwerbs beschrieben. Die *Förderung des Sonderausgabenabzugs nach § 10e EStG* setzt sich aus der Grundkomponente und der Kinderkomponente zusammen. Die Grundkomponente gibt die Förderung an, die sich aus dem Abzug eines prozentualen Anteils der Anschaffungs- bzw. Herstellungskosten von der Bemessungsgrundlage der Einkommensteuer ergibt.
Nach dem Bestandserwerb können in den ersten vier Förderjahren 6 v.H. der Anschaffungskosten abgezogen werden; der maximal mögliche jährliche Abzugsbetrag ist auf 9.000 DM beschränkt. In den zweiten vier Förderjahren können nur noch 5 v.H. der Anschaffungskosten abgezogen werden, jedoch maximal 7.500 DM.
Die Kinderkomponente bildet die Steuerermäßigung für Steuerpflichtige mit Kindern ab, die ermittelte tarifliche Einkommensteuer kann um 1.000 DM pro Kind reduziert werden.

Bei dem Erwerb von Bestand setzt sich die *Förderung der Eigenheimzulage* aus der Grundkomponente, der Grundförderung und der Kinderzulage zusammen. Die Grundkomponente gibt den Förderbetrag an, der sich bei dem Erwerb einer Bestandsimmobilie aus dem einmaligen Abzug der Erhaltungsaufwendungen in Höhe von maximal 22.500 DM von der Bemessungsgrundlage der Einkommensteuer ergibt. Die Grundförderung macht 2,5 v.H. von den Anschaffungs- bzw. Herstellungskosten aus; maximal jährlich jedoch 2.500 DM; der maximal mögliche Förderbetrag wird also bei Anschaffungs- bzw. Herstellungskosten in Höhe von 100.000 DM bereits erreicht (vgl. Kap. 4.2.9).

Nach den Berechnungen der Förderung des Bestandserwerbs wird nun die Förderung des Erwerbs von Neubau durch die beiden Förderformen erläutert.
Bei einem Neubauerwerb ändert sich im Vergleich zum Bestandserwerb bei der Förderung nach dem *Sonderausgabenabzug* nur die Höhe des maximal möglichen Abzugsbetrages. In den ersten vier Förderjahren können 6 v.H. der Anschaffungs- bzw. Herstellungskosten abgezogen werden; der maximal mögliche jährliche Betrag ist auf 19.800 DM begrenzt. In den zweiten vier Förderjahren ist eine Abzug von 5 v.H. der Anschaffungs- bzw. Herstellungskosten bis maximal 16.500 DM möglich. Wie bei der Förderung von Bestandserwerb wird Baukindergeld in Form einer Steuerermäßigung von ebenfalls 1.000 DM pro Jahr und Kind gewährt.

Bei der Förderung des Neubauerwerbs durch die *Eigenheimzulage* entfällt im Vergleich zu der Förderung von Bestand die Grundkomponente, da hier der Abzug von Erhaltungs-aufwendungen nicht möglich ist. Die Grundförderung beträgt beim Neubau 5 v.H. der Anschaffungs- bzw. Herstellungskosten, aber maximal 5.000 DM jährlich. Die maximal geförderten Anschaffungs- bzw. Herstellungskosten betragen also wiederum 100.000 DM. Die Kinderzulage beträgt wie bei dem Bestandserwerb 1.500 DM pro Jahr und Kind.

Die *Förderbedarfsdeckung Bestand* bzw. *Neubau* gibt dann an, ob und um wieviel die Förderung des Sonderausgabenabzugs bzw. der Eigenheimzulage den oben berechneten Förderbedarf deckt; ein ermittelter positiver Betrag gibt den verbleibenden monatlichen Spielraum an, ein ermittelter negativer Betrag den monatlichen Fehlbetrag, der untersuchte Haushalt kann sich im letzten Fall den Erwerb von Wohneigentum nicht leisten.

Die in den eben beschriebenen Berechnungen ermittelten Werte des Haushaltsnettoeinkommens, des für Wohnraumversorgung verbleibenden Einkommens, der Kosten für Wohneigentum und schließlich der Förderung durch den Sonderausgabenabzug nach § 10e EStG bzw. der Eigenheimzulage bei Bestand und Neubau werden in Abbildungen zusammengefaßt.

Die Abbildungen, die in den folgenden fünf Abschnitten in Abhängigkeit von der Haushaltsgröße dargestellt werden, bilden immer das Jahr 1996 ab. Das Jahr 1995, also das Erstjahr der Förderung, soll aus Gründen der Übersichtlichkeit nicht dargestellt werden. Desweiteren bildet das Jahr 1996 die liquiditätsmäßige Belastung der dann noch verbleibenden sechs Förderjahre durch den Sonderausgabenabzug bzw. durch die Eigenheimzulage ab, da ab dem zweiten Förderjahr mögliche Vergünstigungen wie die Abzugsmöglichkeit von Erhaltungsaufwendungen entfallen.

Die Darstellung der berechneten Werte aller untersuchten Einkommen würde die Übersichtlichkeit der Graphik stark beeinträchtigen. Deshalb werden in den Graphiken nur die ermittelten Werte der Einkommen von 50.000 DM, 90.000 DM und 120.000 DM eingezeichnet. Anhand der Verbindungslinien dieser drei Werte können dann näherungsweise die Werte für die dazwischen liegenden Einkommen abgelesen werden.

Die Abszisse stellt die untersuchten Einkommen der Schwellenhaushalte dar, an der Ordinate werden die von dem untersuchten Haushalt erreichten DM-Beträge unter Berücksichtigung der verschiedenen Abzugs- und Förderbeträge[269] abgetragen. Die Kurve HHnettoY stellt das Haushaltsnettoeinkommen dar, die Kurve f.WR vbl. EK bildet das Einkommen ab, das dem Haushalt für den Erwerb von Wohneigentum verbleibt.[270] Die waagerechte Gerade der K.f.WE stellt die Kosten für Wohneigentum des untersuchten Haushaltstyps dar, die von der entsprechenden Wohnungsgröße abhängig und somit für alle Einkommen gleich hoch sind. Die Kurve BE-EHZ stellt die Einkommenshöhe dar, die der untersuchte Haushalt dann unter Berücksichtigung der Förderung des Erwerbs von Bestand (BE) durch die Eigenheimzulage (EHZ) tatsächlich erreicht. Die Kurve BE-SAA betrachtet den gleichen Fall, aber mit der Förderung durch den Sonderausgabenabzug (SAA).
Analog dazu stellen die Kurven NB-EHZ und NB-SAA die erreichten Beträge bei der Förderung von Neubauerwerb durch die beiden Förderungen Sonderausgabenabzug und Eigenheimzulage dar.

In den folgenden Abschnitten werden die Berechnungen zu den Inanspruchnahmemöglichkeiten der einzelnen Haushaltstypen in Reihenfolge der Haushaltsgröße graphisch dargestellt und erläutert.

---

269 Als Abzugsbetrag sei beispielsweise der Lebensunterhalt genannt, die Förderbeträge ergeben sich aus den Berechnungen des Modells dargestellt im Anhang.

270 Bei der Berechnung des für Wohnraumversorgung verbleibenden Einkommen wird die Kaltmiete wie auch schon oben erklärt nicht berücksichtigt.

6.1.2 Die Wirkung der steuerlichen Wohneigentumsförderungen auf die Eigentumserwerbsfähigkeit der Zwei-Personen-Haushalte

Die Ergebnisse der Berechnungen[271] zu dem untersuchten Haushaltstyp werden in Abbildung 19 auf der folgenden Seite zusammengefaßt.
An der Abbildung läßt sich erkennen, daß sich ein Zwei-Personen-Haushalt - ein Ehepaar ohne Kinder - ab einem Haushaltsbruttoeinkommen von circa 64.000 DM den Erwerb eines selbstgenutzten Wohneigentums ohne staatliche Unterstützung leisten kann; denn hier schneidet die Kurve, die das zur Wohnraumversorgung verbleibende Einkommen darstellt, die Kurve, die die Kosten für Wohneigentum abbildet. Es sei nochmals darauf hingewiesen, daß bei den Berechnungen angenommen wurde, daß der Erwerb von Neubau und der Erwerb von Bestand gleich viel kosten; der untersuchte Haushalt kann sich also sowohl den Erwerb von Neubau als auch den von Altbau leisten.[272]

Berücksichtigt man nun die staatliche Förderung durch den Sonderausgabenabzug und durch die Eigenheimzulage verschiebt sich das Haushaltsbruttoeinkommen, bei dem sich der betrachtete Haushalt den Erwerb von Wohneigentum leisten kann, nach unten, d.h. in der Abbildung nach links.

Bei dem *Erwerb einer Bestandsimmobilie* verschiebt sich das Haushaltsbruttoeinkommen, bei dem sich ein Zwei-Personen-Haushalt Wohneigentum leisten kann, bei einer Förderung nach dem Sonderausgabenabzug auf circa 57.000 DM, bei einer Förderung nach der Eigenheimzulage auf 58.000 DM. Vergleicht man die Förderung des Erwerbs aus dem Bestand durch den Sonderausgabenabzug und durch die Eigenheimzulage stellt man fest, daß der Sonderausgabenabzug dem untersuchten Zwei-Personen-Haushalt immer eine höhere Gesamtförderung als die Eigenheimzulage gewährt. Der Sonderausgabenabzug fördert somit die untersuchten Haushalte mehr als die Eigenheimzulage, wobei mit steigendem Einkommen die Differenz zwischen der Förderung nach dem Sonderausgabenabzug und der Eigenheimzulage steigt. Dies kann damit begründet werden, daß mit höheren Einkommen die prozentuale Abzugsmöglichkeit von der Bemessungsgrundlage aufgrund der progressiven Ausgestaltung des Einkommenssteuersystems besonders zum Tragen kommt.

---

[271] Vergleiche dazu Tabellen 1-8 im Anhang.

[272] Da die hier angenommenen Erwerbskosten sich jedoch an Durchschnittswerten orientieren, kann davon ausgegangen werden, daß die infolge dieser vereinfachenden Annahme auftretenden Verzerrungen nicht von Bedeutung sind.

Abb. 19: Die Wirkungen der alternativen steuerlichen Wohneigentumsförderungen auf die Eigentumserwerbsfähigkeit der Zwei-Personen-Haushalte

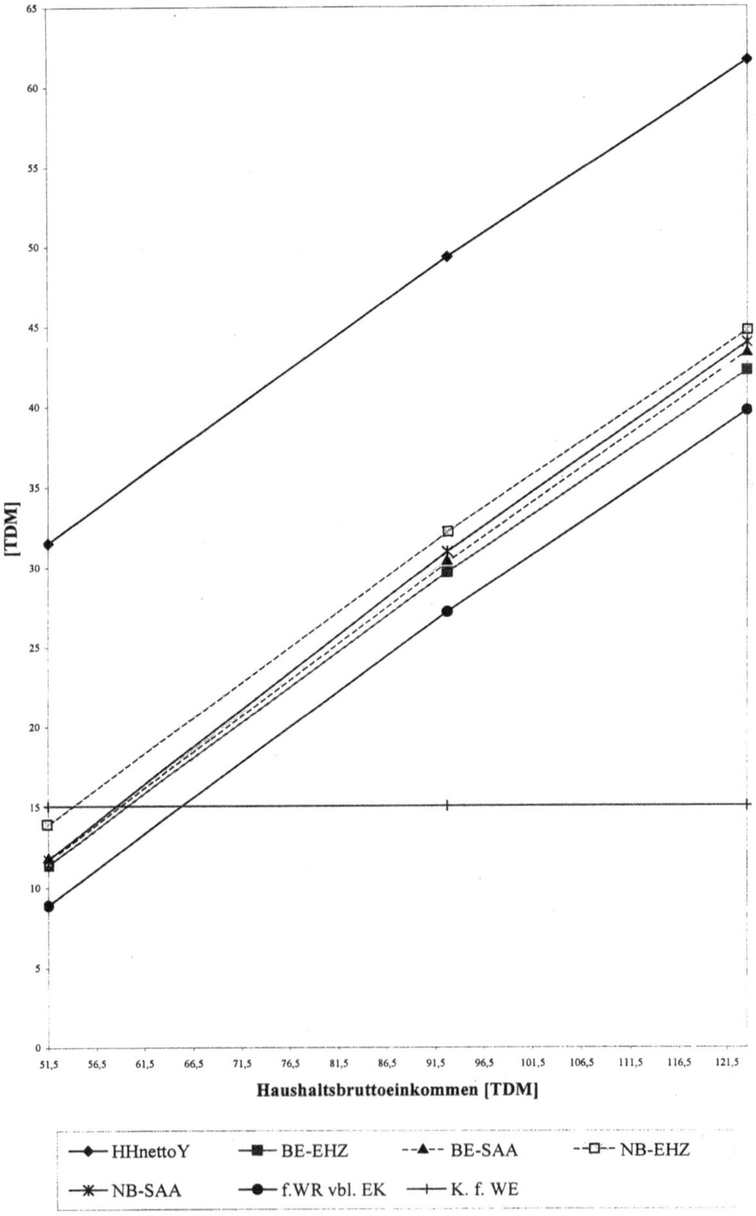

Betrachtet man die Förderwirkung der beiden Förderungen bei dem *Erwerb von Neubau,* stellt man eine höhere Förderung durch die Eigenheimzulage als durch den Sonderausgabenabzug nach § 10e EStG fest. So kann ein Zwei-Personen-Haushalt bereits bei einem Haushaltsbruttoeinkommen von circa 52.500 DM sich den Erwerb eines Neubaus mit Hilfe der Eigenheimzulage leisten. Bei der Förderung mit dem Sonderausgabenabzug ist der Erwerb von selbstgenutzten Wohneigentum dagegen erst bei einem Haushaltsbruttoeinkommen von circa 57.000 DM möglich.

Abschließend soll noch festgehalten werden, daß die Förderung des Erwerbs von Neubau von beiden Förderformen mehr gefördert wird als der Erwerb von Bestand. Diese Feststellung ist um so erstaunlicher, da der Erwerb von Neubau bekanntermaßen teurer ist als der Erwerb von Bestand und somit auch für die Schwellenhaushalte weniger erschwinglich ist (vgl. Kap. 5.2.2.2).

6.1.3 Die Wirkung der steuerlichen Wohneigentumsförderungen auf die Eigentumserwerbsfähigkeit der Drei-Personen-Haushalte

Die Berechnungen[273] zu dem untersuchten Haushaltstyp werden in Abbildung 20 zusammengefaßt. Aus dieser läßt sich ablesen, daß ein Drei-Personen-Haushalt sich erst ab einem Haushaltsbruttoeinkommen von 79.000 DM ohne staatliche Förderung den Erwerb eines selbstgenutzten Wohneigentums leisten kann.

Vergleicht man die Förderhöhen bzw. die Förderwirkungen des Sonderausgabenabzugs und der Eigenheimzulage bei dem Erwerb von *Bestand,* stellt man fest, daß der Erwerb anfänglich durch die Eigenheimzulage minimal mehr gefördert wird als durch den Sonderausgabenabzug. Dieser gewährt ab einem Haushaltsbruttoeinkommen von 60.000 DM dann wieder eine - zwar nur geringfügig - höhere Förderung als die Förderung durch die Eigenheimzulage.

---

273 Vergleiche dazu die Tabellen 9 –16 im Anhang.

Abb. 20: Die Wirkungen der alternativen steuerlichen Wohneigentumsförderungen auf die Eigentumserwerbsfähigkeit der Drei-Personen-Haushalte

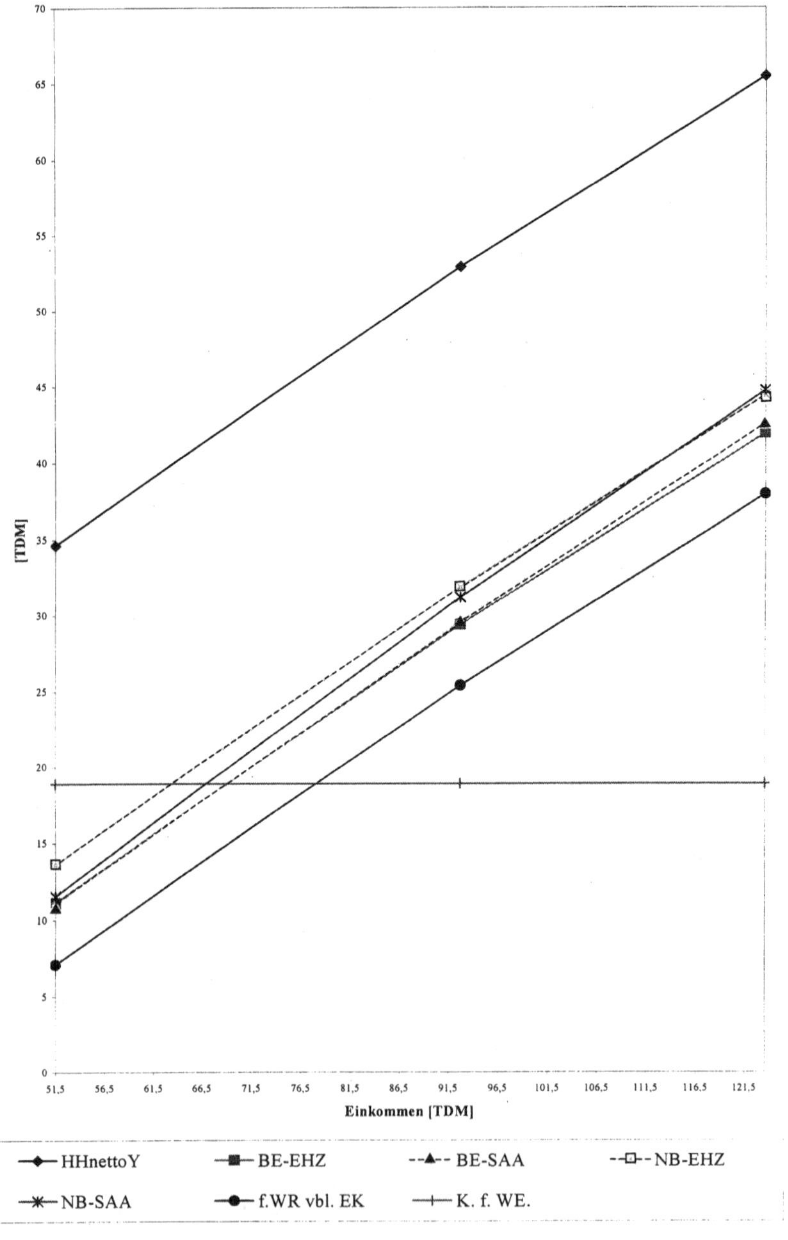

So kann ein Drei-Personen-Haushalt bei einem Haushaltsbruttoeinkommen von circa 69.000 DM mit Hilfe der jeweiligen Förderung sich den Erwerb von Bestand leisten. Es bleibt bei einem Einkommen von 71.500 DM ein monatlicher Spielraum bei der Förderung mit dem Sonderausgabenabzug von 136 DM im Jahr 1996. Betrachtet man einen Drei-Personen-Haushalt wiederum mit einem Haushaltsbruttoeinkommen von 72.100 DM verbleibt nach dem Erwerb von Bestand ein monatlicher Spielraum von nur 130 DM bei der Förderung mit der Eigenheimzulage; die minimale Differenz wird deutlich.

Nun sollen die Wirkungen der beiden Förderformen bei dem Erwerb von *Neubau* dargestellt werden. Wie auch schon bei dem vorher betrachteten Zwei-Personen-Haushalt bietet die Eigenheimzulage jährlich eine deutlich höhere Förderung als der Sonderausgabenabzug. So kann sich ein Drei-Personen-Haushalt bei einem Haushaltsbruttoeinkommen von circa 62.000 DM den Erwerb eines Neubaus mit der Eigenheimzulage leisten; bei der Förderung mit dem Sonderausgabenabzug bei einem Haushaltsbruttoein-kommen in Höhe von circa 66.000 DM. Bei einem Haushaltsbruttoeinkommen von 72.100 DM verbleibt dem Drei-Personenhaushalt nach dem Erwerb von Neubau bei der Förderung nach § 10e EStG ein monatlicher Spielraum in Höhe von 258 DM, bei der Förderung mit der Eigenheimzulage 339 DM.
Bei einem Haushaltsbruttoeinkommen von circa 115.000 DM kehrt sich aber dieses Verhältnis um, der Sonderausgabenabzug nach § 10e EStG gewährt dann bei dem Erwerb von Neubau eine höhere Förderung. Dies kann wiederum mit den progressionsbedingt zunehmenden Entlastungswirkungen von Abzugsbeträgen erklärt werden.

Zusammenfassend läßt sich festhalten, daß bei dem Erwerb aus dem Bestand der bisherige Sonderausgabenabzug ab einem Haushaltsbruttoeinkommen von circa 60.000 DM dem Drei-Personen-Haushalt eine gering höhere Förderung gewährt als die Eigenheimzulage. Dagegen bringt die Eigenheimzulage bei dem Erwerb von Neubau dem untersuchten Haushalt eine höhere Förderung bis zu einem Haushaltsbruttoeinkommen von 115.000 DM als der bisher geltende Sonderausgabenabzug.

6.1.4 Die Wirkung der steuerlichen Wohneigentumsförderung auf die Eigentumserwerbsfähigkeit der Vier-Personen-Haushalte

Die Berechnungen zu den Förderwirkungen des Sonderausgabenabzugs nach § 10e EStG und der Eigenheimzulage bei einem Vier-Personen-Haushalt werden in der Abbildung 21 zusammengefaßt.[274] Ohne staatliche Förderung kann sich ein Vier-Personenhaushalt erst bei einem Haushaltsbruttoeinkommen in Höhe von circa 98.000 DM den Erwerb von Wohneigentum leisten, erst hier schneidet die Kurve der Kosten für Wohneigentum die Kurve, die das für Wohnraumversorgung im Sinne des Wohneigentumserwerbs verbleibende Einkommen darstellt.

Bei der Förderung des Erwerbs von *Bestand* schneidet die Eigenheimzulage bei den untersuchten Einkommenshöhen bis zu einem Einkommen von circa 115.000 DM besser ab als der Sonderausgabenabzug; danach schneidet der Sonderausgabenabzug nach § 10e EStG besser ab. Die Eigenheimzulage fördert den untersuchten Haushaltstyp durch-schnittlich mit 290 DM pro Jahr mehr als der Sonderausgabenabzug. So kann sich ein Vier-Personenhaushalt mittels der Eigenheimzulage schon ab einem Haushaltsbruttoein-kommen in Höhe von circa 84.000 DM den Erwerb einer angemessenen Bestandswohnung leisten. Bei einer Förderung mittels des Sonderausgabenabzugs ist dies bei einem Haushaltsbruttoeinkommen möglich, das bei circa 85.500 DM liegt. Nach dem Erwerb einer Bestandswohnung hat ein Vier-Personen-Haushalt mit einem Haushaltsbruttoein-kommen von 92.700 DM mit der Förderung der Eigenheimzulage noch 310 DM monatlichen Spielraum, mit dem Sonderausgabenabzug 290 DM.

Bei dem Erwerb von *Neubau* gewährt die Eigenheimzulage bei den unteren Einkommen eine höhere Förderung als der Sonderausgabenabzug, doch ist diese Förderung noch nicht hoch genug für den Erwerb von Wohneigentum. Ab einem Einkommen von 75.000 DM bietet dann jedoch der Sonderausgabenabzug nach § 10e EStG die bessere Förderalternative.

---

[274] Vergleiche dazu die Tabellen 17-24 im Anhang.

Abb. 21: Die Wirkungen der alternativen steuerlichen Wohneigentumsförderungen auf die Eigentumserwerbsfähigkeit der Vier-Personen-Haushalte

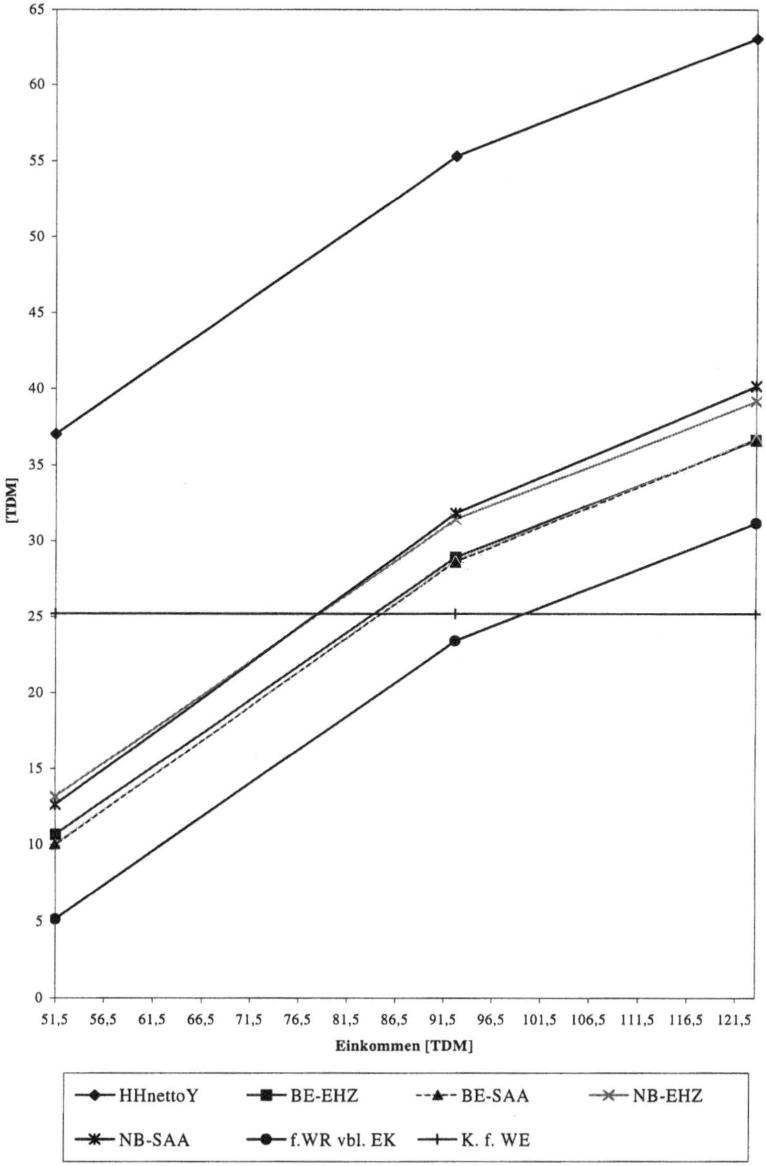

Der Sonderausgabenabzug versetzt den Vier-Personen-Haushalt in die Lage, ab einem Haushaltsbruttoeinkommen von 78.000 DM sich den Erwerb leisten zu können. Die Förderung der Eigenheimzulage ermöglicht den Eigentumserwerb dem untersuchten Haushalt bei einem Einkommen in Höhe von 79.500 DM.Der monatliche Spielraum des Vier-Personen-Haushalts bei einem Haushaltsbruttoeinkommen von 82.400 bei dem Sonderausgabenabzug 167 DM, bei der Eigenheimzulage 153 DM.

Es läßt sich festhalten, daß die Eigenheimzulage im Vergleich zu dem Sonderausgabenabzug bei dem Erwerb von Bestand bis zu einem Einkommen von 123.600 DM eine höhere Förderung gewährt; bis zu diesem Einkommen ist zwar die Grundförderung der Eigenheimzulage geringer als die Grundkomponente, also die Steuerersparnis, des Sonderausgabenabzugs, doch gleicht diese die um 1.000 DM höhere Kinderzulage wieder aus.
Bei dem Erwerb von Neubau schneidet die Eigenheimzulage nur bis zu einem Einkommen bis 75.000 DM besser ab; bei höheren Einkommen ist die Steuerersparnis bei dem Sonderausgabenabzug nach § 10e EStG dann deutlich höher als die Grundkomponente der Eigenheimzulage, ab einem Einkommen von 82.400 DM schneidet der Sonderausgabenabzug dann besser ab.

6.1.5 Die Wirkung der steuerlichen Wohneigentumsförderung auf die Eigentumserwerbsfähigkeit der Fünf-Personen-Haushalte

Die zusammenfassende Abbildung 22 auf der folgenden Seite zeigt[275], daß sich ein Fünf-Personen-Haushalt ohne staatliche Unterstützung erst ab einem Haushaltsbruttoeinkommen von 111.000 DM den Erwerb eines angemessenen Wohnraums leisten kann; hier schneidet die Kurve, die das für Wohnraum im Sinne eines Eigentumserwerbs bleibende Einkommen die Waagerechte, die die Kosten dieses Wohneigentums darstellt.

---

275 Vergleiche dazu die Tabellen 25-32 im Anhang.

Abb. 22: Die Wirkungen der alternativen steuerlichen Wohneigentumsförderungen auf die Eigentumserwerbsfähigkeit der Fünf-Personen-Haushalte

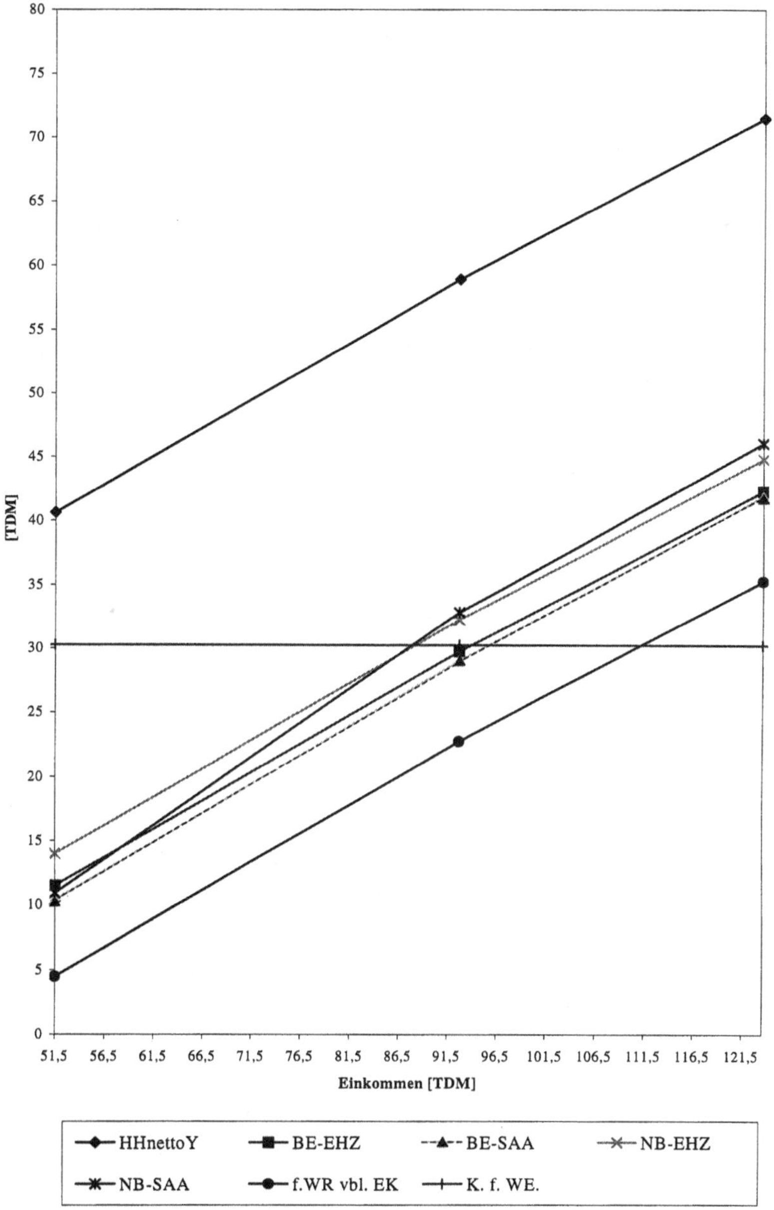

Bei dem Erwerb von *Bestand* gewährt die Eigenheimzulage bei allen untersuchten Einkommen eine höhere Förderung als der Sonderausgabenabzug nach § 10e EStG. So kann ein Fünf-Personen-Haushalt mittels der Eigenheimzulage schon bereits ab einem Haushaltsbruttoeinkommen in Höhe von circa 93.000 DM Wohneigentum erwerben, also bei einem Einkommen, das 12.000 DM unter dem Einkommen liegt, bei dem sich ein Fünf-Personen-Haushalt ohne Förderung den Erwerb von Wohneigentum leisten kann. Bei einer Förderung nach § 10e EStG ist der Erwerb von Bestand bei einem Haushaltsbruttoeinkommen 94.500 DM. Bei einem Haushaltsbruttoeinkommen von 103.000 DM hat der geförderte Haushalt nach einer Förderung mit der Eigenheimzulage einen monatlichen Spielraum von 319 DM, bei einer Förderung mit dem Sonderausgabenabzug bleibt dem Haushalt ein monatlicher Spielraum von 265 DM.

Der Erwerb von *Neubau* ist dem untersuchten Haushalt mittels des Sonderausgabenabzugs schon bei einem Einkommen von circa 87.000 DM möglich. Die Eigenheimzulage ermöglicht den Erwerb bei einem Einkommen von circa 89.000 DM. Bei einem Haushaltsbruttoeinkommen von 92.700 DM bleibt dem Fünf-Personen-Haushalt ein monatlicher Spielraum von 215 DM, bei der Förderung mit der Eigenheimzulage monatlich 168 DM.

Bis zu einem Haushaltsbruttoeinkommen von 61.800 DM bietet die Eigenheimzulage bei Neubauerwerb eine höhere - aber nicht ausreichende - Förderung als der Sonderausgabenabzug. Diese höhere Förderung liegt begründet in einer zwar höheren Grundkomponente, aber in einer deutlich niedrigeren Kinderkomponente. Ab einem Einkommen von 72.100 DM liegt die Steuerersparnis der Grundkomponente deutlich über der Grundkomponente der Eigenheimzulage.

6.1.6 Wirkungen der steuerlichen Wohneigentumsförderung auf die Wohneigentumserwerbsfähigkeit der Sechs-Personen-Haushalte

Aus der Abbildung 23[276] kann abgelesen werden, daß ein Sechs-Personen-Haushalt sich ohne eine staatliche Förderung den Erwerb von Wohneigentum erst ab einem Einkommen von circa 117.000 DM leisten kann, erst hier schneidet die Kurve, die das für Wohnraumversorgung im Sinn von Wohneigentum verbleibende Einkommen darstellt, die Waagerechte, die die Kosten für Wohneigentum abbildet.

Bei dem Erwerb aus dem *Bestand* gewährt die Eigenheimzulage bei dem untersuchten Haushalt die höhere Förderung als der Sonderausgabenabzug nach § 10e EStG. So kann ein Sechs-Personen-Haushalt bei einer Inanspruchnahme der Eigenheimzulage bei einem Haushaltsbruttoeinkommen von 95.000 DM den Erwerb finanzieren. Bei der Förderung nach dem Sonderausgabenabzug nach § 10e EStG ist dies erst ab einem Einkommen von 98.000 DM möglich. Bei einem Haushaltsbruttoeinkommen von 103.000 DM bleibt bei dem Erwerb von Bestand bei der Eigenheimzulage ein monatlicher Spielraum von 243 DM, bei dem Sonderausgabenabzug von 147 DM.

Bei dem Erwerb von *Neubau* gewährt die Eigenheimzulage bis zu einem Haushaltsbruttoeinkommen von circa 91.000 DM eine höhere Förderung als der Sonderausgabenabzug. Nach dieser Einkommenshöhe erbringt dagegen der Sonderausgabenabzug eine höhere Förderung. Die Differenz zwischen dem monatlichen Spielraum der Eigenheimzulage und dem des Sonderausgabenabzugs ist jedoch minimal, sie beträgt 76 DM.
Der untersuchte Sechs-Personen-Haushalt kann sowohl mit der Eigenheimzulage als auch mit dem Sonderausgabenabzug den Erwerb eines Neubaus bei einem Einkommen von circa 93.000 DM finanzieren. Bei einem Haushaltsbruttoeinkommen von 92.700 DM verbleibt dann ein monatlicher Spielraum von 97 DM bei der Förderung nach dem Sonderausgabenabzug und von 91 DM bei der Förderung nach der Eigenheimzulage.

276 Vergleiche dazu die Tabellen 33-40 im Anhang.

Abb. 23: Die Wirkungen der alternativen steuerlichen Wohneigentumsförderungen auf die Eigentumserwerbsfähigkeit der Sechs-Personen-Haushalte

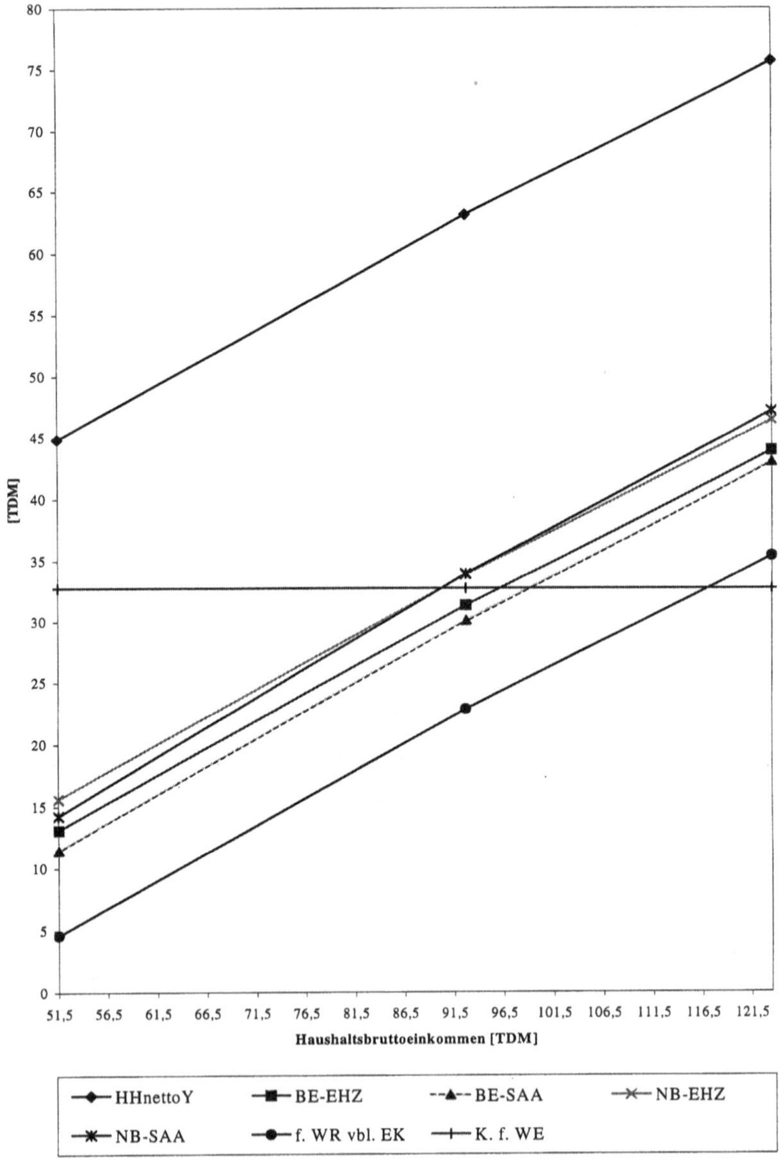

6.1.7 Zusammenfassende Darstellung

Die empirischen Analysen ergaben, daß die Gruppe der Schwellenhaushalte gebildet wird von Haushalten, deren Haushaltseinkommen unter Berücksichtigung der Haushaltsgröße zwischen 50.000 DM und 120.000 DM liegt. Mit Hilfe von einem Berechnungsmodell zu den Inanspruchnahmemöglichkeiten wurde ermittelt, ob, bei welchem Einkommen und welche der beiden Förderformen den untersuchten Schwellenhaushalten über die Schwelle hin zu Wohneigentum helfen kann. Die Tabelle 2 faßt die Berechnungen zu den Inanspruchnahmemöglichkeiten zusammen, die für den gesamten Einkommensbereich der Schwellenhaushalte durchgeführt wurden. Auf die Ergebnisse soll im folgenden kurz eingegangen werden.

Aus der Tabelle 2 läßt sich zwar eindeutig ablesen, ob der Sonderausgabenabzug nach § 10e EStG oder die Eigenheimzulage dem untersuchten Haushaltstyp die höhere Förderung gewährt. Trotz dieser eindeutigen Bestimmung der Vorteilhaftigkeit im Rahmen der Tabelle muß der größtenteils sehr geringe monatliche Spielraum, den die Förderbedarfsdeckung ausdrückt, berücksichtigt werden. Es ist davon auszugehen, daß schon die unvorhergesehene Anschaffungen wie der Ersatz einer verlorenen Kinderbrille oder Kinderzahnspange den Finanzierungsplan durcheinanderbringen.

Die Eigenheimzulage bewirkt also nicht eine deutliche Verbesserung der Förderung der Schwellenhaushalte im Vergleich zum Sonderausgabenabzug.

Diese Erkenntnis bestätigen auch die minimalen Differenzen, die sich zwischen den beiden Förderformen bzw. der Förderbedarfsdeckung der beiden Förderformen ergeben. So beläuft sich die Differenz zwischen der Eigenheimzulage und dem Sonderausgabenabzug auf durchschnittlich circa 180 DM pro Monat, also lediglich einer geringen Verbesserung im Vergleich zum bisher gültigen Sonderausgabenabzug.

Tab. 2: Zusammenfassende Darstellung der Wirkungen der alternativen Förderformen

Haushaltstyp	Einkommen	Bestand	Neubau
2 Personen	51.500	SAA	EHZ
2 Personen	61.800	SAA	EHZ
2 Personen	72.100	SAA	EHZ
2 Personen	82.400	SAA	EHZ
2 Personen	92.700	SAA	EHZ
2 Personen	103.000	SAA	EHZ
2 Personen	113.300	SAA	EHZ
2 Personen	123.600	SAA	EHZ
3 Personen	51.500	EHZ	EHZ
3 Personen	61.800	SAA	EHZ
3 Personen	72.100	SAA	EHZ
3 Personen	82.400	SAA	EHZ
3 Personen	92.700	SAA	EHZ
3 Personen	103.000	SAA	EHZ
3 Personen	113.300	SAA	EHZ
3 Personen	123.600	SAA	SAA
4 Personen	51.500	EHZ	EHZ
4 Personen	61.800	EHZ	EHZ
4 Personen	72.100	EHZ	EHZ
4 Personen	82.400	EHZ	SAA
4 Personen	92.700	EHZ	SAA
4 Personen	103.000	EHZ	SAA
4 Personen	113.300	EHZ	SAA
4 Personen	123.600	SAA	SAA
5 Personen	51.500	EHZ	EHZ
5 Personen	61.800	EHZ	EHZ
5 Personen	72.100	EHZ	SAA
5 Personen	82.400	EHZ	SAA
5 Personen	92.700	EHZ	SAA
5 Personen	103.000	EHZ	SAA
5 Personen	113.300	EHZ	SAA
5 Personen	123.600	EHZ	SAA
6 Personen	51.500	EHZ	EHZ
6 Personen	61.800	EHZ	EHZ
6 Personen	72.100	EHZ	EHZ
6 Personen	82.400	EHZ	EHZ
6 Personen	92.700	EHZ	SAA
6 Personen	103.000	EHZ	SAA
6 Personen	113.300	EHZ	SAA
6 Personen	123.600	EHZ	SAA

Es kann also nicht von einer deutlichen Verbesserung der Erwerbssituation für Wohneigentum der Schwellenhaushalte im Vergleich zu dem bisherigen § 10e EStG gesprochen werden.

Bei dem *Erwerb von Bestand* gewährt der Sonderausgabenabzug nach § 10e EStG einem Zwei- und Drei-Personen-Haushalt eine höhere Förderung als die Eigenheimzulage. Diese höhere Förderung läßt sich mit einer höheren Grundförderung im Rahmen des Sonderausgabenabzugs erklären, der auch bei einem Drei-Personen-Haushalt größtenteils nicht durch die höhere Kinderzulage ausgeglichen werden kann.
Der Ausgleich der niedrigeren Grundförderung der Eigenheimzulage durch die höhere Kinderzulage im Rahmen der Eigenheimzulage erfolgt dann ab einer Anzahl von zwei Kindern, also beim Vier-, Fünf- und Sechs-Personen-Haushalt.
Die Eigenheimzulage bringt also im Vergleich zum bisherigen Sonderausgabenabzug Familien eine um so höhere Förderung je mehr Kinder der geförderte Haushalt hat.
In diesem Punkt entspricht die Eigenheimzulage also den Anforderungen der Reform der staatlichen Wohneigentumsförderung.

Bei dem *Erwerb von Neubau* gewährt die Eigenheimzulage dagegen den Zwei- und Drei-Personen-Haushalten schon meistens eine höhere Förderung als der Sonderausgabenabzug. Bei Vier-, Fünf- und Sechs-Personenhaushalten läßt sich die höhere Förderung nicht eindeutig bestimmen, es ist vielmehr abhängig von dem Haushaltseinkommen des untersuchten Haushalts bzw. der damit möglichen Wirkungen der Abzugsmöglichkeiten im Rahmen des Sonderausgabenabzugs. Die Abzugsmöglichkeiten bzw. eine höhere Grundkomponente des Sonderausgabenabzugs gleicht dann die niedrigere Kinderkomponente des Sonderausgabenabzugs aus. So ist ab einem Einkommen über 92.000 DM ist der Sonderausgabenabzug immer vorteilhafter als die Eigenheimzulage.

6.2 Konsistentes Gesamt(förder)system

Die einkommenssteuerliche Belastung des Steuerpflichtigen richtet sich im Rahmen des deutschen Steuerrechts nach dem Prinzip der Leistungsfähigkeit, wobei das Einkommen als Indikator für die wirtschaftliche Leistungsfähigkeit des einzelnen angesehen wird.[277] Steigende Einkommen repräsentieren eine bessere wirtschaftliche Lage der steuerpflichtigen Personen und damit eine wachsende steuerliche Leistungsfähigkeit.[278] Das Einkommen wird als „ability to pay" angesehen.[279]
Der progressive Einkommensteuertarif trägt der oben beschriebenen Grundausrichtung Rechnung, indem von einem wachsenden zu versteuernden Einkommen prozentual steigende Anteile abgeschöpft werden.
Es muß berücksichtigt werden, daß dieser progressive Steuertarif jedoch auch bewirkt, daß die Einkommenswirkung von Steuerfreibeträgen mit sinkenden Einkommen degressiv verläuft. Wegen der einkommens-, verteilungs- und sozialpolitischen Implikationen werden die tarifbedingt zunehmenden Entlastungswirkungen von Freibeträgen problematisiert.
Grundsätzlich sollte jedoch nicht an der steuerrechtlichen Verankerung von Freibeträgen Kritik geübt werden; kritisiert sollten vielmehr die in dem Einkommensteuerrecht implantierten Lenkungsnormen werden, sofern diese an der Bemessungsgrundlage für die Einkommensteuer, nämlich dem zu versteuernde Einkommen, anknüpfen. Derartige Lenkungsnormen - wie der früher geltende § 10e EStG - sollten aus dem Einkommen-steuerrecht entfernt werden.
Dieser Forderung entspricht die Reform der steuerlichen Wohneigentumsförderung in Form der Eigenheimzulage, indem sie die steuerliche Wohneigentumsförderung in einem eigenen Leistungsgesetz, dem Eigenheimzulagengesetz, verankert hat. Durch diese Verankerung ist die tatsächliche Förderung damit nicht mehr abhängig von dem zu versteuernden Einkommen, sondern es besteht vielmehr ein *Rechtsanspruch* auf die Eigenheimzulage bei Erfüllung der Voraussetzungen zu deren Gewährung.[280]

Weiterhin stellt die Eigenheimzulage eine *Steuervereinfachung* dar, da sie in einmalig festgesetzten Fixbeträgen gewährt wird und die Höhe der Förderung nicht wie bei dem bisherigen Sonderausgabenabzug nach § 10e EStG mit Einkommenschwankungen variiert.
Die Eigenheimzulage ist in diesem Zusammenhang positiv zu bewerten, weil sie durch eine klare Formulierung in einem eigenen Leistungsgesetz nicht nur ein Beitrag zur Steuervereinfachung dar-

277 vgl.: Hessler, H.-D. (1976), S. 33
278 vgl.: Brümmerhoff, D. (1992), S. 241
279 vgl.: Musgrave, R.A. (1969), S. 51
280 vgl.: Eekhoff, J., Töpfer, K. (1995), S. 8

stellt, sondern auch einen immer notwendiger gewordenen *Beitrag zur Abstimmung des Steuer- und Transferrechts* unter Berücksichtigung der Leistungsfähigkeit erbringt.

Weiterhin schafft die Eigenheimzulage mehr Steuergerechtigkeit. Da die Eigenheimzulage nicht mehr an dem zu versteuernden Einkommen ansetzt, sondern feste Förderbeträge gewährt, erfüllt sie die Vorgaben zur Erzielung einer *horizontalen* und *vertikalen Steuergerechtigkeit.*

Die *horizontale* Gleichbehandlung fordert, daß Steuerpflichtige in gleichen Positionen gleich behandelt werden. Diesem Grundsatz folgend muß also jeder, der selbstgenutztes Wohneigentum erworben hat, eine staatliche Förderung erhalten. Da die Eigenheimzulage an dem zu fördernden Objekt und nicht an dem zu versteuernden Einkommen wie der Sonderausgabenabzug nach § 10e EStG anknüpft, erhalten alle Anspruchsberechtigten - sofern sie nicht eine bestimmte Einkommenshöhe überschritten haben - die staatliche Förderung in Form der Eigenheimzulage und nicht nur diejenigen, die über eine gewisse Einkommenshöhe verfügen.

Die Forderung einer horizontalen Transfergerechtigkeit wird bei der Eigenheimzulage im Gegensatz zu dem vorangegangenen § 10e EStG erfüllt.

Auch der Vorwurf des Verstoßes gegen die *vertikale* Steuer- bzw. Transfergerechtigkeit, der bei den Fördertatbeständen in Form von Abzugsbeträgen von der Bemessungsgrundlage erhoben werden kann, entfällt bei der Eigenheimzulage.

Die Forderung nach der vertikalen Steuer- bzw. Transfergerechtigkeit besagt, daß Anspruchsberechtigte in unterschiedlichen Positionen unterschiedlich zu fördern sind.[281] Dieser Forderung wird durch die Einkommensgrenzen Rechnung getragen, denn die relative Förderintensität nimmt bei steigendem Aufwand ab.[282]

Somit entfällt bei der Eigenheimzulage auch der Vorwurf des Verstoßes gegen die vertikale Transfergerechtigkeit.[283]

---

281 vgl.: Stiglitz, J., Schönfelder, B. (1989), S. 417f.

282 vgl.: Kauermann, K. (1996), S. 14

283 Allerdings muß hier hinzugefügt werden, daß diese noch hätte erhöht werden können.

Das Eigenheimzulagengesetz bringt im Vergleich zu dem bisherigen Sonderausgabenabzug nach § 10e EStG auch einen Fortschritt hinsichtlich der *intertemporalen* Steuergerechtigkeit. Denn unterschiedliche Entlastungswertigkeiten beim Abzug des Förderbetrages von dem zu versteuernden Einkommen, die aufgrund der Änderungen des Einkommensteuertarifs – wie z.B. anläßlich der dreistufigen Steuerreform 1986/90 – bei den Geförderten intertemporal auftreten können, sind zukünftig ausgeschlossen,[284] da die Förderung nach dem Eigenheimzulagengesetz weiterhin unabhängig von Einkommensschwankungen ist.[285]

Die Eigenheimzulage kann deshalb ohne Einschränkungen in die individuelle Berechnung der finanziellen Tragbarkeit eines Wohneigentumserwerbs einbezogen werden. So wird auch der Anspruchsberechtigte, der einige Jahre nach Erwerb des Eigenheims arbeitslos wird oder bei dem der Partner als Einkommensgenerator ungeplant ausfällt, nicht noch durch einen Entzug oder eine Einschränkung der staatlichen Förderung belastet, wie dies bei der bisherigen Förderung nach § 10e EStG der Fall war. Die Eigenheimzulage gibt ein hohes Maß an *Sicherheit*,[286] an *Klarheit* und an *Berechenbarkeit*.[287]

Zusammenfassend läßt sich festhalten, daß die Eigenheimzulage einen Beitrag zur Steuervereinfachung, zur Abstimmung von Steuer- und Transferrecht und nicht zuletzt auch noch einen Gewinn an Steuertransparenz und damit Klarheit leistet.

6.2.1 Kritik an dem dualen System der Eigenheimzulage

Trotz der oben genannten gewonnenen Vorteile wird Kritik an dem Aufbau des Gesamtsystems geübt, auf die im folgenden eingegangen werden soll.

Die Eigenheimzulage besteht aus zwei Elementen, nämlich aus der Eigenheimzulage selbst und aus der progressionsabhängigen Abzugsmöglichkeit der Vorkosten (vgl. Kap. 4.3); die Eigenheimzulage stellt somit ein duales System dar. Die Meinungen über die Möglichkeit des Abzugs der Vorkosten sind in der Literatur geteilt.

Die Befürworter der Beibehaltung der Abzugsmöglichkeit der Vorkosten argumentieren wie folgt:

---

284 vgl.: Behring, K., Körner, J. (1995), S. 19
285 vgl.: Eekhoff, J., Töpfer, K. (1995), S. 9
286 vgl.: Berndt, H. (1996), S. 749
287 vgl.: Berndt, H. (1996), S. 749

Da die Eigenheimzulage keine nennenswerte Berücksichtigung wichtiger Vorkostenpositionen wie dem Disagio, den Zwischenfinanzierungskosten und den bis zum Bezug anfallenden Bauzeitzinsen vorsieht, tritt eine deutliche Verschlechterung der Finanzierungsbedingungen im Vergleich zu der bisherigen Regelung ein.[288]
Diese Einschränkung der Abzugsmöglichkeiten der Finanzierungsvorkosten wirkt sich insbesondere negativ auf den Erwerber von Neubau, der zu einem hohen Anteil fremdfinanziert ist, aus. Neubauerwerber können nun kein hohes Disagio steuerlich geltend machen, und auch die Bauzeitzinsen bleiben größtenteils steuerlich unberücksichtigt, da der mögliche Abzugsbetrag der Finanzierungskosten mit einer Vorkostenpauschale von 3.500 DM nicht hoch veranlagt wurde. Davon sind natürlich auch die Schwellenhaushalte betroffen; besonders diejenigen, die nicht über einen hohen Eigenkapitalanteil verfügen.[289]

Durch eine fehlende Berücksichtigung des Damnums, der Finanzierungskosten und der bis zum Bezug anfallenden Bauzinsen tritt eine deutliche Verschlechterung der Finanzierungsbedingungen ein.[290] Der liquiditätsschonende Aspekt durch die Abzugsfähigkeit des vollen Damnums entfällt. [291]

Dagegen argumentieren die Gegner der Beibehaltung der Abzugsmöglichkeit der Vorkosten nach § 10i EStG wie folgt:
Die Beibehaltung und Einkleidung der Möglichkeit des Vorkostenabzugs im Rahmen des neuen § 10i EStG läßt einen zweiten Ast der staatlichen Eigentumsförderung neben dem neuen Eigenheimzulagengesetz entstehen und ist damit - insbesondere unter Berücksichtigung der obigen Überlegungen zu der Steuergerechtigkeit - überflüssig. Die Einfügung des § 10i EStG in das Einkommensteuergesetz ist inkonsequent.[292] Schon im Rahmen der bisherigen Regelung des § 10e EStG stand der Vorkostenabzug von „Quasiwerbungskosten" als Sonderausgaben aus steuersystematischen Überlegungen in Hinblick auf die Konsumgutlösung im Widerspruch.[293]
Der Dualismus von Eigenheimzulage und progressionsabhängiger Abzugsmöglichkeit von den Vorkosten ist insbesondere nach der Herausnahme der Wohneigentumsförderung aus dem Einkommensteuergesetz durch nichts mehr gerechtfertigt und in sich widersprüchlich.[294] [295]

---

288 vgl.: Reinheimer, K.-H. (1996), S. 26
289 vgl.: Trompeter, F. (1996), S. 1787
290 vgl.: Reinheimer, K.-H. (1996), S. 26
291 vgl.: Mutter, K. (1996), S. 19
292 vgl.: Behring, K., Körner, J. (1995), S. 21
293 vgl.: DIW (1995), S. 680
294 vgl.: Behring, K./ Körner, J. (1995), S. 21
295 vgl.: Märkle, R.W., Franz, R. (1995), S. 452

Auch widerspricht der pauschalierte, aber progressionsunabhängige Abzug den Plänen der Verwaltungsvereinfachung vollkommen.[296]
So vertritt Eekhoff die Meinung, daß der Vorkostenabzug progressionsverschärfend wirkt. Der Steuerpflichtige wird angehalten, über Ausweichmöglichkeiten stärker nachzudenken. Hierbei ist insbesondere an eine Kombination der steuerlichen Regelungen zu Mietwohnungen und denen zu Wohneigentum zu denken. Es ist anzunehmen, daß zukünftig vermehrt erst Mietwohnungseigentum und dann später erst Wohneigentum aufgrund der steuerlichen Gestaltungsmöglichkeiten gehalten wird. Die Mietwohnungen werden mit Fremdkapital finanziert, vorhandenes Eigenkapital wird ertragssteuerfrei in selbstgenutztes Wohneigentum investiert und gehalten.[297]

Die Erfahrungen im Bereich des Mietwohnungsbaus – hier gibt es den Schuldzinsenabzug – zeigen, daß ein Schuldzinsenabzug starke Anreize gibt, sowohl möglichst wenig Eigenkapital einzusetzen als auch möglichst langsam zu tilgen. Durch diese beiden Tatbestände wird der echte Vermögensaufbau bei einer Immobilie möglichst gestreckt bzw. erfolgt dann entsprechend langsam.[298] Da die Förderung nach dem Eigenheimzulagengesetz jedoch die „gewinnbringende" Berücksichtigung der Finanzierungskosten durch den Abzug von der einkommensteuerrechtlichen Bemessungsgrundlage nicht zuläßt, ist der Erwerber daran interessiert, möglichst viel Eigenkapital einzusetzen und möglichst schnell zu tilgen. Der Wohneigentumserwerber ist also an einer schnellen Entschuldung und damit an einem schnellen Vermögensaufbau interessiert.
Der Verzicht auf den Schuldzinsenabzug nach § 10e EStG ist noch dadurch verstärkt worden, daß beim Vorkostenabzug letztendlich kein Nachweis von Finanzierungskosten mehr zugelassen wurde, sondern lediglich ein pauschaler Ansatz in Höhe von 3.500 DM stattfindet.[299]

Aus pragmatischer Sicht ist diese abschließende pauschale Regelung zu begrüßen, da somit die Höhe des Vorkostenabzugs unanfechtbar geworden ist gegen drohende Einschränkungen des althergebrachten Vorkostenabzugs durch die Finanzgerichte und Finanzverwaltungen.[300]
Weiterhin wird durch eine Begrenzung der Abzugsfähigkeit von Werbungskosten auch der künstlich herbeigeführte Verlust des Staates infolge verminderter Steuereinnahmen bedingt durch einen hohen möglichen Vorkostenabzug begrenzt.[301]

---

296 vgl.: Godl, S. (1996), S. 22
297 vgl.: Eekhoff, J. (1995), S. 11
298 vgl.: Hamm, H. (1996), S. 6
299 vgl.: Stephan, R. (1996), S. 301
300 vgl.: Hamm, H., 1996, S. 6
301 vgl.: Behring, K., Körner, J. (1995), S. 22

6.2.2 Förderung einer zweckgebundenen Kapitalbildung

Die Bausparförderung in der bisherigen Form war im Vergleich zu anderen Fördermaßnahmen wenig effektiv, was die Erreichung des wohnungspolitischen Ziels der Erhöhung der Wohneigentumsquote angeht. Dies ergab eine Evaluierung verschiedenster wohnungspolitischer Instrumente unter Verwendung eines Wohnungsnachfragemodells des ifo-Instituts.[302]
Das ifo-Institut machte zu den Förderwirkungen einer Bausparförderung an sich auf die Erhöhung der Wohneigentumsquote weitere Probeschätzungen, die ergaben, daß sich die Attraktivität des Bausparens für potentielle Wohneigentümer durch eine Erhöhung der Einkommensgrenzen für den Zugang der Prämie und durch ein gleichzeitiges Heraufsetzen des Sparerhöchstbetrags auch bei einem Wegfall des Sonderausgabenabzugs deutlich steigern lassen würde.[303]

Ob sich jedoch unter wohneigentumspolitischen Gesichtspunkten gerade bei Berücksichtigung diese Attraktivitätsaspektes nicht hohe Mitnahmeeffekte ergeben, müßte jedoch noch näher untersucht werden. In der aktuellen Literatur gibt es zu dieser Problematik jedoch keine weiterführenden Ergebnisse. Sollten diese Mitnahmeeffekte auftreten, so würde natürlich auch die neugeregelte Bausparförderung nicht an Effizienz gewinnen.[304]

Darüber hinaus ist die einseitige Verbesserung der Bausparförderung wohl so zu interpretieren, daß der Staat diese Form der Vermögensbildung bevorzugt haben will. Behring und Körner führen zwei Argumente für die Interpretation an: erstens seien bisher für alternative Sparformen keine entsprechenden Anhebungen von Einkommensobergrenzen oder Höchstsparbeiträgen vorgenommen oder vorgesehen worden; desweiteren können beim Bausparen auch noch Wohnungsbauprämie und Arbeitnehmersparzulage kumuliert werden, was die Priviligierung erhöht.[305]
Eine derartige Bevorzugung des Bausparens bedarf wegen der Ungleichbehandlung gleicher Tatbestände – auch wenn die Bausparprämie an den Eigentumserwerb gebunden ist – einer besonders guten Begründung, die sich sowohl an der politischen Zielsetzung als auch an der Effizienz des eingesetzten Instrumentes orientiert.[306]

---

302 vgl.: Behring, K., Goldrian, G. (1991), S. 41 ff.
303 vgl.: Behring, K., Goldrian, G. (1991), S. 39f.
304 vgl.: Behring, K., Körner, J. (1995), S. 25
305 vgl.: Behring, K., Körner, J. (1995), S. 25 f.
306 vgl.: Behring, K., Körner, J. (1995), S. 25 f.

Weiterhin läge es auch im Interesse des Wohneigentumserwerbers, wenn auch andere Sparformen neben dem Bausparen einbezogen werden würden und damit der Wettbewerb mit und um die Konditionen verstärkt werden würde.[307]
Es ist zu begrüßen, daß die Diskussion um die Wiedereinführung einer Kinderkomponente im Rahmen der Bausparförderung nicht zu der Einführung einer entsprechenden Regelung geführt hat. Da Bausparen als ein langfristiger und zielgerichteter Sparvorgang konzipiert ist, würde die Kinderkomponente zu spät erfolgen.[308] [309]

6.2.3 Mitnahmeeffekte bei der Eigenheimzulage

Bei der Gewährung von Subventionen liegen Mitnahmeeffekte immer dann vor, wenn der Empfänger der Subvention die Aktivität, die nach Absicht des Subventionsgebers erst durch das Erhalten der Subvention bewirkt werden sollte, teilweise oder in vollem Umfang auch ohne den Anreiz in Form der Subvention getätigt hätte. Die von dem Subventionsgeber gewünschte Initialwirkung bleibt in diesem Fall also aus, die Aktivität erfolgt nicht zusätzlich zu den Aktivitäten, die auch ohne Subvention stattgefunden hätten. Ein Mitnahmeeffekt ist immer mit einem finanziellen Entlastungseffekt, also einem Vermögenszugang, verbunden.[310]
Diese grundsätzlichen Überlegungen sollen nun auf die Eigenheimzulage übertragen werden und zwar in viererlei Hinsicht: es soll diskutiert werden, ob infolge des Umfangs, der nur einmaligen Einkommensüberprüfung, der nicht regional differenzierten Förderbeträge und schließlich infolge der Förderung der ökologischen Bauweise Mitnahmeefekte im Rahmen der Eigenheimzulage entstehen.
Die folgenden vier Abschnitte erörtern die Möglichkeit der Entstehung der genannten Mitnahmeeffekte im einzelnen.

307 vgl.: Eekhoff, J., Töpfer, K. (1995), S. 12
308 vgl.: Behring, K., Körner, J. (1995), S. 26
309 Für den Fall einer fehlenden ausreichenden Kapitaldecke macht Grossmann den Vorschlag, die Eigenheimzulage als Eigenkapitalersatzdarlehen zu verwenden. Die Kreditinstitute finanzieren in diesem Fall die staatliche Förderung in Form eines Eigenkapitalersatzdarlehens vor. Dazu errechnet das Kreditinstitut den zu erwartenden Gesamtförderbetrag und ermittelt den zu vergebenden Darlehensbetrag durch Abzinsung. Der Förderberechtigte tritt seinerseits seine Auszahlungsansprüche gegenüber dem Finanzamt an das Kreditinstitut ab. Vgl. dazu: Grossmann, D. (1996), S. 616
Es erscheint aber unrealistisch, daß sich die Banken auf diesen Vorschlag einlassen, da regelmäßiges Sparen auch als Indikator für Kreditwürdigkeit angesehen wird.
310 vgl.: Zimmermann, H., (1987), S. 339

6.2.3.1 Mitnahmeeffekte bedingt durch den Umfang der Eigenheimzulage

Zur Vermeidung von Mitnahmeeffekten bei der Gewährung einer Subvention in Form der Eigenheimzulage sollte ein Haushalt, der die Eigenheimzulage erhält, ohne diese nicht in der Lage gewesen sein, Wohneigentum zu erwerben. Der Haushalt sollte also erst nach dem Erhalt der Eigenheimzulage als „zusätzlicher" Wohneigentumserwerber auftreten.

Vor dem Hintergrund dieser Überlegungen zielt die Eigenheimzulage folgerichtig auf die besondere Förderung der *Schwellenhaushalte* ab, also auf diejenigen Haushalte, denen erst die Eigenheimzulage über die Schwelle zu Wohneigentum verhelfen soll. Bei einem Wohneigentumserwerb erfüllen die Schwellenhaushalte dann das Kriterium der Zusätzlichkeit, da sie zusätzlich zu den „unsubventionierten" Wohneigentumserwerbern als Erwerber auftreten. Die Eigenheimzulage würde also bei der Gruppe der Schwellenhaushalte die erwünschte Initialwirkung auslösen und bei einem auschließlichen Subventionieren der Schwellenhaushalte auch keine Mitnahmeeffekte auslösen.

Im Rahmen der Reform des bisherigen § 10e EStG wurden mit der Zielsetzung der primären Förderung der Schwellenhaushalte den obigen Überlegungen Rechnung getragen.

Welche Mitnahmeeffekte jedoch infolge der Ausgestaltung der Eigenheimzulage entstehen, kann auf Basis der Ergebnisse der Modellrechnung zu den Inanspruchnahmemöglichkeiten (vgl. Kap. 6.1) der Eigenheimzulage verdeutlicht werden.

Doch ergaben die Berechnungen zu den Inanspruchnahmemöglichkeiten der Eigenheimzulage differenziert nach den einzelnen Haushaltstypen, daß die absoluten Schwellenhaushalte trotz der Gewährung der Eigenheimzulage nicht in die Lage versetzt werden, Wohneigentum zu bilden. Somit kann die Gruppe der absoluten Schwellenhaushalte, die das Kriterium der Zusätzlichkeit erfüllen würde, trotz Förderung nicht Wohneigentum erwerben; die erwünschte Initialwirkung der Eigenheimzulage bleibt somit aus.

Dagegen treten bei der Einkommensgruppe, die über der Einkommensgruppe der Schwellenhaushalte liegt, also bei den „Besserverdienenden", Mitnahmeeffekte auf; denn diese Haushalte könnten sich auch ohne staatliche Unterstützung den Eigentumserwerb leisten. Der erwünschte Effekt der „Zusätzlichkeit" bleibt also bei dieser Gruppe aus.

Hieran wird deutlich, daß der Effekt der Zusätzlichkeit und der Mitnahmeeffekt sich umgekehrt proportional zueinander verhalten: bei jeder „*Mitnahme*" der Eigenheimzulage von Mitgliedern der Einkommensgruppe der „Besserverdienenden" wird *kein zusätzliches* Wohneigentum zu dem unter unsubventionierten Gegebenheiten geschaffen.

6.2.3.2 Mitnahmeeffekte infolge einer nur einmaligen Überprüfung der Einkunftsgrenze

Neben den gerade geschilderten Mitnahmeeffekten, die sich aus dem Umfang der Eigenheimzulage ergeben, entsteht ein weiterer Mitnahmeeffekt durch die nur einmalige Überprüfung der Einhaltung der Einkommensgrenzen.

Aufgrund von zwei Phänomenen können insbesondere Haushalte gefördert werden, die eigentlich nicht zur Zielgruppe der Geförderten gehören. Dies können zum einen Haushalte sein, die es schaffen, ihre Einkünfte in den zwei zu prüfenden Jahren unter die relevante Einkunftsgrenze zu drücken.[311]

Zum anderen ist ein rapider Anstieg des Einkommens und damit eine Überschreitung der Einkunftsgrenze innerhalb des Förderzeitraumes möglich. So ist es insbesondere bei Akademikern nicht selten, daß in den „Ansparphasen" zur Wohneigentumsbildung während der ersten Berufsjahre berufliche Zusatzausbildungen wie die zum Facharzt, Fachanwalt, Steuerberater, Wirtschaftsprüfer oder Nachwuchsprogramme etc. absolviert werden; nach Beendigung der Zusatzausbildung ist dann aber mit einem deutlichen Einkommensanstieg über die Einkunftsgrenze hinaus zu rechnen. Wird diese Zusatzausbildung erst nach dem zweijährigen Prüfungszeitraum der Eigenheimzulage abgeschlossen, kann trotzdem die Eigenheimzulage beansprucht werden, obwohl das Einkommen jetzt deutlich über der Einkommensgrenze liegen kann. Denn bei der Gewährung der Eigenheimzulage ist es unerheblich, ob in späteren Jahren die Einkunftsgrenzen überschritten werden. Die einmal bewilligte Eigenheimzulage wird auch bei Überschreiten der Grenze für den Restförderzeitraum gewährt.

Im Rahmen der Überprüfung der Einkommensgrenzen bei der Eigenheimzulage wird das private Vermögen der Haushalte - wie auch schon vorher bei der Regelung des § 10e EStG - nicht berücksichtigt. Die Prüfung konzentriert sich ausschließlich auf das Einkommen des Antragstellers; bereits vorhandenes Vermögen wie beispielsweise Immobilieneigentum bleibt vollkommen unberücksichtigt.[312] Aus dieser fehlenden Berücksichtigung der unterschiedlichen finanziellen Ausgangslagen entstehen weitere Ungleichgewichte. Es kommt zu Mitnahmeeffekten, die wiederum als Ineffizienzen des Systems gewertet werden müssen.

---

311 vgl.: Behring, K., Körner, J.(1995), S. 25

312 vgl.: Behring, K., Körner, J. (1995), S. 25

6.2.3.3 Mitnahmeeffekte infolge nicht regional differenzierter Förderbeträge

Als Ergebnis der empirischen Analyse der Siedlungsstruktur des Kapitels 3.4 ließ sich festhalten, daß ein deutlicher Einkommensunterschied zwischen den Eigentümerhaushalten in Ballungszentren und denen in ländlichen Gebieten existiert. So war das monatliche Haushaltsnettoeinkommen der Wohneigentümer in Ballungszentren ungefähr 1.500 DM bis 3.000 DM höher als das der Eigentümer in ländlichen Regionen.

Daraus wird oftmals in der Literatur die Forderung nach einer regional differenzierten Förderung in Hinblik auf eine Erhöhung der Wohneigentumsquote erhoben.[313]

Bei der Konzeption der Eigenheimzulage wurde jedoch zugunsten des Ziels der Systemvereinfachung keine Differenzierung der Förderungshöhe nach Regionen vorgenommen.

Die Fördermittel werden nach dem Gießkannenprinzip ohne Rücksicht auf Strukturunterschiede auf Ballungszentren und ländliche Regionen gleich verteilt,[314] obwohl auch gerade in ländlichen Regionen ein sehr moderater Preisspiegel für Boden und Bau vorliegt.[315] In Anbetracht der höheren Grundstücks-und Baukosten in Ballungszentren – in denen die Wohnungsknappheit sowieso am größten ist – wäre eine verbesserte Förderung gegenüber ländlichen Gebieten notwendig.[316]

Ohne eine derartige räumliche Differenzierung bzgl. der Höhe der Förderbeträge wird befürchtet, daß die Schwellenhaushalte in den Ballungszentren an Kaufkraft verlieren, während es gleichzeitig zu Mitnahmeeffekten in ländlichen Gebieten kommt.[317] Damit kommt es zu einer Bevorteilung der ländlichen Gebiete, wo die Löhne niedrig, die Grundstücke eher erschwinglich sind und die Baukosten durch die sogenannte Muskelhypothek, d.h. durch Eigenleistung an dem Bau, deutlich gesenkt werden können. Die Folgen hiervon sind Mitnahmeeffekte.[318]

So befürchtet Reinheimer, daß diese regionale Umverteilung der Wohneigentumsbildung mit einer stark rückläufigen Gesamterstellungszahl gekoppelt ist.[319] Nach Berechnungen von Siebertz verstärkte sich bereits im Jahr 1996 die Baurezession; so gingen die Baugenehmigungen 1996 um 15 v.H. zurück. Nur die Einfamilienhäuser, die überwiegend in ländlichen Regionen gebaut wurden, legten zu.[320]

313 vgl.: Siebertz, P. (1996), S. 745
314 vgl.: Mutter, K. (1996), S.19
315 vgl.: Schmitz, F. (1996), S.19
316 vgl.: Mutter, K. (1996), S. 19
317 vgl.: Siebertz, P. (1996), S. 744f.
318 vgl.: Verband Deutscher Hypothekenbanken (1995), S. 2
319 vgl.: Reinheimer, K.-H. (1996), S. 27
320 vgl.: Siebertz, P. (1996), S. 745

Dagegen hält Zehnder den erweckten Eindruck für falsch, daß in den Ballungszentren keine Eigenheime gebaut werden. Nach seinen Erhebungen entstehen fast 30 v.H. aller Ein- und Zweifamilienhäuser in den zehn größten Ballungsräumen Westdeutschlands. An dieser Relation hat sich auch nichts nach der Einführung der neuen Eigenheimförderung geändert.[321] Weiterhin vertritt Zehnder die Meinung, daß es blauäugig wäre anzunehmen, daß der enorme Aufschwung im Wohnungsneubau unbegrenzt nach oben hätte fortgeschrieben werden können. Der Rückgang hätte zwangsläufig kommen müssen.[322]

Bei der Diskussion um eine regional differenzierte Föderung muß jedoch berücksichtigt werden, daß die Löhne in Ballungszentren tendenziell höher sind als in ländlichen Gebieten.

6.2.3.4 Mitnahmeeffekte infolge der Förderung ökologischer Bauweise

Desweiteren kann auch die zusätzliche Subventionierung von ökologischer Bauweise innerhalb der Grundförderung Mitnahmeeffekte auslösen.

Grundsätzlich ist die von der Eigenheimzulage subventionierte ökologische Bauweise wie der Einbau von Wärmepumpen, Solaranlagen etc. sehr aufwendig. Untere Einkommensgruppen können sich den Einbau derartiger Anlagen aufgrund ihres geringen finanziellen Spielraums nach der Anschaffung von Wohneigentum nicht leisten. Obere Einkommensgruppen, die den Einbau derartige Anlagen erwägen, nehmen die Subventionierung mit. Somit ist wiederum die Möglichkeit zu einem weiteren Mitnahmeeffekt gegeben.[323]

Ein Mitnahmeeffekt im Sinne eines negativen Aspektes eines Lenkungseffektes kann in der Förderung nach dem Gießkannenprinzip gesehen werden.

Absolute Schwellenhaushalte können sich nach Ablauf des Begünstigungszeitraums langfristig kein Wohneigentum leisten, wie die Berechnungen in Kapitel 6.1 klar beweisen.

Es ist zu befürchten, daß absolute Schwellenhaushalte das Projekt „Wohneigentum“ angehen, ohne das finanzielle Risiko – insbesondere nach dem Ende des Förderzeitraumes – tragen zu können. Ist das Wohneigentum dann nicht mehr zu halten, tritt hier ein Mitnahmeeffekt im Sinne eines negativen Aspektes eines Lenkungseffektes ein.[324]

---

[321] vgl.: Zehnder, A. (1997), S. 74

[322] vgl.: Zehnder, A. (1997), S. 74

[323] vgl.: Behring, K., Körner, J. (1995), S. 22

[324] vgl.: Schmitz, F., 1996, S.18

Bei einer derartigen Fehleinschätzung gehen leider auch meistens ein Großteil der Ersparnisse, die in den Erwerb des Wohneigentums geflossen sind, verloren, da bei Notverkäufen meist ein niedriger Verkaufspreis erzielt wird.

6.2.4 Kumulationsverbot für Ehepaare

Vergleichbar mit dem bisherigen § 10e EStG ist es für Ehepaare nicht möglich, ihren Anspruch auf Förderung, der jedem Ehepartner individuell zusteht, auf ein Objekt zu kumulieren.
Die „vollständige" Ausschöpfung der Förderung ist erst durch eine spätere Anschaffung eines weiteren Objektes möglich. Da die meisten Familien aber nur einmal im Leben Wohneigentum bilden, geht dieser Zusatzanspruch häufig ins Leere.
Durch das Kumulationsverbot werden insbesondere Schwellenhaushalte mit mittleren Einkommen, die durch das Zusammenlegen des Anspruchs dann in der Lage wären, Wohneigentum zu bilden, benachteiligt.[325] Auch werden Ehepartner gegenüber nichtehelichen Lebensgemeinschaften grundsätzlich schlechter gestellt, denn letztere können die Förderung jeder für sich auf ihren jeweiligen Miteigentumsanteil voll in Anspruch nehmen. Sie erhalten also in den acht Förderjahren bis zu 80.000 DM, Ehepaare dagegen nur bis zu 40.000 DM.[326]
Bei einer Kumulation des Anspruchs könnte ein Ehepaar durch einfaches Aneinanderhängen der Förderzeiträume 16 Jahre lang die Eigenheimzulage erhalten; dies entspricht schon weit mehr als der Hälfte der Laufzeit einer durchschnittlichen Finanzierung und stellt somit eine echte Unterstützung dar.[327] Dies dürfte auch nicht dem Ziel der Haushaltsneutralität entgegenstehen, wenn sich der Gesetzgeber nicht der Kritik aussetzen will, er hätte bereits im Vorfeld die Haushaltsmittel für die gesetzlich vorgesehene Förderung des zweiten Objekts bereits eingespart.
Das Kumulationsverbot paßt nicht zu den wohnungs- und gesellschaftspolitischen Zielen, mit denen die Eigenheimzulage begründet wird. Wenn die Bildung von „Wohneigentum für breite Schichten" nicht als Leerformel begriffen werden soll, müßte diese Sperre aufgehoben werden und die Kosten infolge der Mehrnachfrage in Kauf genommen werden.[328]

---

325 vgl.: Bundesverband deutscher Banken (1995), S. 1
326 vgl.: Mutter, K. (1996), S. 232
327 vgl.: Mutter, K. (1996), S. 234
328 In diesem Sinn: DIW (1995), S. 681

6.2.5 Der Fallbeileffekt

Bei der Eigenheimzulage tritt ein sogenannter Fallbeileffekt ein. Das bedeutet, daß derjenige, der noch gerade 120.000 DM bzw. beim Splitting 240.000 DM verdient, die Eigenheimzulage erhält; doch bei nur einer Mark mehr verliert er den Anspruch auf die Eigenheimzulage. Dieser Effekt wird jedoch abgeschwächt durch die nur einmalige Prüfung von zwei Jahresgehältern, die im Rahmen der steuerlichen Möglichkeiten dann im erforderlichen Maße gesenkt werden können.

Trotzdem wäre es besser, die Förderung in den oberen Einkommensgruppen degressiv auslaufen zu lassen. Dies würde zwar dem Plan der Verwaltungsvereinfachung zuwider laufen, es ergäbe sich aber eine Umverteilung zugunsten der unteren Einkommen. Auch die Schaffung einer realistischen Bemessungsgrundlage, die den Vermögenshintergrund, die finanzielle Belastbarkeit und die tatsächlichen Herstellungs- bzw. Anschaffungskosten einbezieht, wäre sinnvoller und gerechter.[329]

6.2.6 Die Budgetneutralität

Bei der Beurteilung der Budgetneutralität einer steuerlichen Förderung wie die der Eigenheimzulage gehen die konzeptionierenden Ministerien davon aus, daß die Nachfrageverhältnisse unverändert bleiben. So verfuhren auch das Bundesministerium für Bau und das Bundesministerium für Finanzen bei dem Entwurf der Eigenheimzulage. Dementsprechend wurde geprüft, ob die durch die Eigenheimzulage geänderten Förderbeträge dann über acht Jahre zu einer ähnlichen Gesamtfördersumme wie der Sonderausgabenabzug nach § 10e EStG führte. Die Gesamtfördersumme des Sonderausgabenabzugs nach § 10e EStG ist die Summe der Steuerausfälle, die durch die möglichen Abzugsbeträge von der steuerlichen Bemessungsgrundlage und von der Steuerschuld entstanden sind. Laut Berechnungen des Deutschen Instituts für Wirtschaftsforschung belaufen sich die Steuerausfälle, die durch den Sonderausgabenabzug nach § 10e EStG entstanden sind, auf ca. 17,3 Mrd. DM.

Nach den Berechnungen des Bundesministeriums für Bau und des Bundesministeriums für Finanzen bleibt dieser Förderumfang von 17,3 Mrd. DM auch im Rahmen der Eigenheimzulage ungefähr bestehen, hier natürlich jedoch in Form von ausbezahlten Förderbeträgen. Es verändert sich lediglich die Zusammensetzung: so sinkt nach den Berechnungen der Ministerien die Grundförderung von 12,6 Mrd. auf 11,0 Mrd., die Kinderkomponente steigt von 3,2 Mrd. auf 5,0 Mrd. und der Vorkostenabzug sinkt wiederum von 1,5 Mrd. auf 1,2 Mrd. ab.[330]

---

329 vgl.: Godl, S. (1995), S. 22
330 vgl.: DIW (1995), S. 680

Laut Berechnungen des Deutschen Instituts für Wirtschaftsforschung beträgt jedoch der Förderaufwand, der durch die Eigenheimzulage entsteht, 18 Mrd. DM, also knapp eine Milliarde über dem von den Bundesministerien berechneten Förderaufwand. Bei dieser Modellrechnung ging das Deutsche Institut für Wirtschaftsforschung von einer Grundförderung in Höhe von 5.000 DM bei Neubauten und 2.200 DM bei Altbauten aus; der zugrundgelegte Fördergrundbetrag bei Altbauten ist also 300 DM niedriger als der tatsächlich in der Eigenheimzulage gewährte.[331]

Da das Deutsche Institut für Wirtschaftsforschung bei seiner Berechnung von einem Bestandserwerb in Höhe von 225.000 Erwerben ausging, ist der errechnete Förderaufwand um 67.500.000 DM zu niedrig und muß dahingehend korrigiert werden.

Weiterhin ist an dieser Modellrechnung des Deutschen Instituts für Wirtschaftsforschung zu bemängeln, daß es – wie das Bundesministerium für Bau und das Bundesministerium für Finanzen – von unveränderten Nachfrageverhältnissen ausging.

Der Nachweis der Budgetneutralität beruht also auf der Annahme einer relativ gleichbleibenden Zahl von Eigentumserwerbern pro Jahr. Wenn jedoch, wie es auch beabsichtigt ist, mit der Ausrichtung auf die Potentiale der Schwellenhaushalte eine höhere Effizienz erreicht wird, werden sich die Förderbeträge, die der Staat aufbringen muß, erhöhen.[332]

Es bleibt dann nur zu hoffen, daß das Eigenheimzulagengesetz nicht zu einer haushaltspolitischen Anpassung der Kosten der Wohneigentumsförderung reizt.

6.2.7 Förderung des Erwerbs von Genossenschaftsanteilen

Die Regelung zur Begünstigung des Erwerbs von Anteilen an Wohnungsbaugenossenschaften wurde aus zwei Gründen in das Eigenheimzulagengesetz miteinbezogen: einerseits sollten insbesondere Familien mit geringem Einkommen eine Alternative zum Erwerb von Wohneigentum erhalten; andererseits sollten auch die Voraussetzungen für einen späteren Kauf von Wohneigentum für diese Familien verbessert werden.[333]

Da die Eigentumsbildung im Sozialen Wohnungsbau infolge der Förderung des Erwerbs von Genossenschaftsanteilen auch gefördert wird, profitieren nicht nur die relativen Schwellenhaushalte, sondern auch die absoluten Schwellenhaushalte.[334]

---

331 vgl.: DIW (1995), S. 677-680
332 vgl.: Behring, K., Körner, J. (1995), S. 25
333 vgl.: Stephan, R. (1996), S. 300
334 vgl.: Dorn, V., Kelle, M. (1995), S. 778

Eine Unterstützung dieser Haushalte sieht die Eigenheimzulage in Form von Genossenschaftsanteilen vor. So kann der Anspruchsberechtigte die Eigenheimzulage einmal für den Erwerb der Mitgliedschaft in einer Wohnungsgenossenschaft in Anspruch nehmen (vgl. Kap. 4.2.11). Damit wird - im Gegensatz zu der früheren Regelung - der Erwerb von Geschäftsanteilen an Wohnungsgenossenschaften steuerlich gefördert. Im Bereich des genossenschaftlichen Wohnens sollen Anreize geschaffen werden, Wohneigentum zu bilden oder zu erwerben. Außerdem wird durch diese Mobilisierung zusätzlichen privaten Kapitals die Eigenkapitalausstattung der Genossenschaften so verbessert, daß ein verstärktes Engagement im Wohnungsneubau zu erwarten ist. Weiterhin stellen genossenschaftliche Lösungen für Schwellenhaushalte mit niedrigem und mittlerem Einkommen oft die einzige Möglichkeit dar, Wohneigentum zu bilden. Dies gilt insbesondere für den Neubau durch Wohnungsgenossenschaften, der Geschäftsanteile in einer Höhe bis zu 80.000 DM pro Genossenschaftsmitglied fordern kann. Die steuerliche Förderung der Geschäftsanteile an Wohnungsgenossenschaften erleichtert die Finanzierung derartig hoher Anteilsleistungen deutlich.[335]

Die steuerliche Förderung des Erwerbs von Geschäftsanteilen von Wohnungsgenossenschaften ist jedoch im Vergleich zu der Gesamtgestaltung der Eigenheimzulage systemfremd: diese ist auf eine Hilfe bei der Finanzierung eines Wohneigentums ausgerichtet, das bereits von dem Anspruchsberechtigten gebildet wurde; die Wohnungen, Ausbauten und Erweiterungen befinden sich bereits in dem zivilrechtlichen als auch wirtschaftlichen Eigentum des Geförderten. Die Unterstützung von Mitgliedschaften in Genossenschaften begünstigt Mieter von genossenschaftlichen Wohnungen, denen unter bestimmten Voraussetzungen das Recht auf Eigentumserwerb zusteht. Jedoch wird die Anforderungsschwelle zum Erwerb von Wohneigentum nicht gesenkt.

Weiterhin ist die Nutzung einer Wohnung der Genossenschaft für die Inanspruchnahme der Eigenheimzulage nicht erforderlich.

---

335 vgl.: Wacker, R. (1997), S. 260 f.

7. Empirische Wirkungsanalyse der Eigenheimzulage unter Verwendung der SOEP-Daten

7.1 Vorbemerkungen

In Kapitel 3 wurden Analysen zu den empirischen Bestimmungsgründen der Wohneigentumsbildung auf Basis der SOEP-Daten angestellt. Anhand dieser Analysen wurden die Eigenschaften der Eigentümerhaushalte herausgearbeitet. Dabei wurde die Altersstruktur, die Einkommenstruktur, die Einkommensabhängigkeit der Wohneigentumsbildung und schließlich die Haushaltsstruktur mittels der Daten des SOEP empirisch untersucht. Auf Grundlage dieser empirischen Untersuchungen konnten nicht nur Fehlentwicklungen in der Wohneigentumsbildung herausgearbeitet werden, sondern es konnten auch mit Hilfe eines indirekten Schlusses die Schwellenhaushalte näher eingegrenzt werden (vgl. Kap. 5.1).
In Kapitel 6 wurde der Einfluß der Eigenheimzulage auf die Fähigkeit der Haushalte zum Wohneigentumserwerb im Rahmen von Berechnungen zu den Inanspruchnahmemöglichkeiten ermittelt. Ergebnis dieser Analyse war, daß die Schwellenhaushalte trotz Reform der Wohneigentumsförderung aus eigener Kraft langfristig nicht Wohneigentum bilden können.

Anhand eines Vergleichs der Jahre 1994 und 1996 soll nun empirisch untersucht werden, ob sich durch die Reform der Wohneigentumsförderung Veränderungen innerhalb der Gruppe der Wohneigentümer bezüglich der Altersstruktur, der Einkommenstruktur und der Haushaltsstruktur ergeben haben. Als Referenzjahr für den Sonderausgabenabzug nach § 10e EStG wird das Jahr 1994 gewählt, da im Jahr 1995 ein Wahlrecht zwischen den beiden alternativen Förderformen eingeräumt wurde und deshalb eine Vergleichbarkeit der Ergebnisse nicht gewährleistet wäre.

Dabei muß beachtet werden, daß sich die verwendeten Daten auf das erste Jahr der Gültigkeit der Eigenheimzulage beziehen, also auf die Anlaufphase. So lassen sich kaum Tendenzen herausarbeiten.

Analog zu dem Aufbau des Kapitels 3 sollen nun die einzelnen Bestimmungsgründe der Wohneigentumsbildung nacheinander betrachtet werden. Dabei handelt es sich wieder um die Altersstruktureffekte, die Einkommenstruktureffekte und die Haushaltsstruktureffekte. Auch im Rahmen der ausschließlichen Analyse der Eigenheimzulage können wiederum keine empirischen Analysen zu der Siedlungsstruktur, zu den unterschiedlichen Situationen in den alten und neuen Bundesländern und zu der Vermögensstruktur der „Neueigentümer“ vorgenommen werden, da die hierfür relevanten Daten im Rahmen des SOEP nicht vorliegen und keine vergleichbaren Untersuchungen in der aktuellen Literatur existieren.

7.2 Altersstruktureffekte

Das Ergebnis der Analyse der Bestimmungsgründe des Eigentumerwerbs in Kapitel 3.1 beinhaltete, daß sich die strukturell schwache Eigentumsquote der jüngeren Haushalte in Deutschland zu verfestigen scheint. Die bisher ergriffenen staatlichen Maßnahmen haben somit nicht gereicht, um eine erhöhte Wohneigentumsbildung der 30- bis 40jährigen, die sich in der Kernphase der Wohneigentumsbildung befinden, bewirken zu können.
Die folgende Tabelle zeigt die Anzahl der geförderten „Neueigentümer“ in den Jahren 1994 und 1996 in Abhängigkeit von ihrem Alter:

Tab. 3: Wirkungen der Eigenheimzulage auf die Altersstruktur der Eigentümer

Altersgruppe	1994	1996
30-34jährig	5,8%	6,0%
35-39jährig	8,2%	7,4%
40-44jährig	15,3%	27,8%
45-49jährig	24,9%	22,2%
50-54jährig	26,2%	25,0%
55-59jährig	10,6%	7,6%
60jährig u. älter	9,0%	4,0%

Quelle: eigene Berechnungen anhand von SOEP

Beim Vergleich der geförderten Haushalte in Abhängigkeit von dem Alter ihrer Haushaltsvorstände stellt man fest, daß auch die Eigenheimzulage keine Verschiebung der Wohneigentumsbildung hin zu den jüngeren Haushalten bewirkt hat. Der Sonderausgabenabzug nach § 10e EStG wurde zu 14 v.H. bei 30- bis 39jährigen Haushaltsvorständen und dementsprechend zu 77 v.H. bei 40- bis 59jährigen Haushaltsvorständen in Anspruch genommen. Die Eigenheimzulage wurde zu knapp 82 v.H. von Haushalten beansprucht, deren Haushaltsvorstände zwischen 40 und 59 Jahre alt waren, nur zu gut 13 v.H. bei 30- bis 39jährigen Haushaltsvorständen. Somit ist sogar ein - wenn auch mit 0,6 v.H. geringer - prozentualer Rückgang der Anzahl der 30- bis 39jährigen geförderten „Neueigentümer" zu verzeichnen.

Da die älteren Haushaltsvorstände schon länger als die jüngeren Haushaltsvorstände erwerbstätig sind, ist davon auszugehen, daß bei den älteren Eigentumserwerbern eine höhere Eigenkapitalquote vorlag; infolgedessen reduziert sich auch die monatliche Belastung mit Finanzierungskosten.

Weiterhin wächst die Wahrscheinlichkeit von Geburtsjahrgang zu Geburtsjahrgang, durch eine Erbschaft das notwendige (Eigen-)Kapital zu erhalten.

Somit wirkt die Eigenheimzulage der sich verfestigenden strukturell schwachen Eigentumsquote bei jüngeren Haushalten, die in Kapitel 3.1 ermittelt wurde, nicht entgegen.

Dies ist insbesondere deshalb negativ zu bewerten, weil die Baby-Boom-Generation nun das Alter des Eigentumserwerbs erreicht hat und die Anzahl der altersbedingt potentiellen Wohneigentümer also steigt.

7.3 Einkommenstruktureffekte

Die folgende Tabelle bildet die Anzahl der geförderten "Neueigentümer" der Jahre 1994 und 1996 in Abhängigkeit von dem Haushaltsnettoeinkommen ab.

Tab. 4 : Wirkungen der Eigenheimzulage auf die Einkommenstruktur der Eigentümer

Einkommensbereich	1994	1996
1.000-1.999 DM	-	-
2.000-2.999 DM	-	-
3.000-3.999 DM	7,7%	5,6%
4.000-4.999 DM	15,4%	10,3%
5.000-5.999 DM	23,1%	16,7%
6.000-6.999 DM	26,6%	22,2%
7.000-7.999 DM	15,0%	27,8%
8.000-8.999 DM	6,6%	9,8%
9.000- max. DM	5,6%	7,6%

Quelle: eigene Berechnungen anhand von SOEP

Die Tabelle zeigt, daß die Eigenheimzulage nur teilweise von der definierten Zielgruppe der Schwellenhaushalte genutzt wird: die absoluten Schwellenhaushalte, deren monatliches Haushaltseinkommen zwischen 3.000 und 4.000 DM liegt, nutzten die Eigenheimzulage nur zu gut 5 v.H. Dagegen wurde die Eigenheimzulage von knapp 27 v.H. der relativen Schwellenhaushalte genutzt; bei diesen liegt das monatliche Haushaltseinkommen zwischen 4.000 und 6.000 DM. Die Gruppe der relativen Schwellenhaushalte ist aber laut Definition nach einem längeren Ansparprozeß in der Lage, aus eigener Kraft Wohneigentum zu erwerben.

Auch hier bestätigt die empirische Wirkungsanalyse der Eigenheimzulage die Richtigkeit der in Kapitel 6 durchgeführten Berechnungen hinsichtlich der Fähigkeit der Haushalte zum Erwerb von Wohneigentum (Berechnungen zu den Inanspruchnahmemöglichkeiten der Kap. 6.1.1 bis 6.1.6).

So sind die absoluten Schwellenhaushalte trotz Bezug der Eigenheimzulage nicht in der Lage, sich Wohneigentum sowohl kurzfristig als auch langfristig leisten zu können. Der Präferenz dieser Haushalte, Eigentum zu bilden, kann also trotz staatlicher Förderung nicht nachgekommen werden. Doch war es ja gerade ein erklärtes Ziel der Reform der staatlichen Wohneigentumsförderung, insbesondere den Schwellenhaushalten - und dabei vor allem den absoluten Schwellenhaushalten - zu Wohneigentum zu verhelfen.

7.4 Haushaltsstruktureffekte

In puncto Haushaltsstruktur ergaben die Ergebnisse der Analyse der empirischen Bestimmungsgründe der Wohneigentumsbildung unter anderem, daß Doppelverdiener ohne Kinder einen Haushaltstyp der Zukunft darstellen, der bei einer gleichbleibend hohen Wohneigentumsquote teilweise die Familien als Nachfrager ersetzen könne (vgl. Kap. 3.3).

Tab. 5: Wirkungen der Eigenheimzulage auf die Haushaltsstruktur der Eigentümer

Haushaltstyp	1994	1996
Ehepaar ohne Kinder	53,9%	51,1%
Ehepaar mit 1 Kind	23,1%	22,2%
Ehepaar mit 2 Kindern	15,3%	15,6%
Ehepaar mit 3 u. mehr Kindern	7,7%	11,1%

Quelle: eigene Berechnungen anhand von SOEP

Die Tabelle zeigt die Anzahl der geförderten "Neueigentümer" in Abhängigkeit von ihrem Haushaltstyp in den Jahren 1994 und 1996.

Bei der Förderung in Form des Sonderausgabenabzugs 1994 waren über die Hälfte der geförderten Haushalte - knapp 54 v.H. - der Haushaltstyp "Ehepaar ohne Kinder". Mit ansteigender Kinderzahl sank die Anzahl der geförderten Haushalte kontinuierlich von knapp 23 v.H. auf fast 8 v.H. Dabei ist jedoch zu berücksichtigen, daß die Anzahl an kinderreichen Familien relativ zu den anderen Haushaltsgrößen gering ist.

Auch bei der Förderung mittels Eigenheimzulage 1996 war der Haushaltstyp "Ehepaar ohne Kinder" der am häufigsten geförderte Haushaltstyp. Die Anzahl der geförderten Haushalte sank - vergleichbar mit dem Verlauf beim Sonderausgabenabzug - mit steigender Kinderzahl. Wie schon in Kapitel 3 ausgeführt ist dieser Verlauf mit einem sinkenden Haushaltsnettoeinkommen pro Kopf bei wachsender Familiengröße zu erklären.

8. Ausblick

Bei der Beurteilung der steuerlichen Wohneigentumsförderung in Form der Eigenheimzulage wurden ausschließlich wohnungspolitische Ziele als Beurteilungskriterien herangezogen. Dabei stand das Ziel der Erhöhung der Wohneigentumsquote bei den Schwellenhaushalten im Vordergrund, weil das Gesetz insbesondere eine Wohneigentumsbildung bei den Schwellenhaushalten hervorrufen wollte. Diese Vorgehensweise wird dadurch begründet, daß eine Förderung der Schwellenhaushalte dann mit minimalen Förderaufwand eine große Initialwirkung auf die Wohneigentumsbildung auslöst, da die Schwellenhaushalte ja bereits an der Schwelle zu Wohneigentum stehen.
Desweiteren läßt sich anhand dieses abgegrenzten Ziels mangelnde oder steigende Effizienz klarer bestimmen als bei der Betrachtung eines komplexen Zielbündels.

Die vorgenommene Umstellung der steuerlichen Wohneigentumsförderung auf eine steuerunabhängige Zulage war grundsätzlich ein richtiger Schritt zur Erzielung einer höheren Effektivität und einer höheren Effizienz der Eigentumsförderung (vgl. Kap. 5). Denn schon 1991 wies das ifo-Institut anhand von Simulationen mit einem ifo-Wohnungsnachfragemodell die höhere Effizienz eines Zulagenbetrages gegenüber der geltenden Förderung nach.[336] Daneben ist jedoch auch die konkrete Ausgestaltung der Wohneigentumsförderung, was die Förderbedingungen im einzelnen betrifft, entscheidend für den Erfolg eines Zulagenmodells wie der Eigenheimzulage.

Somit ist grundsätzlich die Umstellung der Wohneigentumsförderung vom Sonderausgabenabzug zu der Eigenheimzulage positiv zu bewerten. Da durch die Ausgestaltung die Förderung über den gesamten Berechtigungszeitraum klar kalkulierbar wird, ein Rechtsanspruch auf sie besteht und sich beispielsweise Einkommenseinbußen infolge von Arbeitslosigkeit nicht auf die Förderhöhe auswirken, könnte die Eigenheimzulage zu einer Erhöhung der Eigentumsquote beitragen.

Allerdings lassen die in dieser Arbeit durchgeführten Berechnungen zu den Inanspruchnahmemöglichkeiten der Eigenheimzulage für Schwellenhaushalte daran zweifeln, ob der gleichmäßige Fördergrundbetrag in der derzeitigen Höhe ausreicht, um den anvisierten Schwellenhaushalten über die Schwelle zum Eigentum zu verhelfen. Die Berechnungen zu den Inanspruchnahmemöglichkeiten ergaben, daß der geltende Förderbetrag zum Eigentumserwerb immer noch nicht ausreicht. So kann

---

336 vgl: Behring, K., Goldrian, G. (1991),S. 41 ff.

man davon ausgehen, daß auch die Einführung der Eigenheimzulage nichts an der Gruppe der Haushalte, die letzendlich Eigentum bilden, ändert. Die Gruppe der unteren Einkommen und damit die anvisierten Schwellenhaushalte sind weiterhin aufgrund ihres niedrigen laufenden Einkommens trotz staatlicher Förderung nicht in der Lage, langfristig, d.h. auch noch nach Beendigung der Förderung nach acht Jahren, Wohneigentum sich leisten zu können.

Eine stufenweise Senkung des Förderbetrags bei steigendem Einkommen könnte den Vorwurf der Mitnahmeeffekte der oberen Einkommensgruppen zwar entschärfen, doch würde sich der Verwaltungsaufwand durch eine dann jährlich notwendige Einkommensüberprüfung deutlich erhöhen.
Als effizientere Alternative schlägt das ifo-Institut vor, die Einkunftsgrenzen auf 100.000 DM bei Ledigen bzw. 200.000 DM bei Verheirateten[337] zu senken und dafür den Förderbetrag, also die jährlichen Zuschüsse, aufzustocken.[338] Inwieweit nach der Absenkung der Einkunftsgrenzen Haushalte mit einem dann über den neuen Einkunftsgrenzen liegenden Einkommen ihren Plan zum Wohneigentumserwerb seltener verwirklichen, bleibt unbeantwortbar. Doch ist es bei einem 79 v.H. Eigentumswunsch der deutschen Bevölkerung zu bezweifeln, daß die oberen Einkommensgruppen auf für sie „bessere Regelungen“ warten und den Erwerb verschieben.

Um eine Erhöhung der Wohneigentumsquote zu erzielen, ist es also angebracht, nicht alle Haushalte nach dem Gießkannenprinzip mit einem gleich hohen Förderbetrag zu fördern, sondern die verfügbaren Mittel auf die Schwellenhaushalte stärker zu konzentrieren.

Auch die Differenzierung der Förderung in Abhängigkeit von dem Erwerb von Bestand oder Neubau, läßt sich nur mit der Absicht erklären, ein weiteres wohnungspolitisches Ziel, nämlich eine Erhöhung des absoluten Wohnungsangebots, auch im Rahmen der neuen Gesetzgebung anzustreben.
Die höhere Förderung des Neubauerwerbs ist jedoch hinsichtlich einer Erhöhung der Wohneigentumsquote als kontraproduktiv zu bewerten, da der Erwerb von Neubau durchschnittlich 30 v.H. teurer ist als ein Bestandserwerb und die Schwellenhaushalte sich diesen teureren Neubauerwerb nicht leisten können.
Auch die Aufhebung des existierenden Kumulationsverbots und das Zulassen einer Kumulation der beiden Einzelförderungen für den jeweiligen Ehepartner (bzw. den jeweiligen Lebenspartner) auf ein Objekt wäre eine positiver Schritt in die Richtung einer erhöhten Wohneigentumsbildung. Diese

337 Die derzeitigen Einkunftsgrenzen liegen bei 120.000 DM bzw. 240.000 DM.
338 vgl.: Behring, K., Körner, J. (1995), S.21

Änderung wäre angebracht, da sich auch die Notwendigkeit einer zweiten Förderung bei dem Erwerb eines selbstgenutzten Folgeobjekts erübrigt, da man durch das Erstobjekt und dessen Verkauf schon Vermögen angesammelt hat. Um eine mehrmalige Förderung auszuschließen, muß per Gesetz die Förderung des Folgeobjekts ausgeschlossen werden.[339]

Der Förderbetrag sollte jedoch nicht nur nach dem Einkommen, sondern auch nach den Siedlungsstrukturen differenziert werden, weil sich dadurch ebenfalls die Effizienz der Eigenheimzulage steigern lassen könnte. Da die Erwerbskosten in Ballungszentren höher sind als in ländlichen Gebieten, können Haushalte mit einem gleich hohen Einkommen eher in ländlichen Gebieten Eigentum bilden. Dieser Unterschied in den Bau- und Erwerbskosten sollte auch in der Ausgestaltung der Eigenheimzulage berücksichtigt werden, denn für Haushalte in Ballungszentren ist es ohne eine entsprechend höhere Förderung oft nicht möglich, ein ihren Bedürfnissen angemessenes Wohneigentum zu finanzieren.
Hingegen ist die Wohneigentumsquote in ländlichen Regionen ohnehin sehr hoch, da die Erwerbskosten wesentlich niedriger sind; allerdings auch die Einkommen, was aber über die Einkunftsgrenzen berücksichtigt wird.
Dagegen reicht in Ballungszentren bei vielen Haushalten der Förderbetrag in Anbetracht der aufzubringenden Finanzierungsmittel nicht aus, um Wohneigentum bilden zu können. Deshalb bietet sich gerade in Ballungszentren infolge der geringen Selbstnutzerquote ein hohes Potential zur Erhöhung der Wohneigentumsquote.
Eine regionale Differenzierung könnte zu einem bestimmten Stichtag festgelegt werden, damit sich die potentiellen Wohneigentümer darauf einstellen können. Da sich regionale Unterschiede nur sehr langsam verändern, müßte der Grad der regionalen Differenzierung nur in größeren zeitlichen Abständen überprüft werden; es entstünde somit nur ein geringer zusätzlicher Verwaltungsaufwand.[340]

Weiterhin könnte die Effizienz der Eigenheimzulage auch durch die Beseitigung von sozialen Ungleichgewichten gesteigert werden. Beispielhaft sollen folgende drei Sachverhalte dargestellt werden:
Im Rahmen des Eigenheimzulagengesetzes erhält ein alleinerziehender Elternteil mit mehreren Kindern und Gesamteinkünften von mehr als 120.000 DM nicht die Eigenheimzulage und somit auch nicht die Kinderzulage, obwohl seinem Haushalt ein wesentlich niedrigeres Einkommen pro Kopf zusteht als einem Alleinstehenden ohne Kinder bei gleichem Einkommen oder einem kinderlosen Ehepaar mit dem doppelten Einkommen. Diese extreme Ungleichbehandlung der Eigenheimzulage ist

339 vgl.: Behring, K., Körner, J. (1995), S. 24
340 vgl.: Behring, K., Körner, J. (1995), S. 24

effizienzstörend. Allerdings ist diese Ungleichbehandlung nicht nur eine Spezialität des neuen Eigenheimzulagengesetzes, sondern vielmehr des Steuerrechts insgesamt, das zwar auf ein volles Ehegattensplitting abstellt, aber keinerlei Splitting bei Kindern zuläßt.[341] Gerade im Rahmen der Wohneigentumspolitik ist eine derartige Ungleichbehandlung von besonderer Relevanz, da dort immer wieder eine adäquate Wohnraumversorgung von Kindern gefordert wird.

Wie auch schon in der bisherigen Regelung nach § 10e EStG wird auch im Eigenheimzulagengesetz nicht das Vermögen der privaten Haushalte berücksichtigt. Die Konzentration der Prüfung auf die Einkommenshöhe vernachlässigt das Vermögen - somit auch das Immobilienvermögen - der privaten Hauhalte. Hieraus entstehen weitere Ungleichgewichte und damit Ineffizienzen als Folge von Mitnahmeeffekten.

Die einmalige Einkommensüberprüfung bietet auch die Grundlage für weitere Mitnahmeeffekten, da eine Einkommensabsenkung für ein bis zwei Jahre insbesondere für Ehepaare keine unüberwindlichen Schwierigkeiten bereiten dürfte; weiterhin wird auch ein Einkommenszuwachs während des Förderzeitraums nicht berücksichtigt. Auch aus dieser Gestaltung des Eigenheimzulagengesetzes entstehen Ineffizienzen.[342]

Die Einfügung des § 10i EStG ist inkonsequent (vgl. Kap. 6.3). Der Dualismus von der Eigenheimzulage und progressionsabhängiger Abzugsmöglichkeit von Vorkosten ist nach dem Herauslösen der Wohneigentumsförderung aus dem Einkommensteuergesetz durch nichts mehr gerechtfertigt.

Der Vorkostenabzug als Sonderausgaben könnte durch eine Aufstockung der Grundförderung ebenso ersetzt werden. Mit einer derartigen Aufstockung könnte auch die eingangs beschriebene degressive Entlastungswirkung bei sinkendem Einkommen vermieden werden. Wenn eine derartige Abzugsmöglichkeit bestehen bleiben soll, sollte sie doch besser auf besonders förderungswürdige Tatbestände des Bauens abheben, die nur indirekt mit der Wohnraumbeschaffung zu tun haben. Analog zu dieser Vorgehensweise kann der § 10f EStG zur Unterstützung denkmalschützender Maßnahmen genannt werden.[343]

Eine Erhöhung der Eigenheimzulage aus ökologischen Gründen ist nur dann zu empfehlen, wenn damit eine hohe Zweckbindung, die die Mittel in eine bestimmte und definierte Richtung lenkt, verbunden ist. Allgemeine Öko-Boni müssen abgelehnt werden, da sie keine lenkungsintensive Zweckbindung haben und so nur Trittbrettfahrern Vorschub leisten.[344]

---

[341] vgl.: Behring, K., Körner, J. (1995), S. 24
[342] vgl.: Behring, K., Körner, J. (1995), S. 25
[343] vgl.: Bach, S., Bartholmai, B. (1995), S. 26
[344] vgl.: Behring, K., Körner, J. (1995), S. 22

Weiterhin ist an der Grundkonzeption der Eigenheimzulage zu bemängeln, daß ihr jegliche Dynamik fehlt; so könnte die Eigenheimzulage schnell das Schicksal der Wohnungsbauprämie ereilen. Infolgedessen könnte die Bedeutung der Zulage innerhalb eines Finanzierungskalküls schnell sinken, wenn die Immobilienpreise anziehen sollten. Dagegen sorgten beim Sonderausgabenabzug nach § 10e EStG wenigstens die steigenden Einkommen für eine größere Entlastung, auch wenn zeitweise die Schere zwischen der Entwicklung der Immobilienpreise und der Einkommensentwicklung sich sehr geöffnet hatte.[345]

Als einen weiteren Schritt in Richtung eines konsistenten Steuer- und Transferrechts wäre die Verrechnung der Eigenheimzulage mit der Einkommensteuerschuld zu sehen.[346]

Zusammengefaßt läßt sich festhalten, daß die Reform der steuerlichen Förderung des selbstgenutzten Wohneigentums in Hinblick auf die gesetzten Ziele nicht greift.
Doch kann die Umstellung der steuerlichen Wohneigentumsförderung auf eine steuerunabhängige Zulage als richtiger Schritt zur Erzielung einer höheren Effektivität und Effizienz der Eigentumsförderung gesehen werden. Somit kann die Eigenheimzulage als Grundkonzept positiv beurteilt werden. Die genannten kritisierten Details können im Gesetz selbst geheilt werden.

---

345 vgl.: Hamm, H. (1997), S. 148

346 vgl.: Behring, K., Körner, J. (1995), S. 21

9. Literaturverzeichnis

Andel, N. **(1992)**
Finanzwissenschaft, Tübingen

Andel, N. **(1977)**
Subventionen, in: Handwörterbuch der Wirtschaftswissenschaft, Stuttgart, New York, Tübingen, Göttingen, Zürich, S. 491-510

Andel, N. **(1970)**
Subventionen als Instrument des finanzwissensschaftlichen Interventionismus, Tübingen

Badde, C. **(1993)**
Chancen der Eigentumsbildung - Möglichkeiten und Widerstände, in: Schriften für Sozialökologie der wohnungswirtschaftlichen Institute an den Universitäten Bochum und Mannheim, Band 46, S. 124-152

Badde, C. **(1992)**
Der Mangel an Mietwohnungen forciert den Umstieg in Wohneigentum, in: Der langfristige Kredit, 11/92, S. 377

Bach, S., Bartholmai, B. **(1995)**
Neue Konzepte zur Förderung von Wohneigentum, in: Materialien, Bundestagsfraktion Bündnis 90/ Die Grünen, Bonn

Bartholmai, B. **(1991)**
Der deutsche Wohnungsmarkt in den 90er Jahren, in: Thoss, R. (Hrsg.), Wohnungswirtschaft ohne Grenzen - Der deutsche Wohnungs- und Kapitalmarkt in den 90er Jahren, S. 21-33

Bartholmai, B., Melzer, M. **(1987)**
Wohnungsbau in beiden deutschen Staaten, in: Archiv für Kommunalwissenschaften, I/87, S.1

Bärsch, J., Novy, K. **(1989)**
Grenzen der aktuellen Deregulierungen auf dem Wohnungsmarkt? Wohnreform und Wohnungsmarktwirtschaft, in: Archiv für Kommunalwissenschaften, Stuttgart, S. 267-291

Bartholmai, B., Melzer, M. **(1991)**
Künftige Perspektiven des Wohnungsbaus und der Wohnungsbaufinanzierung für das Gebiet der neuen Bundesländer, in: Deutsches Institut für Wirtschaftsforschung (Hrsg.): Beiträge zur Strukturforschung, Heft 120

Bellinger, D. **(1993)**
Struktur der Eigenheimfinanzierung, in: Der langfristige Kredit, 16+17/93, S. 536

Behring, K., Goldrian, G. **(1991)**
Evaluierung wohnungspolitischer Instrumente, Schriftenreihe des ifo-Instituts für Wirtschaftsforschung Nr. 129, Berlin, München

Behring, K., Körner, J. **(1995)**
Neue Wohneigentumsförderung – Steigerung der Effizienz?, in: ifo-Schnelldienst, 28/ 95, S. 18-26

Berndt, H. **(1996)**
Die neue Wohneigentumsförderung - eindeutig mehr Lob als Kritik, in: Der langfristige Kredit, 24/96, S. 748

Bock, T. **(1996)**
Kostenbremsen im Wohnungsbau und mögliche Einsparpotentiale, in: Freie Wohnungswirtschaft, 7/96, S. 214

Bohling, W. **(1989)**
Wirtschaftspolitische und wirtschaftsverfassungsrechtliche Probleme staatlicher und kommunaler Subventionen, Frankfurt a.M.

Bone-Winkel, S., Sotelo, R. **(1995)**
Warum werden Büroflächen (nicht) vermietet?, in: Grundstücksmarkt und Grundstückswert, Heft 4 1995, S. 199

Britzinger, O., Hallmann, T., Rohland, P. **(1995)**
Das Bürgschaftsmodell - Reform der Wohnungsbaufinanzierung und -förderung, in: Die Wohungswirtschaft, 4/95, S.231

Brümmerhoff, D. **(1992)**
Finanzwissenschaft, 6. Aufl., München, Wien

Buchheit, R. **(1984)**
Sozialstaatliche Wohnungspolitik in der Bundesrepublik Deutschland - Bestandsaufnahme und Zukunftsperspektiven, Darmstadt

Bundesministerium für Raumordnung, Bauwesen und Städtebau (Hrsg.) (1995a)
Presseinformation vom 7.8.1995

Bundesministerium für Raumordnung, Bauwesen und Städtebau (Hrsg.) (1995b)
Presseinformation vom 21.9.1995

Bundesministerium für Raumordnung, Bauwesen und Städtebau (Hrsg.) (1994)
Raumordnungsbericht 1993, Bonn

Bundesministerium für Raumordnung, Bauwesen und Städtebau (Hrsg.) (1993)
Haus und Wohnung im Spiegel der Statistik, 3. Auflage, Bonn

Bundesministerium für Raumordnung, Bauwesen und Städtebau (Hrsg.) (1986)
Schriftenreihe „Wohnungsmarkt und Wohnungspolitik", 07.017, Zahlungsschwierigkeiten von Wohneigentümern, Bonn

Bundesministerium für Raumordnung, Bauwesen und Städtebau (Hrsg.) (1985)
Schriftenreihe „Bau- und Wohnforschung", Heft 04.110, Preiswerte Eigentumswohnungen, Bonn

Bundesministerium für Raumordnung, Bauwesen und Städtebau (Hrsg.) (1983)
Schriftenreihe „Wohnungsmarkt und Wohnungspolitik", 07.014, Die Eigentumsbildung im Wohnungsbau, Bonn

Bundesministerium für Raumordnung, Bauwesen und Städtebau (Hrsg.) (1978)
Schriftenreihe „Wohnungsmarkt und Wohnungspolitik", 07.003, Sickereffekte verschiedener Formen der Wohnbau- und Bausparförderung, Bonn

Bundesverband deutscher Banken **(1995)**
Stellungnahme zum Entwurf eines Gesetzes zur Neuregelung der steuerrechtlichen Wohneigentumsförderung vom 19.9.1995, Bonn

Buskase, H. **(1992)**
Wohnen in den neuen Bundesländern – Erblasten und Perspektiven, in: Der Langfristige Kredit 21+22/92, 1992, S. 734

Christoffel, H.G. **(1996)**
Die Neuregelung der steuerlichen Wohneigentumsförderung ab 1996 (Eigenheimzulagengesetz), Bonn

Daub, M. **(1994)**
Wohnungspolitik für Einkommensschwache, in: Archiv für Kommunalwissenschaften, Stuttgart 1994, S.152-189

Deichmann, W., Mackscheidt, K. **(1982)**
Zur Leistungsfähigkeit von Subventionen in der Wohnungswirtschaft, Frankfurt/M.

Degner, J. **(1992)**
I=S und die Wohnungsfinanzierung - die wohnungswirtschaftliche Bedeutung von Investieren und Sparen, in: Der Langfristige Kredit 21+22/92, 1992, S. 726

Demmler, H. **(1992)**
Grundlagen der Mikroökonomie, München

Dick, E. **(1991)**
Mieten und soziale Absicherung in der Bundesrepublik Deutschland, in Jenkis, H.W. (Hrsg.), Kompendium der Wohnungswirtschaft, München, Wien, S.118-136

Dickertmann, D., Diller, K.D. **(1987)**
Subventionen als Mittel der Wirtschaftspolitik, in: Wirtschaftswissenschaftliches Studium, 16 (1987), 11, S. 537

DiPasquale, D., Wheaton, W.C. **(1994)**
Housing Market Dynamics and the Future of Housing Prices, in: Journal of Urban Economics, Vol. 35 (1), 1994, S. 1

DIW **(1996)**
Deutsches Institut für Wirtschaftsforschung Immobilienvermögen der privaten Haushalte, Wochenbericht 4/96, Berlin

DIW **(1996)**
Deutsches Institut für Wirtschaftsforschung
Neuregelung der Wohneigentumsförderung, Wochenbericht 39/95, Berlin, S. 671

Dorn, V., Kelle, M. **(1996)**
Reform der steuerlichen Wohneigentumsförderung, in: Bundesbaublatt, 1/96, S. 6

Dorn, V., Kelle, M. **(1995)**
Die steuerliche Wohneigentumsförderung als Ziel-Mittel-System, in: Der langfristige Kredit, 23/95, S. 770

Dornbach, J. **(1995)**
Die Förderung des selbstgenutzten Wohneigentums - Eine einzel- und gesamtwirtschaftliche Analyse steuerlicher Maßnahmen, Berlin

Eekhoff, J., Töpfer, K. **(1995)**
Wege und Strategien für selbstgenutztes Wohneigentum, in: Institut für Wohnungsrecht und Wohnungswirtschaft an der Universität zu Köln, Vorträge und Diskussionensbeiträge, Heft 4/1995, Köln

Eekhoff, J. **(1991)**
Bausparen mit oder ohne staatliche Förderung?, in: Der langfristige Kredit, 21/91, S. 660-663

Eekhoff, J. **(1991)**
Wohneigentumspolitik, in: Der Langfristige Kredit, 12/91, S.372 und 13/91, S. 404

Eekhoff, J. **(1987)**
Wohnungs- und Bodenmarkt, Tübingen

Eekhoff, J. **(1989)**
Wohnungspolitik für die neunziger Jahre: Muß der Staat wieder verstärkt eingreifen?, in: Der langfristige Kredit, Heft 7, S. 4 (I) und Heft 8, S. 261 (II)

Eekhoff, J., Paul,T., Preißler, E.K.-H. **(1985)**
Rückzug des Staates aus der Wohnungspolitik?, Münster

Eggemann, U., Vogelsang, R. **(1997)**
Änderungen bei Einkommensteuer und Eigenheimzulage durch das Jahressteuergesetz

Eisel, R. **(1993)**
Gebäude- und Wohnungsstichprobe 1993, in: Bundesbaublatt, Heft 7, S. 502

Engels, W. u.a. **(1984)**
Mehr Markt in der Wohnungswirtschaft, Frankfurter Institut für wirtschaftliche Forschung e.V., Frankfurt a.M.

Engels, W. **(1982)**
Referat zum Thema: Das Wohneigentum als Gegenstand der Vermögenspolitik, in: Königsteiner Gespräche, XVII 1982: Wohneigentum zwischen Vermögenspolitik und Wohnungspolitik, Bonn

Esser, I. **(1995)**
Schritt nach vorn? Die Neuregelung der steuerrechtlichen Wohneigentumsförderung, in: Die Wohnungswirtschaft, 12/95, S. 837

Euler, M. **(1992)**
„Wie reich sind die Deutschen?“, in: Der Langfristige Kredit 21+22/92, 1992, S. 716

Expertenkommission **(1995)**
Gutachten der Expertenkommission,Wohnungspolitik auf dem Prüfstand, Gutachten im Auftrag der Bundesregierung, Bonn

Fichtel, L. **(1980)**
Wohnungspolitik in der sozialen Marktwirtschaft - Darstellung und Analyse des Systems der Wohnungspolitik in der Bundesrepublik Deutschland, Augsburg

Fischer, B. **(1995)**
Beurteilung des Schuldzinsenabzugs als Instrument der Eigentumsförderung, Leipzig

Franke, H.-H. **(1992)**
Geldvermögen, Realvermögensbildung und die Entwicklung der Immobilienpreise im Konjunkturverlauf, Arbeitspapier, Institut für Finanzwissenschaft II, Albert-Ludwigs-Universität Freiburg

Füllenkemper, H. **(1982)**
Wirkungsanalyse der Wohnungspolitik in der Bundesrepublik Deutschland, Münster

Gesamtverband der Wohnungswirtschaft e.V. (GdW) (Hrsg.) **(1996a)**
Steuerliche Förderung der Mitglieder von Wohnungsbaugenossenschaften - Positionen des GdW, Köln

Gesamtverband der Wohnungswirtschaft e.V. (GdW) (Hrsg.) **(1996b)**
Wohnungsbauförderung in den neuen Ländern im Programmjahr 1996, Förderprogramme, Förderarten, Finanzhilfen, Köln

Gesamtverband der Wohnungswirtschaft e.V. (GdW) (Hrsg.) **(1995)**
Vorschläge zur Neuregelung der Wohneigentumsförderung - Stellungnahme des GdW, Köln

Gesamtverband der Wohnungswirtschaft e.V. (GdW) (Hrsg.) **(1994)**
Orientierungspunkte für die Wohnungspolitik in der neuen Legislaturperiode, Köln

Gesamtverband der Wohnungswirtschaft e.V. (GdW) (Hrsg.) **(1992)**
Bericht 1991/92, Köln

Gesamtverband der Wohnungswirtschaft e.V. (GdW) (Hrsg.) **(1992)**
Wohneigentum in Deutschland, Geschichte, Bedeutung, Perspektiven, Köln

Gesamtverband der Wohnungswirtschaft e.V. (GdW) (Hrsg.) **(1990)**
13-Punkte-Programm des GdW zur Wohnungspolitik in Deutschland, Königswinter

GEWOS **(1996)**
Institut für Stadt-, Regional- und Wohnforschung GmbH
Preisentwicklung für Wohneigentum in Westdeutschland, Hamburg

Giloy, J. **(1996)**
Kommentar zum Eigenheimzulagengesetz, Berlin

Glatzel, C. **(1996)**
Der Wirkungszusammenhang zwischen Bestands- und Stromgrößen auf dem westdeutschen Wohnungsmarkt in einem dynamischen Investitionsmodell, Frankfurt a.M.

Glatzer, W. **(1980)**
Wohnungsversorgung im Wohlfahrtstaat: objektive und subjektive Indikatoren zur Wohlfahrtsentwicklung in der Bundesrepublik Deutschland, Frankfurt

Godl, S. **(1996)**
Gut gemeint - Ziel verfehlt, in: Der langfristige Kredit, 1/96, S. 20

Göbel, M. **(1989)**
Die private Eigenheiminvestition unter dem Einfluß der Besteuerung, Hamburg

Göötz, R. **(1997)**
Die Effizienz der steuerlichen Förderung des selbstgenutzten Wohneigentums vor dem Hintergrund der Reform des § 10e EStG, Frankfurt a.M.

Grabbe, K.H. **(1996)**
Schicksal oder hausgemachte Krise?, in: Freie Wohnungswirtschaft, 3/96, S. 90

Grefe, C. **(1996)**
Neuregelung der steuerlichen Wohneigentumsförderung, in: Steuer und Studium, Heft 4/96, S. 154

Gremmelsbacher, H. **(1995)**
Wohnungsbaupolitik in den neunziger Jahren - Ansätze und Reformvorschläge, Freiburg

Gritzka, C. **(1995)**
Eigenheim und Eigenkapital - Erfahrungen aus Bausparkassen-Sicht, in: Der langfristige Kredit, 24/95, S. 824

Grossmann, D. **(1996)**
Die Eigenheimzulage als Eigenkapitalersatzdarlehen, in: Der langfristige Kredit, 20/96, S. 614

Gutting, B. **(1987)**
Taxation, Housing Markets, and the Markets for Buildung Land, Berlin

Hamm, H. **(1996)**
Und sie wirkt doch!, in: Der langfristige Kredit, 1/96, S. 6

Hamm, H. **(1997)**
Dynamische Wohnungsbaufinanzierung: Keine neue Patentlösung, in: Der langfristige Kredit, 5/97, S. 148

Hamm, H. **(1991)**
Der ordnungspolitische Rahmen für die Wohnungswirtschaft, in: Jenkis, H.W. (Hrsg.), Kompendium der Wohnungswirtschaft, München, Wien, S. 63

Handzik, P. **(1996)**
Das Eigenheimzulagen-Gesetz unter verfassungsrechtlichen Blickwinkel, in: Deutsche Steuer-Zeitung, 7/96, S. 202

Handzik, P., Meyer, B. **(1996)**
Die Eigenheimzulage: Neuregelung der steuerrechtlichen Förderung des selbstgenutzten Wohneigentums ab 1.1.1996

Hartig, R. **(1990)**
Ökonomische und polit-ökonomische Aspekte des Einsatzes von Subventionen als Instrument der Wirtschaftpolitik, Berlin

Harzem, K. **(1987)**
Subventionen aus der Sicht der neuen politischen Ökonomie, Köln

Hausen, B., Kohlrust-Schulz, M. **(1996)**
Die Eigenheimzulage - Gesamtdarstellung der neuen Eigenheimförderung einschließlich Vorkostenabzug, München

Häuser, K., Heuer, J.H.B., Wielens, H. **(1983)**
Strukturwandlungen in der Wohnungswirtschaft, Zürich

Hauser, S. **(1995)**
Anwendungsgebiete der Statistik, in: Kompendium der Verwaltungs- und Wirtschaftsakademie Freiburg, Band 2, Methodische und quantitative Grundlagen der Volks- und Betriebswirtschaftslehre, Freiburg, Teil 3, S.183-257

Hauser, S. **(1981)**
Statistische Verfahren zur Datenbeschaffung und Datenanalyse, Freiburg

Hauser, S., Ungerer, A **(1986)**
Wirtschaftsstatistik als Entscheidungshilfe, Freiburg

Hecht, M. **(1978)**
Subventionsformen in der Wohnungswirtschaft, Berlin

Heister, M. **(1962)**
Die Rentabilitätsanalyse von Investitionen auf der Basis des ökonomischen Prinzips, Köln

Hemming, J. **(1995)**
Zur Soziologie des Marktgeschehes - Einige kritische Bemerkungen zum Bericht der Expertenkommision Wohnungspolitik, in: Wohnungswirtschaft und Mietrecht, 7/1995, S. 414

Henderson J.M., Quandt, R.E. **(1989)**
Mikroökomische Theorie, München

Herrling, E., Federspiel, F. **(1993)**
Wege zum Wohneigentum, 2. Auflage, München

Hessler, H.-D. **(1976)**
Finanzwissenschaftliches System der Besteuerung, Tübingen

Heuer, H.B. **(1991)**
Die Wohnungsmärkte im gesamtwirtschaftlichen Gefüge, in: Jenkis, H.W. (Hrsg.), Kompendium der Wohnungswirtschaft, München, Wien, 1991, S. 22

Holmans, A.E. **(1994)**
House prices, land prices, the housing market and the house purchase debt in UK and other countries, in: Economic Modelling, Vol. 11 (2), S. 157

Homburg, S. **(1995)**
Staatseingriffe auf dem Wohnungsmarkt und Marktunvollkommenheiten, Miete versus Selbstnutzung, in: Materialband zum Gutachten zur Wohnungspolitik, Bonn

Institut für Städtebau, Wohnungswirtschaft und Bausparwesen e.V. **(1986)**
22. Königsteiner Gespräch: „Wohnversorgung und Wohneigentum - Mit oder ohne Subventionen?" - Referate und Diskussion, Band 44, Bonn

Jechnerer, M. **(1997)**
Eigenheimzulagengesetz und § 10i EstG - Anwendungsfragen in der Praxis und Beispielfälle, in: Der Betriebs-Berater, Heft 18, S. 913 u. Heft 19, S. 965

Jechnerer, M. **(1996)**
Neuregelung der Wohneigentumsförderung nach dem Eigenheimzulagengesetz und § 10i EStG, in: Der Betriebsberater, Heft 8, S. 401 und Heft 19, S. 965

Jenkis, H.W. (Hrsg.) **(1994)**
Kompendium der Wohnungswirtschaft, 2. Aufl., München

Jokl, S. **(1995)**
Eigentumsförderung neu ausrichten, in: Der langfristige Kredit, 6/95, S. 174

Jokl, S. **(1991a)**
Wohnungspolitik unter familienpolitischen Gesichtspunkten, in: Der langfristige Kredit, 7/91, 1991, S. 210-214

Jokl, S. **(1991b)**
Die Förderung des Eigenheims in den neuen Bundesländern, in: Der langfristige Kredit, 11/91, 1991, S. 340-342

Josua, W., Külp, B. **(1971)**
Verteilungspolitik, Stuttgart

Jüttner, W. **(1997)**
Gegen Fehlsteuerungen in der Wohnungspolitik, in: Bauen und Siedeln, 1/97, S. 3

Kaltenborn, B., Buslei, H. **(1995)**
Berechnungen des Existenzminimums für die Einkommensbesteuerung 1996, in: Zentrum für Europäische Wirtschaftsforschung (ZEW), Discussion Paper No. 95-08, Mannheim

Kauermann, K. **(1996)**
Eigenheimförderung per Zulage - ein notwendiger Weg? in: Der langfristige Kredit, 1/96, S.13

Kaufmann-Scheuer, B. **(1983)**
Perspektiven und Modelle einer Neuorientierung der staatlichen Wohneigentumsförderung, Freiburg

Kearl, J.R. **(1979)**
„Inflation, Mortgages, and Housing", in: Journal of Political Economy, Vol. 87, S. 1115

Keuschnigg, C. **(1995)**
Anstoß- und Mitnahmeeffekte sowie Preis- und Mengeneffekte der Wohnbauförderung, in: Materialband zum Gutachten zur Wohnungspolitik, Bonn

Kirchner, J. **(1995)**
Besteuerung des selbstgenutzten Wohneigentums, in: Der langfristige Kredit, 7/95, S. 210

Kirchner, J. **(1995)**
Wohnungsmarkt und Wohnungspolitik, in: Wirtschaftsdienst 1995, S. 477

Klemann, J. **(1996)**
Staatliche Wohnungspolitik muß sich an den Bedürfnissen der Menschen orientieren, in: Freie Wohnungswirtschaft, 2/96, S. 40

Kleiner, H. **(1992)**
Wohneigentumsfinanzierung am Wendepunkt? Anmerkungen zur aktuellen Diskussion um die Wohnungspolitik, in: Der Langfristige Kredit 21+22/92, S. 730

Knappe, E., Funk, L. **(1994)**
Besonderheiten der Preisbildung auf Vernögensmärkten, in: Das Wirtschaftsstudium (WISU), Heft 2, S. 1025

Knappe, E., Funk, L. **(1993)**
Marktlösung oder Staatseingriffe?, in: Landeszentrale zur politischen Bildung Baden-Württenberg (Hrsg.), Wohnungsbaupolitik, Stuttgart, Berlin, Köln

Kofner, S. **(1996)**
Wohnungsangebot und Kapitalmarktzins, in: Das Wirtschaftsstudium (WISU) 8-9/96, S. 719

Konolfingen, A.A. v. **(1994)**
Miete oder Eigentum? Die ökonomische Entscheidung über den Wohnungsbesitz, St. Gallen

Kornemann, R. **(1991)**
Die wohnungspolitischen Zielsetzungen in den Regierungserklärungen der Bundesregierung, in: Jenkis, H.W. (Hrsg.): Kompendium der Wohnungswirtschaft, München, Wien, S. 78-98

Kornemann, R., Schneider, H.K. **(1977)**
Soziale Wohnungsmarktwirtschaft, Bonn

Krings-Heckemeier, M.-T., Pfeiffer, U., Dübel, A., Achtermeyer, D., Weltzien, D. **(1994)**
Mehr Wohneigentum für mittlere Einkommensschichten - Strategien einer effizienteren Förderung, Bonn, 1994

Kühne-Büning, L. **(1994a)**
Besonderheiten des Wirtschaftsgutes Wohnung und seiner Nutzungsleistungen, in: Kühne-Büning, L., Heuer, B. (Hrsg.),Grundlagen der Wohnungs- und Immobilienwirtschaft, Frankfurt a.M., S. 6

Kühne-Büning, L. **(1994b)**
Interdependenz wohnungswirtschaftlicher Teilmärkte - theoretische Ansätze zur Erklärung prozessualer Abläufe, in: Kühne-Büning, L., Heuer, B. (Hrsg.),Grundlagen der Wohnungs- und Immobilienwirtschaft, Frankfurt a.M., S. 124

Kühne-Büning, L. **(1994c)**
Strategien, Instrumente und Ansätze wohnungspolitischer Interventionen, in: Kühne-Büning, L., Heuer, B. (Hrsg.),Grundlagen der Wohnungs- und Immobilienwirtschaft, Frankfurt a.M., S. 218

Kühne-Büning, L. **(1994d)**
Marktstrukturen und Marktbeteiligte, in: Kühne-Büning, L., Heuer, B. (Hrsg.),Grundlagen der Wohnungs- und Immobilienwirtschaft, Frankfurt a.M., S. 71

Kühne-Büning, L. **(1994e)**
Wohnungsmarkt im System der Marktwirtschaft, in: Kühne-Büning, L., Heuer, B. (Hrsg.),Grundlagen der Wohnungs- und Immobilienwirtschaft, Frankfurt a.M., S. 17

Kühne-Büning, L. **(1994f)**
Instrumente zur Prognose der Wohnungsmarktentwicklung, in: Kühne-Büning, L., Heuer, B. (Hrsg.),Grundlagen der Wohnungs- und Immobilienwirtschaft, Frankfurt a.M., S. 159

Laux, H. **(1989)**
Die immer wiederkehrende Frage: Was ist günstiger - Bauen/kaufen oder Mieten?, in: Der Langfristige Kredit, Heft 12, S. 14

Leidner, R.M. **(1980)**
Wohnungspolitik und Wohnungsmarktwirtschaft - Gegensatz oder Ergänzung?, Köln

Lickteig, F.-J. **(1984)**
Staatliche Allokationspolitik im Wohnungsbau, München

Mackscheidt, K. **(1994)**
Entwicklungen in der Wohnungspolitik, Baden-Baden

Mackscheidt, K.
Deichmann, W. **(1982)**
Zur Leistungsfähigkeit von Subventionen in der Wohnungswirtschaft, Frankfurt a.M.

Märkle, R.W. u.a. **(1986)**
Die steuerliche Behandlung selbstgenutzter Wohnungen ab 1987, in: Betriebsberater, Beilage 8

Maisel, S.J. **(1963)**
A theory of fluctuations in residential construction starts, in: American Economic Review, Vol. 53, S. 359

Mankiw, N.G. **(1994)**
Macroeconomics, 2. Auflage, Worth Publishers

Mankiw, N.G.,
Weil, D.N. **(1989)**
The baby boom, the baby bust, and the housing market, in: Regional Science and Urban Economics, Vol. 19, S. 235

Manzel, K.-H. **(1995)**
Zur Entwicklung des Wohnungsbaus in Deutschland in der ersten Hälfte der neunziger Jahre, in: Wirtschaft und Statistik, 5/1995, S. 350-360

Matznetter, W. **(1995)**
Internationaler Vergleich von Wohneigentumsquoten, in: Materialband zum Gutachten zur Wohnungspolitik, Bonn

Mehring, H. **(1992)**
Wohnungsmarkt und Wohnungspolitik - Theoretische Analyse und empirische Überprüfung für die Bundesrepublik Deutschland 1980 - 1989, Münster

Mehwald, L. **(1996)**
Raumordnungsprognose 2010, in: Bundesbaublatt, Heft 5/96, S. 340

Meyer, B. **(1996)**
Eigenheimzulage: Höhe der Anschaffungs- oder Herstellungskosten als Fördergrenze (§9 Abs.6 EigZulG)

Meyer, D. **(1986)**
Staatsversagen im Wohnungsmarkt? Analyse der Wirkungen staatlicher Eingriffe, in: Archiv für Kommunalwissenschaften, II/96, S.200

Miegel, M. **(1990)**
Grundlagen der Bau- und Wohnungspolitik - überprüfte Thesen, in: Der langfristige Kredit, 22/90, S.711

Miegel, M. **(1982)**
Diskussionsbeitrag, in: Königsteiner Gespräch (XVII)

Michels, W., van Suntum, U. **(1997)**
Wohnungspolitik bei leeren öffentlichen Kassen, 8. Münsteraner Wohnungswirtschaftliche Gespräche, Münster

Michels, W., Thoss, R. **(1994)**
Wohnungspolitik in Deutschland: alte Rezepte oder neue Akzente? 4. Münsteraner Wohnungswirtschaftliche Gespräche, Institut für Siedlungs- und Wohnungswesen, Münster

Musgrave, R.A. **(1969)**
The Theory of Public Finance, deutsche Übersetzung, in: Finanztheorie, 2. Aufl., Tübingen, S. 51

Mutter, K. **(1996)**
Per Zulage zum Wohneigentum – ein Königsweg?, in: Der langfristige Kredit, 8/96, S. 231

Nachtkamp, H.H. **(1995)**
Eigentum in breiter Hand - Ethischer Impuls und ökonomische Reflexion, Institut für Wohnungsrecht und Wohnungswirtschaft an der Universität zu Köln, Vorträge und Dikussionsbeiträge, Heft 5/1995, Köln

Nachtkamp, H.H. **(1991)**
Subventionen und steuerliche Sonderregelungen für die Wohnungswirtschaft als finanz- und sozialpolitisches Problem, in: Jenkis, H.W. (Hrsg.), Kompendium der Wohnungswirtschaft, München, Wien

Nachtkamp, H.H. **(1986)**
Steuerbegünstigungen zur Durchsetzung wohnungspolitischer Ziele in einer liberalen Gesellschaft?, in: Schriften für Sozialökologie 37: Wohnungspolitische Instrumente in einer liberalen Wohnungswirtschaft, S. 28

Naust, H. **(1995)**
Zur Zukunft der Besteuerung des selbstgenutzten Wohneigentums, Institut für Wohnungsrecht und Wohnungswirtschaft an der Universität zu Köln, Vorträge und Diskussionsbeiträge, Heft 3/1995, Köln

Nietzer, H. **(1995)**
Gutes Bausparklima läßt Wohneigentumsquote steigen, in: Der langfristige Kredit, 24/95, S. 820

Neumann, L.F., Romahn, H. **(1994a)**
Wohnungswirtschaft im Spannungsfeld von Markt und Staat, in: Wohnungsmarkt in der Krise? Beiträge aus der Praxis in Ost und West, L.F. Neumann (Hrsg.), Köln

Neumann, L.F. Romahn, H. **(1994b)**
Wohneigentumsförderung: Effizienz und Zielkonflikte, in: Wohnungsmarkt in der Krise? Beiträge aus der Praxis in Ost und West, L.F. Neumann (Hrsg.), Köln

Oberhauser, A., Rüsch, C. **(1992)**
Wohneigentumsförderung an den Familien vorbei, in: Wirtschaftsdienst, Heft VI/1996, S. 315-319

Oberhauser, A., Kaufmann, B., Scheuer, M. **(1982)**
Eigentumsbildung im Wohnungbau, Lübeck

Olsen, E.O. **(1973)**
A competetive theory of housing market, in: Rasmussen, D.W., Harworth, C.T. (Hrsg.): The modern city, New York, S. 135

o.V. **(1996)**
Wer bekommt siebzehn Milliarden?, in: Der langfristige Kredit, 1/96, S. 3

o.V. **(1995)**
Genossenschaftseigentum förderrechtlich wie Individualeigentum eingestuft, in: Die Wohnungswirtschaft, 12/95, S. 867

Pick, E. **(1997)**
Erfahrungen und Weiterentwicklung des Wohneigentums, in: Wohnungseigentum, 2/97, S. 46

Peick, H **(1994)**
Zusammenhang von Wohnungsbaufinanzierung und Kapitalmarkt, in: Kühne-Büning, L., Heuer, B. (Hrsg.),Grundlagen der Wohnungs- und Immobilienwirtschaft, Frankfurt a.M., S. 448

Pfeiffer, U., Braun, R. **(1995)**
Wohneigentum und Familie, Endbericht im Auftrag der Wüstenrot Stiftung Deutscher Eigenheimverein e.V., Suttgart

Pfeiffer, U., Janeba, E. **(1992)**
Eine wirtschaftliche Entwicklungsstrategie für die neuen Bundesländer - Fakten, Analysen und Vorschläge für ein langfristiges Programm

Pfeiffer, U., Zeitzen, B. **(1994)**
Mehr Wohnungen für weniger Geld, Bericht der Kommission zur Kostensenkung und Verringerung von Vorschriften imWohnungsbau, Bonn

Poterba, J.M. **(1984)**
Tax subsidies to owner-occupied housing: an assetmarket approach, in: The Quaterly Journal of Economics, Vol. 99 (3), S. 729

Quigley, J.M. **(1979)**
What have we learned about urban housing markets, in: Mieszowski, P. and Strasheim, M.: Current issues in urban economics, Baltimore, S. 391

Recktenwald, H.C. **(1983)**
Lexikon der Staats- und Geldwirtschaft, München

Recktenwald, H.C. **(1969)**
Finanzpolitik, Köln, Berlin

Rehm, H. **(1992)**
Determinanten der Sparquote in Deutschland, in: Der Langfristige Kredit 21/92, S. 722

Reinheimer, K.-H. **(1996)**
Die neue Wohnungspolitik - kein Stein der Weisen, in: Der langfristige Kredit, 1/96, S. 24

Ries, M. **(1990)**
Wohnungspolitische Rahmenbedingungen der 90er Jahre, in: Wohnbund (Hrsg.): Wohnungspolitische Innovationen 90, Darmstadt, S. 35-59

Rosen, S. **(1974)**
Hedonic Prices and Implicit Product Differentiation in Pure Competition, in: Journal of Political Economy, Vol. 82 (1), S. 34

Rüsch, C. **(1996)**
Wohnungsbau- und Wohneigentumspolitik im Rahmen der Einkommensteuer, Frankfurt a.M.

Ruf, T. **(1989)**
Rentenreform: Abschied von Illusionen?, in: Arbeit und Sozialpolitik, Heft 2/89, S. 14-21

Schauerte, M. **(1995)**
Chancen und Grenzen neuer Finanzierungsinstrumente für die Wohnungswirtschaft, in: InWIS-Berichte, Nr. 14, 7/95, Bochum

Schmitz, F. **(1996)**
Die Bauzulage - der richtige Weg der Eigenheimförderung?, in: Der langfristige Kredit, 1/96, S. 18

Schneider, H.K., Deichmann, W. **(1984)**
Der Weg zur sozialen Wohnungsmarktwirtschaft, Melle

Schneider, H.K., Kornemann, R. **(1977)**
Soziale Wohnungsmarktwirtschaft, Bonn

Schneider, H.K., Schuppener, C. **(1971)**
Soziale Absicherung der Wohnungswirtschaft durch Individualsubventionen, Göttingen

Schneiders, K., Schauerte, M. **(1997)**
Hilfreiches Auffangnetz - Muß das Eigenheimzulagegesetz durch Wohneigentumssicherungsinstrumente ergänzt werden?, in: Die Wohnungswirtschaft, 3/97, S. 130

Schumann, J. **(1987)**
Grundzüge der mikroökonomischen Theorie, 5. Aufl., Berlin

Siebertz, P. **(1996)**
Die Wohnungspolitik bleibt Flickwerk, in: Der langfristige Kredit, 24/96, S. 743

Simon, H. **(1975)**
Die Eigentumsbildung im Wohnungs- und Städtebau der Bundesrepublik Deutschalnd - Illusion und Wirklichkeit, in: Schriften für Sozialökologie, Band 15, S. 83

Smith, L.B. **(1969)**
A model of the Canadian housing and mortage markets, in: Journal of Urban Economics, Vol. 7 (5), 1969, S. 795

Smith, L.B., Rosen, K.T., Fallis, G. **(1988)**
Recent Developments in Economic Models of Housing Markets, in: Journal of Economic Literatur, Vol. 26 (1), 1988, S. 29

Sorg, W. **(1987)**
Fehlentwicklungen in der Wohnungspolitik - Analyse und Lösungsvorschläge, Marburg

Statistisches Bundesamt **(1997)**
Statistisches Jahrbuch 1997 für die Bundesrepublik Deutschland, Wiesbaden

Statistisches Bundesamt **(1993)**
Fachserie 15, Reihe 1, Wiesbaden

Stephan, R. **(1996)**
Die Wohneigentumsförderung - Eigenheimzulage, Grundförderung und Übergangsregelungen, 5. Aufl., Stuttgart

Stiglitz, J.E., Schönfelder, B. **(1989)**
Finanzwissenschaft, 2. Aufl., München, Wien

Stimpel, R. **(1991a)**
Der verbaute Markt - Villenglück und Wohnungsnot, Frankfurt a.M.

Stimpel, R. **(1991b)**
Subjektförderung des Neubaus - marktgerechter und sozialer als Sozialbau und Steuervergünstigungen, in: Der langfristige Kredit, 14/91, S. 442-446

Stobbe, A. **(1983)**
Volkswirtschaftslehre II, Mikroökonomik, Berlin, Heidelberg

Thiemer, A., Thiemer, B. **(1997)**
Wohnungsmarkt und Wohnungsversorgung, Institut für Wohnungsrecht und Wohnungswirtschaft an der Universität zu Köln, Vorträge und Diskussionsbeiträge, Heft 15/1997, Köln

Thoss, R. (Hrsg.) **(1991)**
Wohnungswirtschaft ohne Grenzen - Der deutsche Wohnungs- und Kapitalmarkt in den 90er Jahren,
1. Münsteraner Wohnungswirtschaftliches Gespräch, Münster

Thoss, R. (Hrsg.) **(1990)**
Wohnungswirtschaft ohne Grenzen - Neue Perspektiven für NRW und seine Regionen? 2. Münsteraner Wohnungswirtschaftliches Gespräch, Münster

Thoss, R. (Hrsg.) **(1991)**
Wohnungswirtschaft ohne Grenzen - Der deutsche Wohnungs- und Kapitalmarkt in den 90er Jahren, 3. Münsteraner Wohnungswirtschaftliches Gespräch, Münster

Tomann, H. **(1995)**
Wege zu einer effizienteren Förderung in der Wohnungspolitik, in: Der langfristige Kredit, 15/1995, S. 502

Töpfer, K. **(1995)**
Ist eine Reform der Wohnungspolitik notwendig?, in: Wirtschaftsdienst 1995/1, S. 7

Töpfer, K.
Eekhoff, J. **(1995)**
Wege und Strategien für selbstgenutztes Wohneigentum, Institut für Wohnungsrecht und Wohungswirtschaft an der Universität zu Köln, Vorträge und Diskussionsbeiträge, Heft 4/1995

Trompeter, F. **(1996)**
Eigenheimzulage oder Sonderausgabenabzug?- Eine ökonomische Analyse des Wahlrechts für 1995, in: Deutsches Steuerrecht, 45/96, S. 1783-1788

Ulbrich, R. **(1992)**
Verteilungswirkungen wohnungspolitischer Instrumente, Darmstadt,

Varian, H.R. **(1991)**
Grundzüge der Mikroökonomik, 2. Aufl., München

Verband deutscher Hypothekenbanken **(1995)**
Hypothekenbanken besorgt über die geplante Wohneigentumsförderung, Stellungnahme vom 21.6.1995, Bonn

Verlag Deutsche Wohnungswirtschaft **(1991)**
Wohnungswirtschaft zwischen Markt und Staat, Düsseldorf

Vesper, M. **(1996)**
Wohnungspolitik für die zweite Hälfte der 90er Jahre, in: Freie Wohnungswirtschaft, 5/96, S. 160

Volz, W. **(1988)**
Die Besteuerung privaten Wohneigentums unter besonderer Berücksichtigung der Selbstnutzung: Eine ökonomische Analyse alternativer Rechtsetzungen, Frankfurt a.M.

Voß, W. **(1997)**
Praktische Statistik mit SPSS, München, Wien

Wacker, R. **(1997)**
Eigenheimzulagengesetz - Kommentar, München

Wegner, B. **(1988)**
Subsidiarität und "Neue Subsidiarität" in der Sozialpolitik und Wohnungspolitik, Kölner Schriften zur Sozial- und Wirtschaftspolitik, Band 9, Köln

Wielens, H. **(1989)**
Steuerpolitik und Finanzierung des selbstgenutzten Wohneigentums, in: Der langfristige Kredit, Heft 24, S. 756-760

Wittenberg, R. **(1991)**
Computerunterstützte Datenanalyse, Stuttgart

Wittenberg, R., Cramer, H. **(1992)**
Datenanalyse mit SPSS, Stuttgart

Wölling, A. **(1985)**
Zur Frage von Ziel- und Situationsadäquanz wohnungspolitischer Instrumente der öffentlichen Hand in der Bundesrepublik Deutschland, München

Zehnder, A. **(1997)**
Ein Flickwerk falscher Argumente, in: Der langfristige Kredit 3/97, S. 73

Zehnder, A. **(1996)**
Die Eigenheimzulage - einfach, effizient und gerecht?, in: Der langfristige Kredit, 1/96, S. 10

Zimmermann, H. **(1987)**
Der Mitnahmeeffekt, in: Das Wirtschaftsstudium (WIST), Heft 7, 1987, S. 339-343

Zimmermann, H., Henke, K.-D. **(1990)**
Finanzwissenschaft: eine Einführung in die Lehre von der öffentlichen Finanzwirtschaft, 6. Aufl., München

ANHANG

Inanspruchnahmemöglichkeiten (1)

2-Personen-Haushalt, 60 qm

	1995 DM/Jahr	1995 DM/Monat	1996 DM/Jahr	1996 DM/Monat
Einnahmen				
Gesamtbetrag der Einkünfte	50.000	4.167	51.500	4.292
Kindergeld	0	0	0	0
Ausgaben				
Einkommenssteuer	6.942	579	7.368	614
Kirchensteuer	555	46	589	49
Solidaritätszuschlag	521	43	553	46
Steuerzahlung	8.018	668	8.510	709
(Sozial-)Versicherungsbeiträge	10.450	871	10.764	897
Haushaltsnettoeinkommen	31.532	2.628	32.226	2.686
Grundbedarf				
Lebensunterhalt	21.600	1.800	22.248	1.854
Kaltmiete	7.560	630	7.787	649
Heizkosten	1.080	90	1.080	90
f. Wohnraumversorgung vbl. Einkommen	8.852	738	8.898	742
Kosten für Wohneigentum	15.048	1.254	15.119	1.260
Förderbedarf	-6.196	-516	-6.221	-518
Förderung BESTAND				
Sonderausgabenabzug				
Grundkomponente	8.018	668	2.872	239
Kinderkomponente	0	0	0	0
Steuerschuld SAA	0	0	5.146	429
Förderung SAA	8.018	668	2.872	239
Eigenheimzulage				
Grundkomponente	7.109	592	0	0
Grundförderung	2.500	208	2.500	208
Kinderzulage	0	0	0	0
Förderung EHZ	9.609	801	2.500	208
Förderung NEUBAU				
Sonderausgabenabzug				
Grundkomponente	2.837	236	2.837	236
Kinderkomponente	0	0	0	0
Steuerschuld SAA	5.181	432	5.181	432
Förderung SAA	2.837	236	2.837	236
Eigenheimzulage				
Grundkomponente	0	0	0	0
Grundförderung	5.000	417	5.000	417
Kinderzulage	0	0	0	0
Förderung EHZ	5.000	417	5.000	417
Förderbedarfsdeckung BESTAND				
Sonderausgabenabzug	1.822	152	-3.349	-279
Eigenheimzulage	3.413	284	-3.721	-310
Förderbedarfsdeckung NEUBAU				
Sonderausgabenabzug	-3.359	-280	-3.384	-282
Eigenheimzulage	-1.196	-100	-1.221	-102

Inanspruchnahmemöglichkeiten (2)

2-Personenhaushalt, 60 qm

	1995		1996	
	DM/Jahr	DM/Monat	DM/Jahr	DM/Monat
Einnahmen				
Gesamtbetrag der Einkünfte	60.000	5.000	61.800	5.150
Kindergeld	0	0	0	0
Ausgaben				
Einkommenssteuer	9.812	818	10.346	862
Kirchensteuer	785	65	828	69
Solidaritätszuschlag	736	61	776	65
Steuerzahlung	11.333	944	11.950	996
(Sozial-)Versicherungsbeiträge	12.540	1.045	12.916	1.076
Haushaltsnettoeinkommen	36.127	3.011	36.934	3.078
Grundbedarf				
Lebensunterhalt	21.600	1.800	22.248	1.854
Kaltmiete	7.560	630	7.787	649
Heizkosten	1.080	90	1.080	90
f. Wohnraumversorgung vbl. Einkommen	13.447	1.121	13.606	1.134
Kosten für Wohneigentum	15.048	1.254	15.119	1.260
Förderbedarf	-1.601	-133	-1.513	-126
Förderung BESTAND				
Sonderausgabenabzug				
Grundkomponente	10.065	839	3.015	251
Kinderkomponente	0	0	0	0
Steuerschuld SAA	1.268	106	8.935	745
Förderung SAA	10.065	839	3.015	251
Eigenheimzulage				
Grundkomponente	7.272	606	0	0
Grundförderung	2.500	208	2.500	208
Kinderzulage	0	0	0	0
Förderung EHZ	9.772	814	2.500	208
Förderung NEUBAU				
Sonderausgabenabzug				
Grundkomponente	4.005	334	4.005	334
Kinderkomponente	0	0	0	0
Steuerschuld SAA	7.328	611	7.328	611
Förderung SAA	4.005	334	4.005	334
Eigenheimzulage				
Grundkomponente	0	0	0	0
Grundförderung	5.000	417	5.000	417
Kinderzulage	0	0	0	0
Förderung EHZ	5.000	417	5.000	417
Förderbedarfsdeckung BESTAND				
Sonderausgabenabzug	8.464	705	1.502	125
Eigenheimzulage	8.171	681	987	82
Förderbedarfsdeckung NEUBAU				
Sonderausgabenabzug	2.404	200	2.492	208
Eigenheimzulage	3.399	283	3.487	291

Inanspruchnahmemöglichkeiten (3)

2-Personen-Haushalt, 60 qm

	1995 DM/Jahr	1995 DM/Monat	1996 DM/Jahr	1996 DM/Monat
Einnahmen				
Gesamtbetrag der Einkünfte	70.000	5.833	72.100	6.008
Kindergeld	0	0	0	0
Ausgaben				
Einkommenssteuer	12.768	1.064	13.382	1.115
Kirchensteuer	1.021	85	1.071	89
Solidaritätszuschlag	958	80	1.004	84
Steuerzahlung	14.747	1.229	15.457	1.288
(Sozial-)Versicherungsbeiträge	14.630	1.219	15.069	1.256
Haushaltsnettoeinkommen	40.623	3.385	41.574	3.465
Grundbedarf				
Lebensunterhalt	21.600	1.800	22.248	1.854
Kaltmiete	7.560	630	7.787	649
Heizkosten	1.080	90	1.080	90
f. Wohnraumversorgung vbl. Einkommen	17.943	1.495	18.246	1.521
Kosten für Wohneigentum	15.048	1.254	15.119	1.260
Förderbedarf	2.895	241	3.127	261
Förderung BESTAND				
Sonderausgabenabzug				
Grundkomponente	10.381	865	3.071	256
Kinderkomponente	0	0	0	0
Steuerschuld SAA	4.366	364	12.364	1.030
Förderung SAA	10.381	865	3.071	256
Eigenheimzulage				
Grundkomponente	7.533	628	0	0
Grundförderung	2.500	208	2.500	208
Kinderzulage	0	0	0	0
Förderung EHZ	7.833	653	2.500	208
Förderung NEUBAU				
Sonderausgabenabzug				
Grundkomponente	3.631	303	3.631	303
Kinderkomponente	0	0	0	0
Steuerschuld SAA	11.116	926	11.116	926
Förderung SAA	3.631	303	3.631	303
Eigenheimzulage				
Grundkomponente	0	0	0	0
Grundförderung	5.000	417	5.000	417
Kinderzulage	0	0	0	0
Förderung EHZ	5.000	417	5.000	417
Förderbedarfsdeckung BESTAND				
Sonderausgabenabzug	13.276	1.106	6.198	517
Eigenheimzulage	10.728	894	5.627	469
Förderbedarfsdeckung NEUBAU				
Sonderausgabenabzug	6.526	544	6.758	563
Eigenheimzulage	7.895	658	8.127	677

Inanspruchnahmemöglichkeiten (4)

2-Personen-Haushalt, 60 qm

	1995 DM/Jahr	1995 DM/Monat	1996 DM/Jahr	1996 DM/Monat
Einnahmen				
Gesamtbetrag der Einkünfte	80.000	6.667	82.400	6.867
Kindergeld	0	0	0	0
Ausgaben				
Einkommenssteuer	15.778	1.315	16.510	1.376
Kirchensteuer	1.262	105	1.321	110
Solidaritätszuschlag	1.183	99	1.238	103
Steuerzahlung	18.223	1.519	19.069	1.589
(Sozial-)Versicherungsbeiträge	16.720	1.393	17.222	1.435
Haushaltsnettoeinkommen	45.057	3.755	46.109	3.842
Grundbedarf				
Lebensunterhalt	21.600	1.800	22.248	1.854
Kaltmiete	7.560	630	7.787	649
Heizkosten	1.080	90	1.080	90
f. Wohnraumversorgung vbl. Einkommen	22.377	1.865	22.781	1.898
Kosten für Wohneigentum	15.048	1.254	15.119	1.260
Förderbedarf	7.329	611	7.662	639
Förderung BESTAND				
Sonderausgabenabzug				
Grundkomponente	10.660	888	3.162	264
Kinderkomponente	0	0	0	0
Steuerschuld SAA	7.563	630	15.907	1.326
Förderung SAA	10.660	888	3.162	264
Eigenheimzulage				
Grundkomponente	7.719	643	0	0
Grundförderung	2.500	208	2.500	208
Kinderzulage	0	0	0	0
Förderung EHZ	10.219	852	2.500	208
Förderung NEUBAU				
Sonderausgabenabzug				
Grundkomponente	3.737	311	3.737	311
Kinderkomponente	0	0	0	0
Steuerschuld SAA	14.486	1.207	14.486	1.207
Förderung SAA	3.737	311	3.737	311
Eigenheimzulage				
Grundkomponente	0	0	0	0
Grundförderung	5.000	417	5.000	417
Kinderzulage	0	0	0	0
Förderung EHZ	5.000	417	5.000	417
Förderbedarfsdeckung BESTAND				
Sonderausgabenabzug	17.989	1.499	10.824	902
Eigenheimzulage	17.548	1.462	10.162	847
Förderbedarfsdeckung NEUBAU				
Sonderausgabenabzug	11.066	922	11.399	950
Eigenheimzulage	12.329	1.027	12.662	1.055

Inanspruchnahmemöglichkeiten (5)

2-Personen-Haushalt, 60 qm

	1995 DM/Jahr	1995 DM/Monat	1996 DM/Jahr	1996 DM/Monat
Einnahmen				
Gesamtbetrag der Einkünfte	90.000	7.500	92.700	7.725
Kindergeld	0	0	0	0
Ausgaben				
Einkommenssteuer	18.908	1.576	19.764	1.647
Kirchensteuer	1.513	126	1.581	132
Solidaritätszuschlag	1.418	118	1.482	124
Steuerzahlung	21.839	1.820	22.827	1.902
(Sozial-)Versicherungsbeiträge	18.810	1.568	19.374	1.615
Haushaltsnettoeinkommen	49.351	4.113	50.499	4.208
Grundbedarf				
Lebensunterhalt	21.600	1.800	22.248	1.854
Kaltmiete	7.560	630	7.787	649
Heizkosten	1.080	90	1.080	90
f. Wohnraumversorgung vbl. Einkommen	26.671	2.223	27.171	2.264
Kosten für Wohneigentum	15.048	1.254	15.119	1.260
Förderbedarf	11.623	969	12.052	1.004
Förderung BESTAND				
Sonderausgabenabzug				
Grundkomponente	11.012	918	3.254	271
Kinderkomponente	0	0	0	0
Steuerschuld SAA	10.827	902	19.573	1.631
Förderung SAA	11.012	918	3.254	271
Eigenheimzulage				
Grundkomponente	7.947	662	0	0
Grundförderung	2.500	208	2.500	208
Kinderzulage	0	0	0	0
Förderung EHZ	10.447	871	2.500	208
Förderung NEUBAU				
Sonderausgabenabzug				
Grundkomponente	4.799	400	4.799	400
Kinderkomponente	0	0	0	0
Steuerschuld SAA	17.040	1.420	17.040	1.420
Förderung SAA	4.799	400	4.799	400
Eigenheimzulage				
Grundkomponente	0	0	0	0
Grundförderung	5.000	417	5.000	417
Kinderzulage	0	0	0	0
Förderung EHZ	5.000	417	5.000	417
Förderbedarfsdeckung BESTAND				
Sonderausgabenabzug	22.635	1.886	22.635	1.886
Eigenheimzulage	22.070	1.839	22.070	1.839
Förderbedarfsdeckung NEUBAU				
Sonderausgabenabzug	16.422	1.369	16.851	1.404
Eigenheimzulage	16.623	1.385	17.052	1.421

Inanspruchnahmemöglichkeiten (6)

2-Personen-Haushalt, 60 qm

	1995 DM/Jahr	1995 DM/Monat	1996 DM/Jahr	1996 DM/Monat
Einnahmen				
Gesamtbetrag der Einkünfte	100.000	8.333	100.300	8.358
Kindergeld	0	0	0	0
Ausgaben				
Einkommenssteuer	22.090	1.841	23.076	1.923
Kirchensteuer	1.767	147	1.846	154
Solidaritätszuschlag	1.657	138	1.731	144
Steuerzahlung	25.514	2.126	26.653	2.221
(Sozial-)Versicherungsbeiträge	20.900	1.742	21.527	1.794
Haushaltsnettoeinkommen	53.586	4.466	52.120	4.343
Grundbedarf				
Lebensunterhalt	21.600	1.800	22.248	1.854
Kaltmiete	7.560	630	7.787	649
Heizkosten	1.080	90	1.080	90
f. Wohnraumversorgung vbl. Einkommen	30.906	2.576	28.792	2.399
Kosten für Wohneigentum	15.048	1.254	15.119	1.260
Förderbedarf	15.858	1.322	13.673	1.139
Förderung BESTAND				
Sonderausgabenabzug				
Grundkomponente	11.289	941	3.347	279
Kinderkomponente	0	0	0	0
Steuerschuld SAA	14.225	1.185	23.306	1.942
Förderung SAA	11.289	941	3.347	279
Eigenheimzulage				
Grundkomponente	8.168	681	0	0
Grundförderung	2.500	208	2.500	208
Kinderzulage	0	0	0	0
Förderung EHZ	10.668	889	2.500	208
Förderung NEUBAU				
Sonderausgabenabzug				
Grundkomponente	3.950	329	3.985	332
Kinderkomponente	0	0	0	0
Steuerschuld SAA	21.564	1.797	22.668	1.889
Förderung SAA	3.950	329	3.985	332
Eigenheimzulage				
Grundkomponente	0	0	0	0
Grundförderung	5.000	417	5.000	417
Kinderzulage	0	0	0	0
Förderung EHZ	5.000	417	5.000	417
Förderbedarfsdeckung BESTAND				
Sonderausgabenabzug	27.147	2.262	17.020	1.418
Eigenheimzulage	26.526	2.211	16.173	1.348
Förderbedarfsdeckung NEUBAU				
Sonderausgabenabzug	19.808	1.651	17.658	1.472
Eigenheimzulage	20.858	1.738	18.673	1.556

Inanspruchnahmemöglichkeiten (7)

2-Personen-Haushalt, 60 qm

	1995 DM/Jahr	1995 DM/Monat	1996 DM/Jahr	1996 DM/Monat
Einnahmen				
Gesamtbetrag der Einkünfte	110.000	9.167	113.300	9.442
Kindergeld	0	0	0	0
Ausgaben				
Einkommenssteuer	25.394	2.116	26.514	2.210
Kirchensteuer	2.032	169	2.121	177
Solidaritätszuschlag	1.906	159	1.986	166
Steuerzahlung	29.332	2.444	30.621	2.552
(Sozial-)Versicherungsbeiträge	22.990	1.916	23.680	1.973
Haushaltsnettoeinkommen	57.678	4.807	58.999	4.917
Grundbedarf				
Lebensunterhalt	21.600	1.800	22.248	1.854
Kaltmiete	7.560	630	7.787	649
Heizkosten	1.080	90	1.080	90
f. Wohnraumversorgung vbl. Einkommen	34.998	2.917	35.671	2.973
Kosten für Wohneigentum	15.048	1.254	15.119	1.260
Förderbedarf	19.950	1.663	20.552	1.713
Förderung BESTAND				
Sonderausgabenabzug				
Grundkomponente	11.644	970	3.479	290
Kinderkomponente	0	0	0	0
Steuerschuld SAA	17.688	1.474	27.142	2.262
Förderung SAA	11.644	970	3.479	290
Eigenheimzulage				
Grundkomponente	8.396	700	0	0
Grundförderung	2.500	208	2.500	208
Kinderzulage	0	0	0	0
Förderung EHZ	10.896	908	2.500	208
Förderung NEUBAU				
Sonderausgabenabzug				
Grundkomponente	4.061	338	4.091	341
Kinderkomponente	0	0	0	0
Steuerschuld SAA	25.271	2.106	26.530	2.211
Förderung SAA	4.061	338	4.091	341
Eigenheimzulage				
Grundkomponente	0	0	0	0
Grundförderung	5.000	417	5.000	417
Kinderzulage	0	0	0	0
Förderung EHZ	5.000	417	5.000	417
Förderbedarfsdeckung BESTAND				
Sonderausgabenabzug	31.594	2.633	24.031	2.003
Eigenheimzulage	30.846	2.571	23.052	1.921
Förderbedarfsdeckung NEUBAU				
Sonderausgabenabzug	24.011	2.001	24.643	2.054
Eigenheimzulage	24.950	2.079	25.552	2.129

Inanspruchnahmemöglichkeiten (8)

2-Personen-Haushalt, 60 qm

	1995 DM/Jahr	1995 DM/Monat	1996 DM/Jahr	1996 DM/Monat
Einnahmen				
Gesamtbetrag der Einkünfte	120.000	10.000	123.600	10.300
Kindergeld	0	0	0	0
Ausgaben				
Einkommenssteuer	28.808	2.401	30.056	2.505
Kirchensteuer	2.305	192	2.405	200
Solidaritätszuschlag	2.161	180	2.254	188
Steuerzahlung	33.274	2.773	34.715	2.893
(Sozial-)Versicherungsbeiträge	25.080	2.090	25.832	2.153
Haushaltsnettoeinkommen	61.646	5.137	63.053	5.254
Grundbedarf				
Lebensunterhalt	21.600	1.800	22.248	1.854
Kaltmiete	7.560	630	7.787	649
Heizkosten	1.080	90	1.080	90
f. Wohnraumversorgung vbl. Einkommen	38.966	3.247	39.725	3.310
Kosten für Wohneigentum	15.048	1.254	15.119	1.260
Förderbedarf	23.918	1.993	24.606	2.051
Förderung BESTAND				
Sonderausgabenabzug				
Grundkomponente	11.987	999	3.585	299
Kinderkomponente	0	0	0	0
Steuerschuld SAA	21.287	1.774	31.130	2.594
Förderung SAA	11.987	999	3.585	299
Eigenheimzulage				
Grundkomponente	8.689	724	0	0
Grundförderung	2.500	208	2.500	208
Kinderzulage	0	0	0	0
Förderung EHZ	11.189	932	2.500	208
Förderung NEUBAU				
Sonderausgabenabzug				
Grundkomponente	4.193	349	4.260	355
Kinderkomponente	0	0	0	0
Steuerschuld SAA	29.081	2.423	30.455	2.538
Förderung SAA	4.193	349	4.260	355
Eigenheimzulage				
Grundkomponente	0	0	0	0
Grundförderung	5.000	417	5.000	417
Kinderzulage	0	0	0	0
Förderung EHZ	5.000	417	5.000	417
Förderbedarfsdeckung BESTAND				
Sonderausgabenabzug	35.905	2.992	28.191	2.349
Eigenheimzulage	35.107	2.926	27.106	2.259
Förderbedarfsdeckung NEUBAU				
Sonderausgabenabzug	28.111	2.343	28.866	2.406
Eigenheimzulage	28.918	2.410	29.606	2.467

Inanspruchnahmemöglichkeiten (9)

3-Personen-Haushalt, 75 qm

	1995		1996	
	DM/Jahr	DM/Monat	DM/Jahr	DM/Monat
Einnahmen				
Gesamtbetrag der Einkünfte	50.000	4.167	51.500	4.292
Kindergeld	2.400	200	2.400	200
Ausgaben				
Einkommenssteuer	6.942	579	7.368	614
Kirchensteuer	555	46	589	49
Solidaritätszuschlag	521	43	553	46
Steuerzahlung	8.018	668	8.510	709
(Sozial-)Versicherungsbeiträge	10.450	871	10.764	897
Haushaltsnettoeinkommen	33.932	2.828	34.626	2.886
Grundbedarf				
Lebensunterhalt	25.400	2.117	26.162	2.180
Kaltmiete	9.180	765	9.456	788
Heizkosten	1.350	113	1.350	113
f. Wohnraumversorgung vbl. Einkommen	7.182	599	7.114	593
Kosten für Wohneigentum	18.810	1.568	18.899	1.575
Förderbedarf	-11.628	-969	-11.785	-982
Förderung BESTAND				
Sonderausgabenabzug				
Grundkomponente	8.018	668	2.872	239
Kinderkomponente	1.000	83	1.000	83
Steuerschuld SAA	0	0	4.146	346
Förderung SAA	8.018	668	3.872	323
Eigenheimzulage				
Grundkomponente	7.109	592	0	0
Grundförderung	2.500	208	2.500	208
Kinderzulage	1.500	125	1.500	125
Förderung EHZ	11.109	926	4.000	333
Förderung NEUBAU				
Sonderausgabenabzug				
Grundkomponente	3.416	285	3.416	285
Kinderkomponente	1.000	83	1.000	83
Steuerschuld SAA	3.602	300	3.602	300
Förderung SAA	4.416	368	4.416	368
Eigenheimzulage				
Grundkomponente	0	0	0	0
Grundförderung	5.000	417	5.000	417
Kinderzulage	1.500	125	1.500	125
Förderung EHZ	6.500	542	6.500	542
Förderbedarfsdeckung BESTAND				
Sonderausgabenabzug	-3.610	-301	-7.913	-659
Eigenheimzulage	-519	-43	-7.785	-649
Förderbedarfsdeckung NEUBAU				
Sonderausgabenabzug	-7.212	-601	-7.369	-614
Eigenheimzulage	-5.128	-427	-5.285	-440

Inanspruchnahmemöglichkeiten (10)

3-Personen-Haushalt, 75 qm

	1995 DM/Jahr	1995 DM/Monat	1996 DM/Jahr	1996 DM/Monat
Einnahmen				
Gesamtbetrag der Einkünfte	60.000	5.000	61.800	5.150
Kindergeld	2.400	200	2.400	200
Ausgaben				
Einkommenssteuer	9.812	818	10.346	862
Kirchensteuer	785	65	828	69
Solidaritätszuschlag	736	61	776	65
Steuerzahlung	11.333	944	11.950	996
(Sozial-)Versicherungsbeiträge	12.540	1.045	12.916	1.076
Haushaltsnettoeinkommen	38.527	3.211	39.334	3.278
Grundbedarf				
Lebensunterhalt	25.400	2.117	26.162	2.180
Kaltmiete	9.180	765	9.456	788
Heizkosten	1.350	113	1.350	113
f. Wohnraumversorgung vbl. Einkommen	11.777	981	11.822	985
Kosten für Wohneigentum	18.810	1.568	18.899	1.575
Förderbedarf	-7.033	-586	-7.077	-590
Förderung BESTAND				
Sonderausgabenabzug				
Grundkomponente	10.065	839	3.015	251
Kinderkomponente	1.000	83	1.000	83
Steuerschuld SAA	268	22	7.935	661
Förderung SAA	11.065	922	4.015	335
Eigenheimzulage				
Grundkomponente	7.272	606	0	0
Grundförderung	2.500	208	2.500	208
Kinderzulage	1.500	125	1.500	125
Förderung EHZ	11.272	939	4.000	333
Förderung NEUBAU				
Sonderausgabenabzug				
Grundkomponente	4.396	366	4.396	366
Kinderkomponente	1.000	83	1.000	83
Steuerschuld SAA	5.937	495	5.937	495
Förderung SAA	5.396	450	5.396	450
Eigenheimzulage				
Grundkomponente	0	0	0	0
Grundförderung	5.000	417	5.000	417
Kinderzulage	1.500	125	1.500	125
Förderung EHZ	6.500	542	6.500	542
Förderbedarfsdeckung BESTAND				
Sonderausgabenabzug	4.032	336	-3.062	-255
Eigenheimzulage	4.239	353	-3.077	-256
Förderbedarfsdeckung NEUBAU				
Sonderausgabenabzug	-1.637	-136	-1.681	-140
Eigenheimzulage	-533	-44	-577	-48

Inanspruchnahmemöglichkeiten (11)

3-Personen-Haushalt, 75 qm

	1995 DM/Jahr	1995 DM/Monat	1996 DM/Jahr	1996 DM/Monat
Einnahmen				
Gesamtbetrag der Einkünfte	70.000	5.833	72.100	6.008
Kindergeld	2.400	200	2.400	200
Ausgaben				
Einkommenssteuer	12.768	1.064	13.382	1.115
Kirchensteuer	1.021	85	1.071	89
Solidaritätszuschlag	958	80	1.004	84
Steuerzahlung	14.747	1.229	15.457	1.288
(Sozial-)Versicherungsbeiträge	14.630	1.219	15.069	1.256
Haushaltsnettoeinkommen	43.023	3.585	43.974	3.665
Grundbedarf				
Lebensunterhalt	25.400	2.117	26.162	2.180
Kaltmiete	9.180	765	9.456	788
Heizkosten	1.350	113	1.350	113
f. Wohnraumversorgung vbl. Einkommen	16.273	1.356	16.462	1.372
Kosten für Wohneigentum	18.810	1.568	18.899	1.575
Förderbedarf	-2.537	-211	-2.437	-203
Förderung BESTAND				
Sonderausgabenabzug				
Grundkomponente	10.381	865	3.071	256
Kinderkomponente	1.000	83	1.000	83
Steuerschuld SAA	3.366	281	11.364	947
Förderung SAA	11.381	948	4.071	339
Eigenheimzulage				
Grundkomponente	7.533	628	0	0
Grundförderung	2.500	208	2.500	208
Kinderzulage	1.500	125	1.500	125
Förderung EHZ	7.833	653	4.000	333
Förderung NEUBAU				
Sonderausgabenabzug				
Grundkomponente	4.530	378	4.530	378
Kinderkomponente	1.000	83	1.000	83
Steuerschuld SAA	10.116	843	10.116	843
Förderung SAA	5.530	461	5.530	461
Eigenheimzulage				
Grundkomponente	0	0	0	0
Grundförderung	5.000	417	5.000	417
Kinderzulage	1.500	125	1.500	125
Förderung EHZ	6.500	542	6.500	542
Förderbedarfsdeckung BESTAND				
Sonderausgabenabzug	8.844	737	1.634	136
Eigenheimzulage	5.296	441	1.563	130
Förderbedarfsdeckung NEUBAU				
Sonderausgabenabzug	2.993	249	3.093	258
Eigenheimzulage	3.963	330	4.063	339

Inanspruchnahmemöglichkeiten (12)

3-Personen-Haushalt, 75 qm

	1995 DM/Jahr	1995 DM/Monat	1996 DM/Jahr	1996 DM/Monat
Einnahmen				
Gesamtbetrag der Einkünfte	80.000	6.667	82.400	6.867
Kindergeld	2.400	200	2.400	200
Ausgaben				
Einkommenssteuer	15.778	1.315	16.510	1.376
Kirchensteuer	1.262	105	1.321	110
Solidaritätszuschlag	1.183	99	1.238	103
Steuerzahlung	18.223	1.519	19.069	1.589
(Sozial-)Versicherungsbeiträge	16.720	1.393	17.222	1.435
Haushaltsnettoeinkommen	47.457	3.955	48.509	4.042
Grundbedarf				
Lebensunterhalt	25.400	2.117	26.162	2.180
Kaltmiete	9.180	765	9.456	788
Heizkosten	1.350	113	1.350	113
f. Wohnraumversorgung vbl. Einkommen	20.707	1.726	20.997	1.750
Kosten für Wohneigentum	18.810	1.568	18.899	1.575
Förderbedarf	1.897	158	2.098	175
Förderung BESTAND				
Sonderausgabenabzug				
Grundkomponente	10.660	888	3.162	264
Kinderkomponente	1.000	83	1.000	83
Steuerschuld SAA	6.563	547	14.907	1.242
Förderung SAA	11.660	972	4.162	347
Eigenheimzulage				
Grundkomponente	7.719	643	0	0
Grundförderung	2.500	208	2.500	208
Kinderzulage	1.500	125	1.500	125
Förderung EHZ	11.719	977	4.000	333
Förderung NEUBAU				
Sonderausgabenabzug				
Grundkomponente	4.626	386	4.626	386
Kinderkomponente	1.000	83	1.000	83
Steuerschuld SAA	12.597	1.050	12.597	1.050
Förderung SAA	5.626	469	5.626	469
Eigenheimzulage				
Grundkomponente	0	0	0	0
Grundförderung	5.000	417	5.000	417
Kinderzulage	1.500	125	1.500	125
Förderung EHZ	6.500	542	6.500	542
Förderbedarfsdeckung BESTAND				
Sonderausgabenabzug	13.557	1.130	6.260	522
Eigenheimzulage	13.616	1.135	6.098	508
Förderbedarfsdeckung NEUBAU				
Sonderausgabenabzug	7.523	627	7.724	644
Eigenheimzulage	8.397	700	8.598	717

Inanspruchnahmemöglichkeiten (13)

3-Personen-Haushalt, 75 qm

	1995 DM/Jahr	1995 DM/Monat	1996 DM/Jahr	1996 DM/Monat
Einnahmen				
Gesamtbetrag der Einkünfte	90.000	7.500	92.700	7.725
Kindergeld	2.400	200	2.400	200
Ausgaben				
Einkommenssteuer	18.908	1.576	19.764	1.647
Kirchensteuer	1.513	126	1.581	132
Solidaritätszuschlag	1.418	118	1.482	124
Steuerzahlung	21.839	1.820	22.827	1.902
(Sozial-)Versicherungsbeiträge	18.810	1.568	19.374	1.615
Haushaltsnettoeinkommen	51.751	4.313	52.899	4.408
Grundbedarf				
Lebensunterhalt	25.400	2.117	26.162	2.180
Kaltmiete	9.180	765	9.456	788
Heizkosten	1.350	113	1.350	113
f. Wohnraumversorgung vbl. Einkommen	25.001	2.083	25.387	2.116
Kosten für Wohneigentum	18.810	1.568	18.899	1.575
Förderbedarf	6.191	516	6.488	541
Förderung BESTAND				
Sonderausgabenabzug				
Grundkomponente	11.012	918	3.254	271
Kinderkomponente	1.000	83	1.000	83
Steuerschuld SAA	9.827	819	18.573	1.548
Förderung SAA	12.012	1.001	4.254	355
Eigenheimzulage				
Grundkomponente	7.947	662	0	0
Grundförderung	2.500	208	2.500	208
Kinderzulage	1.500	125	1.500	125
Förderung EHZ	11.947	996	4.000	333
Förderung NEUBAU				
Sonderausgabenabzug				
Grundkomponente	4.799	400	4.799	400
Kinderkomponente	1.000	83	1.000	83
Steuerschuld SAA	16.040	1.337	16.040	1.337
Förderung SAA	5.799	483	5.799	483
Eigenheimzulage				
Grundkomponente	0	0	0	0
Grundförderung	5.000	417	5.000	417
Kinderzulage	1.500	125	1.500	125
Förderung EHZ	6.500	542	6.500	542
Förderbedarfsdeckung BESTAND				
Sonderausgabenabzug	18.203	1.517	10.742	895
Eigenheimzulage	18.138	1.512	10.488	874
Förderbedarfsdeckung NEUBAU				
Sonderausgabenabzug	11.990	999	12.287	1.024
Eigenheimzulage	12.691	1.058	12.988	1.082

Inanspruchnahmemöglichkeiten (14)

3-Personen-Haushalt. 75 qm

	1995 DM/Jahr	1995 DM/Monat	1996 DM/Jahr	1996 DM/Monat
Einnahmen				
Gesamtbetrag der Einkünfte	100.000	8.333	103.000	8.583
Kindergeld	2.400	200	2.400	200
Ausgaben				
Einkommenssteuer	22.090	1.841	23.076	1.923
Kirchensteuer	1.767	147	1.846	154
Solidaritätszuschlag	1.657	138	1.731	144
Steuerzahlung	25.514	2.126	26.653	2.221
(Sozial-)Versicherungsbeiträge	20.900	1.742	21.527	1.794
Haushaltsnettoeinkommen	55.986	4.666	57.220	4.768
Grundbedarf				
Lebensunterhalt	25.400	2.117	26.162	2.180
Kaltmiete	9.180	765	9.456	788
Heizkosten	1.350	113	1.350	113
f. Wohnraumversorgung vbl. Einkommen	29.236	2.436	29.708	2.476
Kosten für Wohneigentum	18.810	1.568	18.899	1.575
Förderbedarf	10.426	869	10.809	901
Förderung BESTAND				
Sonderausgabenabzug				
Grundkomponente	11.289	941	3.347	279
Kinderkomponente	1.000	83	1.000	83
Steuerschuld SAA	13.225	1.102	22.306	1.859
Förderung SAA	12.289	1.024	4.347	362
Eigenheimzulage				
Grundkomponente	8.168	681	0	0
Grundförderung	2.500	208	2.500	208
Kinderzulage	1.500	125	1.500	125
Förderung EHZ	12.168	1.014	4.000	333
Förderung NEUBAU				
Sonderausgabenabzug				
Grundkomponente	4.893	408	4.971	414
Kinderkomponente	1.000	83	1.000	83
Steuerschuld SAA	19.621	1.635	20.682	1.724
Förderung SAA	5.893	491	5.971	498
Eigenheimzulage				
Grundkomponente	0	0	0	
Grundförderung	5.000	417	5.000	417
Kinderzulage	1.500	125	1.500	125
Förderung EHZ	6.500	542	6.500	542
Förderbedarfsdeckung BESTAND				
Sonderausgabenabzug	22.715	1.893	15.156	1.263
Eigenheimzulage	22.594	1.883	14.809	1.234
Förderbedarfsdeckung NEUBAU				
Sonderausgabenabzug	16.319	1.360	16.780	1.398
Eigenheimzulage	16.926	1.411	17.309	1.442

Inanspruchnahmemöglichkeiten (15)

3-Personen-Haushalt, 75 qm

	1995 DM/Jahr	1995 DM/Monat	1996 DM/Jahr	1996 DM/Monat
Einnahmen				
Gesamtbetrag der Einkünfte	110.000	9.167	113.300	9.442
Kindergeld	2.400	200	2.400	200
Ausgaben				
Einkommenssteuer	25.394	2.116	26.514	2.210
Kirchensteuer	2.032	169	2.121	177
Solidaritätszuschlag	1.906	159	1.986	166
Steuerzahlung	29.332	2.444	30.621	2.552
(Sozial-)Versicherungsbeiträge	22.990	1.916	23.690	1.974
Haushaltsnettoeinkommen	60.078	5.007	61.389	5.116
Grundbedarf				
Lebensunterhalt	25.400	2.117	26.162	2.180
Kaltmiete	9.180	765	9.456	788
Heizkosten	1.350	113	1.350	113
f. Wohnraumversorgung vbl. Einkommen	33.328	2.777	33.877	2.823
Kosten für Wohneigentum	18.810	1.568	18.899	1.575
Förderbedarf	14.518	1.210	14.978	1.248
Förderung BESTAND				
Sonderausgabenabzug				
Grundkomponente	11.644	970	3.479	290
Kinderkomponente	1.000	83	1.000	83
Steuerschuld SAA	16.688	1.391	26.142	2.179
Förderung SAA	12.644	1.054	4.479	373
Eigenheimzulage				
Grundkomponente	8.396	700	0	0
Grundförderung	2.500	208	2.500	208
Kinderzulage	1.500	125	1.500	125
Förderung EHZ	12.396	1.033	4.000	333
Förderung NEUBAU				
Sonderausgabenabzug				
Grundkomponente	5.068	422	5.107	426
Kinderkomponente	1.000	83	1.000	83
Steuerschuld SAA	23.264	1.939	24.514	2.043
Förderung SAA	6.068	506	6.107	509
Eigenheimzulage				
Grundkomponente	0	0	0	0
Grundförderung	5.000	417	5.000	417
Kinderzulage	1.500	125	1.500	125
Förderung EHZ	6.500	542	6.500	542
Förderbedarfsdeckung BESTAND				
Sonderausgabenabzug	27.162	2.264	19.457	1.621
Eigenheimzulage	26.914	2.243	18.978	1.582
Förderbedarfsdeckung NEUBAU				
Sonderausgabenabzug	20.586	1.716	21.085	1.757
Eigenheimzulage	21.018	1.752	21.478	1.790

Inanspruchnahmemöglichkeiten (16)

3-Personen-Haushalt, 75 qm

	1995 DM/Jahr	1995 DM/Monat	1996 DM/Jahr	1996 DM/Monat
Einnahmen				
Gesamtbetrag der Einkünfte	120.000	10.000	123.600	10.300
Kindergeld	2.400	200	2.400	200
Ausgaben				
Einkommenssteuer	28.808	2.401	30.056	2.505
Kirchensteuer	2.305	192	2.405	200
Solidaritätszuschlag	2.161	180	2.254	188
Steuerzahlung	33.274	2.773	34.715	2.893
(Sozial-)Versicherungsbeiträge	25.080	2.090	25.832	2.153
Haushaltsnettoeinkommen	64.046	5.337	65.453	5.454
Grundbedarf				
Lebensunterhalt	25.400	2.117	26.162	2.180
Kaltmiete	9.180	765	9.456	788
Heizkosten	1.350	113	1.350	113
f. Wohnraumversorgung vbl. Einkommen	37.296	3.108	37.941	3.162
Kosten für Wohneigentum	18.810	1.568	18.899	1.575
Förderbedarf	18.486	1.541	19.042	1.587
Förderung BESTAND				
Sonderausgabenabzug				
Grundkomponente	11.987	999	3.585	299
Kinderkomponente	1.000	83	1.000	83
Steuerschuld SAA	20.287	1.691	30.130	2.511
Förderung SAA	12.987	1.082	4.585	382
Eigenheimzulage				
Grundkomponente	8.689	724	0	0
Grundförderung	2.500	208	2.500	208
Kinderzulage	1.500	125	1.500	125
Förderung EHZ	12.689	1.057	4.000	333
Förderung NEUBAU				
Sonderausgabenabzug				
Grundkomponente	7.171	598	5.302	442
Kinderkomponente	1.000	83	1.500	125
Steuerschuld SAA	25.103	2.092	29.413	2.451
Förderung SAA	8.171	681	6.802	567
Eigenheimzulage				
Grundkomponente	0	0	0	0
Grundförderung	5.000	417	5.000	417
Kinderzulage	1.500	125	1.500	125
Förderung EHZ	6.500	542	6.500	542
Förderbedarfsdeckung BESTAND				
Sonderausgabenabzug	31.473	2.623	23.627	1.969
Eigenheimzulage	31.175	2.598	23.042	1.920
Förderbedarfsdeckung NEUBAU				
Sonderausgabenabzug	26.657	2.221	25.844	2.154
Eigenheimzulage	24.986	2.082	25.542	2.129

Inanspruchnahmemöglichkeiten (17)

4-Personen-Haushalt, 100 qm

	1995 DM/Jahr	DM/Monat	1996 DM/Jahr	DM/Monat
Einnahmen				
Gesamtbetrag der Einkünfte	50.000	4.167	51.500	4.292
Kindergeld	4.800	400	4.800	400
Ausgaben				
Einkommenssteuer	6.942	579	7.368	614
Kirchensteuer	555	46	589	49
Solidaritätszuschlag	521	43	553	46
Steuerzahlung	8.018	668	8.510	709
(Sozial-)Versicherungsbeiträge	10.450	871	10.764	897
Haushaltsnettoeinkommen	36.332	3.028	37.026	3.086
Grundbedarf				
Lebensunterhalt	29.200	2.433	30.076	2.506
Kaltmiete	12.000	1.000	12.360	1.030
Heizkosten	1.800	150	1.800	150
f. Wohnraumversorgung vbl. Einkommen	5.332	444	5.150	429
Kosten für Wohneigentum	25.080	2.090	25.199	2.100
Förderbedarf	-19.748	-1.646	-20.049	-1.671
Förderung BESTAND				
Sonderausgabenabzug				
Grundkomponente	8.018	668	2.872	239
Kinderkomponente	2.000	167	2.000	167
Steuerschuld SAA	0	0	3.146	262
Förderung SAA	8.018	668	4.872	406
Eigenheimzulage				
Grundkomponente	7.109	592	0	0
Grundförderung	2.500	208	2.500	208
Kinderzulage	3.000	250	3.000	250
Förderung EHZ	12.609	1.051	5.500	458
Förderung NEUBAU				
Sonderausgabenabzug				
Grundkomponente	3.416	285	3.416	285
Kinderkomponente	2.000	167	2.000	167
Steuerschuld SAA	2.602	217	2.602	217
Förderung SAA	5.416	451	5.416	451
Eigenheimzulage				
Grundkomponente	0	0	0	0
Grundförderung	5.000	417	5.000	417
Kinderzulage	3.000	250	3.000	250
Förderung EHZ	8.000	667	8.000	667
Förderbedarfsdeckung BESTAND				
Sonderausgabenabzug	-11.730	-978	-15.177	-1.265
Eigenheimzulage	-7.139	-595	-14.549	-1.212
Förderbedarfsdeckung NEUBAU				
Sonderausgabenabzug	-14.332	-1.194	-14.633	-1.219
Eigenheimzulage	-11.748	-979	-12.049	-1.004

Inanspruchnahmemöglichkeiten (18)

4-Personen-Haushalt, 100 qm

	1995 DM/Jahr	1995 DM/Monat	1996 DM/Jahr	1996 DM/Monat
Einnahmen				
Gesamtbetrag der Einkünfte	60.000	5.000	61.800	5.150
Kindergeld	4.800	400	4.800	400
Ausgaben				
Einkommenssteuer	9.812	818	10.346	862
Kirchensteuer	785	65	828	69
Solidaritätszuschlag	736	61	776	65
Steuerzahlung	11.333	944	11.950	996
(Sozial-)Versicherungsbeiträge	12.540	1.045	12.916	1.076
Haushaltsnettoeinkommen	40.927	3.411	41.734	3.478
Grundbedarf				
Lebensunterhalt	29.200	2.433	30.076	2.506
Kaltmiete	12.000	1.000	12.360	1.030
Heizkosten	1.800	150	1.800	150
f. Wohnraumversorgung vbl. Einkommen	9.927	827	9.858	822
Kosten für Wohneigentum	25.080	2.090	25.199	2.100
Förderbedarf	-15.153	-1.263	-15.341	-1.278
Förderung BESTAND				
Sonderausgabenabzug				
Grundkomponente	10.065	839	3.015	251
Kinderkomponente	2.000	167	2.000	167
Steuerschuld SAA	0	0	6.935	578
Förderung SAA	11.333	944	5.015	418
Eigenheimzulage				
Grundkomponente	7.272	606	0	0
Grundförderung	2.500	208	2.500	208
Kinderzulage	3.000	250	3.000	250
Förderung EHZ	12.772	1.064	5.500	458
Förderung NEUBAU				
Sonderausgabenabzug				
Grundkomponente	5.810	484	5.810	484
Kinderkomponente	2.000	167	2.000	167
Steuerschuld SAA	3.810	318	3.810	318
Förderung SAA	7.810	651	7.810	651
Eigenheimzulage				
Grundkomponente	0	0	0	0
Grundförderung	5.000	417	5.000	417
Kinderzulage	3.000	250	3.000	250
Förderung EHZ	8.000	667	8.000	667
Förderbedarfsdeckung BESTAND				
Sonderausgabenabzug	-3.820	-318	-10.326	-861
Eigenheimzulage	-2.381	-198	-9.841	-820
Förderbedarfsdeckung NEUBAU				
Sonderausgabenabzug	-7.343	-612	-7.531	-628
Eigenheimzulage	-7.153	-596	-7.341	-612

Inanspruchnahmemöglichkeiten (19)

4-Personen-Haushalt, 100 qm

	1995 DM/Jahr	1995 DM/Monat	1996 DM/Jahr	1996 DM/Monat
Einnahmen				
Gesamtbetrag der Einkünfte	70.000	5.833	72.100	6.008
Kindergeld	4.800	400	4.800	400
Ausgaben				
Einkommenssteuer	12.768	1.064	13.382	1.115
Kirchensteuer	1.021	85	1.071	89
Solidaritätszuschlag	958	80	1.004	84
Steuerzahlung	14.747	1.229	15.457	1.288
(Sozial-)Versicherungsbeiträge	14.630	1.219	15.069	1.256
Haushaltsnettoeinkommen	45.423	3.785	46.374	3.865
Grundbedarf				
Lebensunterhalt	29.200	2.433	30.076	2.506
Kaltmiete	12.000	1.000	12.360	1.030
Heizkosten	1.800	150	1.800	150
f. Wohnraumversorgung vbl. Einkommen	14.423	1.202	14.498	1.208
Kosten für Wohneigentum	25.080	2.090	25.199	2.100
Förderbedarf	-10.657	-888	-10.701	-892
Förderung BESTAND				
Sonderausgabenabzug				
Grundkomponente	10.381	865	3.071	256
Kinderkomponente	2.000	167	2.000	167
Steuerschuld SAA	2.366	197	10.364	864
Förderung SAA	12.381	1.032	5.071	423
Eigenheimzulage				
Grundkomponente	7.533	628	0	0
Grundförderung	2.500	208	2.500	208
Kinderzulage	3.000	250	3.000	250
Förderung EHZ	7.833	653	5.500	458
Förderung NEUBAU				
Sonderausgabenabzug				
Grundkomponente	5.990	499	5.990	499
Kinderkomponente	2.000	167	2.000	167
Steuerschuld SAA	6.757	563	6.757	563
Förderung SAA	7.990	666	7.990	666
Eigenheimzulage				
Grundkomponente	0	0	0	0
Grundförderung	5.000	417	5.000	417
Kinderzulage	3.000	250	3.000	250
Förderung EHZ	8.000	667	8.000	667
Förderbedarfsdeckung BESTAND				
Sonderausgabenabzug	1.724	144	-5.630	-469
Eigenheimzulage	-2.824	-235	-5.201	-433
Förderbedarfsdeckung NEUBAU				
Sonderausgabenabzug	-2.667	-222	-2.711	-226
Eigenheimzulage	-2.657	-221	-2.701	-225

Inanspruchnahmemöglichkeiten (20)

4-Personen-Haushalt, 100 qm

	1995 DM/Jahr	1995 DM/Monat	1996 DM/Jahr	1996 DM/Monat
Einnahmen				
Gesamtbetrag der Einkünfte	80.000	6.667	82.400	6.867
Kindergeld	4.800	400	4.800	400
Ausgaben				
Einkommenssteuer	15.778	1.315	16.510	1.376
Kirchensteuer	1.262	105	1.321	110
Solidaritätszuschlag	1.183	99	1.238	103
Steuerzahlung	18.223	1.519	19.069	1.589
(Sozial-)Versicherungsbeiträge	16.720	1.393	17.222	1.435
Haushaltsnettoeinkommen	49.857	4.155	50.909	4.242
Grundbedarf				
Lebensunterhalt	29.200	2.433	30.076	2.506
Kaltmiete	12.000	1.000	12.360	1.030
Heizkosten	1.800	150	1.800	150
f. Wohnraumversorgung vbl. Einkommen	18.857	1.571	19.033	1.586
Kosten für Wohneigentum	25.080	2.090	25.199	2.100
Förderbedarf	-6.223	-519	-6.166	-514
Förderung BESTAND				
Sonderausgabenabzug				
Grundkomponente	10.660	888	3.162	264
Kinderkomponente	2.000	167	2.000	167
Steuerschuld SAA	5.563	464	13.907	1.159
Förderung SAA	12.660	1.055	5.162	430
Eigenheimzulage				
Grundkomponente	7.719	643	0	0
Grundförderung	2.500	208	2.500	208
Kinderzulage	3.000	250	3.000	250
Förderung EHZ	13.219	1.102	5.500	458
Förderung NEUBAU				
Sonderausgabenabzug				
Grundkomponente	6.165	514	6.165	514
Kinderkomponente	2.000	167	2.000	167
Steuerschuld SAA	10.058	838	10.058	838
Förderung SAA	8.165	680	8.165	680
Eigenheimzulage				
Grundkomponente	0	0	0	0
Grundförderung	5.000	417	5.000	417
Kinderzulage	3.000	250	3.000	250
Förderung EHZ	8.000	667	8.000	667
Förderbedarfsdeckung BESTAND				
Sonderausgabenabzug	6.437	536	-1.004	-84
Eigenheimzulage	6.996	583	-666	-56
Förderbedarfsdeckung NEUBAU				
Sonderausgabenabzug	1.942	162	1.999	167
Eigenheimzulage	1.777	148	1.834	153

Inanspruchnahmemöglichkeiten (21)

4-Personen-Haushalt, 100 qm

	1995 DM/Jahr	1995 DM/Monat	1996 DM/Jahr	1996 DM/Monat
Einnahmen				
Gesamtbetrag der Einkünfte	90.000	7.500	92.700	7.725
Kindergeld	4.800	400	4.800	400
Ausgaben				
Einkommenssteuer	18.908	1.576	19.764	1.647
Kirchensteuer	1.513	126	1.581	132
Solidaritätszuschlag	1.418	118	1.482	124
Steuerzahlung	21.839	1.820	22.827	1.902
(Sozial-)Versicherungsbeiträge	18.810	1.568	19.374	1.615
Haushaltsnettoeinkommen	54.151	4.513	55.299	4.608
Grundbedarf				
Lebensunterhalt	29.200	2.433	30.076	2.506
Kaltmiete	12.000	1.000	12.360	1.030
Heizkosten	1.800	150	1.800	150
f. Wohnraumversorgung vbl. Einkommen	23.151	1.929	23.423	1.952
Kosten für Wohneigentum	25.080	2.090	25.199	2.100
Förderbedarf	-1.929	-161	-1.776	-148
Förderung BESTAND				
Sonderausgabenabzug				
Grundkomponente	11.012	918	3.254	271
Kinderkomponente	2.000	167	2.000	167
Steuerschuld SAA	8.827	736	17.537	1.461
Förderung SAA	13.012	1.084	5.254	438
Eigenheimzulage				
Grundkomponente	7.947	662	0	0
Grundförderung	2.500	208	2.500	208
Kinderzulage	3.000	250	3.000	250
Förderung EHZ	13.447	1.121	5.500	458
Förderung NEUBAU				
Sonderausgabenabzug				
Grundkomponente	6.346	529	6.391	533
Kinderkomponente	2.000	167	2.000	167
Steuerschuld SAA	13.492	1.124	14.436	1.203
Förderung SAA	8.346	696	8.391	699
Eigenheimzulage				
Grundkomponente	0	0	0	0
Grundförderung	5.000	417	5.000	417
Kinderzulage	3.000	250	3.000	250
Förderung EHZ	8.000	667	8.000	667
Förderbedarfsdeckung BESTAND				
Sonderausgabenabzug	11.083	924	3.478	290
Eigenheimzulage	11.518	960	3.724	310
Förderbedarfsdeckung NEUBAU				
Sonderausgabenabzug	-1.881	-157	6.615	551
Eigenheimzulage	6.071	506	6.224	519

Inanspruchnahmemöglichkeiten (22)

4-Personen-Haushalt, 100 qm

	1995 DM/Jahr	1995 DM/Monat	1996 DM/Jahr	1996 DM/Monat
Einnahmen				
Gesamtbetrag der Einkünfte	100.000	8.333	103.000	8.583
Kindergeld	4.800	400	4.800	400
Ausgaben				
Einkommenssteuer	22.090	1.841	23.076	1.923
Kirchensteuer	1.767	147	1.846	154
Solidaritätszuschlag	1.657	138	1.731	144
Steuerzahlung	25.514	2.126	26.653	2.221
(Sozial-)Versicherungsbeiträge	20.900	1.742	21.527	1.794
Haushaltsnettoeinkommen	58.386	4.866	59.620	4.968
Grundbedarf				
Lebensunterhalt	29.200	2.433	30.076	2.506
Kaltmiete	12.000	1.000	12.360	1.030
Heizkosten	1.800	150	1.800	150
f. Wohnraumversorgung vbl. Einkommen	27.386	2.282	27.744	2.312
Kosten für Wohneigentum	25.080	2.090	25.199	2.100
Förderbedarf	2.306	192	2.545	212
Förderung BESTAND				
Sonderausgabenabzug				
Grundkomponente	11.289	941	3.347	279
Kinderkomponente	2.000	167	2.000	167
Steuerschuld SAA	12.225	1.019	21.306	1.776
Förderung SAA	13.289	1.107	5.347	446
Eigenheimzulage				
Grundkomponente	8.168	681	0	0
Grundförderung	2.500	208	2.500	208
Kinderzulage	3.000	250	3.000	250
Förderung EHZ	13.668	1.139	5.500	458
Förderung NEUBAU				
Sonderausgabenabzug				
Grundkomponente	6.521	543	6.577	548
Kinderkomponente	2.000	167	2.000	167
Steuerschuld SAA	16.993	1.416	18.076	1.506
Förderung SAA	8.521	710	8.577	715
Eigenheimzulage				
Grundkomponente	0	0	0	0
Grundförderung	5.000	417	5.000	417
Kinderzulage	3.000	250	3.000	250
Förderung EHZ	8.000	667	8.000	667
Förderbedarfsdeckung BESTAND				
Sonderausgabenabzug	15.595	1.300	7.892	658
Eigenheimzulage	15.974	1.331	8.045	670
Förderbedarfsdeckung NEUBAU				
Sonderausgabenabzug	10.827	902	11.122	927
Eigenheimzulage	10.306	859	10.545	879

Inanspruchnahmemöglichkeiten (23)

4-Personen-Haushalt, 100 qm

	1995 DM/Jahr	1995 DM/Monat	1996 DM/Jahr	1996 DM/Monat
Einnahmen				
Gesamtbetrag der Einkünfte	110.000	9.167	113.300	9.442
Kindergeld	4.800	400	4.800	400
Ausgaben				
Einkommenssteuer	25.394	2.116	26.514	2.210
Kirchensteuer	2.032	169	2.121	177
Solidaritätszuschlag	1.906	159	1.986	166
Steuerzahlung	29.332	2.444	30.621	2.552
(Sozial-)Versicherungsbeiträge	22.990	1.916	23.680	1.973
Haushaltsnettoeinkommen	62.478	5.207	63.799	5.317
Grundbedarf				
Lebensunterhalt	29.200	2.433	30.076	2.506
Kaltmiete	12.000	1.000	12.360	1.030
Heizkosten	1.800	150	1.800	150
f. Wohnraumversorgung vbl. Einkommen	31.478	2.623	31.923	2.660
Kosten für Wohneigentum	18.810	1.568	18.899	1.575
Förderbedarf	12.668	1.056	13.024	1.085
Förderung BESTAND				
Sonderausgabenabzug				
Grundkomponente	11.644	970	3.479	290
Kinderkomponente	2.000	167	2.000	167
Steuerschuld SAA	15.688	1.307	25.142	2.095
Förderung SAA	13.644	1.137	5.479	457
Eigenheimzulage				
Grundkomponente	8.396	700	0	0
Grundförderung	2.500	208	2.500	208
Kinderzulage	3.000	250	3.000	250
Förderung EHZ	13.896	1.158	5.500	458
Förderung NEUBAU				
Sonderausgabenabzug				
Grundkomponente	6.703	559	6.776	565
Kinderkomponente	2.000	167	2.000	167
Steuerschuld SAA	20.629	1.719	21.845	1.820
Förderung SAA	8.703	725	8.776	731
Eigenheimzulage				
Grundkomponente	0	0	0	0
Grundförderung	5.000	417	5.000	417
Kinderzulage	3.000	250	3.000	250
Förderung EHZ	8.000	667	8.000	667
Förderbedarfsdeckung BESTAND				
Sonderausgabenabzug	10.886	907	2.662	222
Eigenheimzulage	11.138	928	2.683	224
Förderbedarfsdeckung NEUBAU				
Sonderausgabenabzug	5.945	495	5.959	497
Eigenheimzulage	5.242	437	5.183	432

Inanspruchnahmemöglichkeiten (24)

4-Personen-Haushalt, 100 qm

	1995 DM/Jahr	1995 DM/Monat	1996 DM/Jahr	1996 DM/Monat
Einnahmen				
Gesamtbetrag der Einkünfte	120.000	10.000	123.600	10.300
Kindergeld	4.800	400	4.800	400
Ausgaben				
Einkommenssteuer	28.808	2.401	30.056	2.505
Kirchensteuer	2.305	192	2.405	200
Solidaritätszuschlag	2.161	180	2.254	188
Steuerzahlung	33.274	2.773	34.715	2.893
(Sozial-)Versicherungsbeiträge	34.800	2.900	35.844	2.987
Haushaltsnettoeinkommen	56.726	4.727	57.841	4.820
Grundbedarf				
Lebensunterhalt	29.200	2.433	30.076	2.506
Kaltmiete	12.000	1.000	12.360	1.030
Heizkosten	1.800	150	1.800	150
f. Wohnraumversorgung vbl. Einkommen	25.726	2.144	25.965	2.164
Kosten für Wohneigentum	25.080	2.090	25.199	2.100
Förderbedarf	646	54	766	64
Förderung BESTAND				
Sonderausgabenabzug				
Grundkomponente	11.987	999	3.585	299
Kinderkomponente	2.000	167	2.000	167
Steuerschuld SAA	19.287	1.607	29.130	2.428
Förderung SAA	13.987	1.166	5.585	465
Eigenheimzulage				
Grundkomponente	8.689	724	0	0
Grundförderung	2.500	208	2.500	208
Kinderzulage	3.000	250	3.000	250
Förderung EHZ	14.189	1.182	5.500	458
Förderung NEUBAU				
Sonderausgabenabzug				
Grundkomponente	6.908	576	6.997	583
Kinderkomponente	2.000	167	2.000	167
Steuerschuld SAA	24.366	2.031	25.718	2.143
Förderung SAA	8.908	742	8.997	750
Eigenheimzulage				
Grundkomponente	0	0	0	0
Grundförderung	5.000	417	5.000	417
Kinderzulage	3.000	250	3.000	250
Förderung EHZ	8.000	667	8.000	667
Förderbedarfsdeckung BESTAND				
Sonderausgabenabzug	14.633	1.219	6.351	529
Eigenheimzulage	14.835	1.236	6.266	522
Förderbedarfsdeckung NEUBAU				
Sonderausgabenabzug	9.554	796	9.763	814
Eigenheimzulage	700	58	8.766	731

Inanspruchnahmemöglichkeiten (25)

5-Personen-Haushalt, 120 qm

	1995 DM/Jahr	1995 DM/Monat	1996 DM/Jahr	1996 DM/Monat
Einnahmen				
Gesamtbetrag der Einkünfte	50.000	4.167	51.500	4.292
Kindergeld	8.400	700	8.400	700
Ausgaben				
Einkommenssteuer	6.942	579	7.368	614
Kirchensteuer	555	46	589	49
Solidaritätszuschlag	521	43	553	46
Steuerzahlung	8.018	668	8.510	709
(Sozial-)Versicherungsbeiträge	10.450	871	10.764	897
Haushaltsnettoeinkommen	39.932	3.328	40.626	3.386
Grundbedarf				
Lebensunterhalt	33.000	2.750	33.990	2.833
Kaltmiete	12.960	1.080	13.344	1.112
Heizkosten	2.160	180	2.160	180
f. Wohnraumversorgung vbl. Einkommen	4.772	398	4.476	373
Kosten für Wohneigentum	30.096	2.508	30.239	2.520
Förderbedarf	-25.324	-2.110	-25.763	-2.147
Förderung BESTAND				
Sonderausgabenabzug				
Grundkomponente	8.018	668	2.872	239
Kinderkomponente	3.000	250	3.000	250
Steuerschuld SAA	0	0	2.146	179
Förderung SAA	8.018	668	5.872	489
Eigenheimzulage				
Grundkomponente	7.109	592	0	0
Grundförderung	2.500	208	2.500	208
Kinderzulage	4.500	375	4.500	375
Förderung EHZ	14.109	1.176	7.000	583
Förderung NEUBAU				
Sonderausgabenabzug				
Grundkomponente	3.416	285	3.416	285
Kinderkomponente	3.000	250	3.000	250
Steuerschuld SAA	1.602	134	1.602	134
Förderung SAA	6.416	535	6.416	535
Eigenheimzulage				
Grundkomponente	0	0	0	0
Grundförderung	5.000	417	5.000	417
Kinderzulage	4.500	375	4.500	375
Förderung EHZ	9.500	792	9.500	792
Förderbedarfsdeckung BESTAND				
Sonderausgabenabzug	-17.306	-1.442	-19.891	-1.658
Eigenheimzulage	-11.215	-935	-18.763	-1.564
Förderbedarfsdeckung NEUBAU				
Sonderausgabenabzug	-18.908	-1.576	-19.347	-1.612
Eigenheimzulage	-15.824	-1.319	-16.263	-1.355

Inanspruchnahmemöglichkeiten (26)

5-Personen-Haushalt, 120 qm

	1995 DM/Jahr	1995 DM/Monat	1996 DM/Jahr	1996 DM/Monat
Einnahmen				
Gesamtbetrag der Einkünfte	60.000	5.000	61.800	5.150
Kindergeld	8.400	700	8.400	700
Ausgaben				
Einkommenssteuer	9.812	818	10.346	862
Kirchensteuer	785	65	828	69
Solidaritätszuschlag	736	61	776	65
Steuerzahlung	11.333	944	11.950	996
(Sozial-)Versicherungsbeiträge	12.540	1.045	12.916	1.076
Haushaltsnettoeinkommen	44.527	3.711	45.334	3.778
Grundbedarf				
Lebensunterhalt	33.000	2.750	33.990	2.833
Kaltmiete	12.960	1.080	13.344	1.112
Heizkosten	2.160	180	2.160	180
f. Wohnraumversorgung vbl. Einkommen	9.367	781	9.184	765
Kosten für Wohneigentum	30.096	2.508	30.239	2.520
Förderbedarf	-20.729	-1.727	-21.055	-1.755
Förderung BESTAND				
Sonderausgabenabzug				
Grundkomponente	10.065	839	3.015	251
Kinderkomponente	3.000	250	3.000	250
Steuerschuld SAA	0	0	5.935	495
Förderung SAA	11.333	944	6.015	501
Eigenheimzulage				
Grundkomponente	7.272	606	0	0
Grundförderung	2.500	208	2.500	208
Kinderzulage	4.500	375	4.500	375
Förderung EHZ	14.272	1.189	7.000	583
Förderung NEUBAU				
Sonderausgabenabzug				
Grundkomponente	6.424	535	6.424	535
Kinderkomponente	3.000	250	3.000	250
Steuerschuld SAA	1.909	159	1.909	159
Förderung SAA	9.424	785	9.424	785
Eigenheimzulage				
Grundkomponente	0	0	0	0
Grundförderung	5.000	417	5.000	417
Kinderzulage	4.500	375	4.500	375
Förderung EHZ	9.500	792	9.500	792
Förderbedarfsdeckung BESTAND				
Sonderausgabenabzug	-9.396	-783	-15.040	-1.253
Eigenheimzulage	-6.457	-538	-14.055	-1.171
Förderbedarfsdeckung NEUBAU				
Sonderausgabenabzug	-11.305	-942	-11.631	-969
Eigenheimzulage	-11.229	-936	-11.555	-963

Inanspruchnahmemöglichkeiten (27)

5-Personen-Haushalt, 120 qm

	1995 DM/Jahr	1995 DM/Monat	1996 DM/Jahr	1996 DM/Monat
Einnahmen				
Gesamtbetrag der Einkünfte	70.000	5.833	72.100	6.008
Kindergeld	8.400	700	8.400	700
Ausgaben				
Einkommenssteuer	12.768	1.064	13.382	1.115
Kirchensteuer	1.021	85	1.071	89
Solidaritätszuschlag	958	80	1.004	84
Steuerzahlung	14.747	1.229	15.457	1.288
(Sozial-)Versicherungsbeiträge	14.630	1.219	15.069	1.256
Haushaltsnettoeinkommen	49.023	4.085	49.974	4.165
Grundbedarf				
Lebensunterhalt	33.000	2.750	33.990	2.833
Kaltmiete	12.960	1.080	13.344	1.112
Heizkosten	2.160	180	2.160	180
f. Wohnraumversorgung vbl. Einkommen	13.863	1.155	13.824	1.152
Kosten für Wohneigentum	30.096	2.508	30.239	2.520
Förderbedarf	-16.233	-1.353	-16.415	-1.368
Förderung BESTAND				
Sonderausgabenabzug				
Grundkomponente	10.381	865	3.071	256
Kinderkomponente	3.000	250	3.000	250
Steuerschuld SAA	1.366	114	9.364	780
Förderung SAA	13.381	1.115	6.071	506
Eigenheimzulage				
Grundkomponente	7.533	628	0	0
Grundförderung	2.500	208	2.500	208
Kinderzulage	4.500	375	4.500	375
Förderung EHZ	14.533	1.211	7.000	583
Förderung NEUBAU				
Sonderausgabenabzug				
Grundkomponente	6.657	555	6.657	555
Kinderkomponente	3.000	250	3.000	250
Steuerschuld SAA	5.090	424	5.090	424
Förderung SAA	9.657	805	9.657	805
Eigenheimzulage				
Grundkomponente	0	0	0	0
Grundförderung	5.000	417	5.000	417
Kinderzulage	4.500	375	4.500	375
Förderung EHZ	9.500	792	9.500	792
Förderbedarfsdeckung BESTAND				
Sonderausgabenabzug	-2.852	-238	-10.344	-862
Eigenheimzulage	-1.700	-142	-16.374	-1.365
Förderbedarfsdeckung NEUBAU				
Sonderausgabenabzug	-6.576	-548	-6.758	-563
Eigenheimzulage	-6.733	-561	-6.915	-576

Inanspruchnahmemöglichkeiten (28)

5-Personen-Haushalt, 120 qm

	1995 DM/Jahr	1995 DM/Monat	1996 DM/Jahr	1996 DM/Monat
Einnahmen				
Gesamtbetrag der Einkünfte	80.000	6.667	82.400	6.867
Kindergeld	8.400	700	8.400	700
Ausgaben				
Einkommenssteuer	15.778	1.315	16.510	1.376
Kirchensteuer	1.262	105	1.321	110
Solidaritätszuschlag	1.183	99	1.238	103
Steuerzahlung	18.223	1.519	19.069	1.589
(Sozial-)Versicherungsbeiträge	16.720	1.393	17.222	1.435
Haushaltsnettoeinkommen	53.457	4.455	54.509	4.542
Grundbedarf				
Lebensunterhalt	33.000	2.750	33.990	2.833
Kaltmiete	12.960	1.080	13.344	1.112
Heizkosten	2.160	180	2.160	180
f. Wohnraumversorgung vbl. Einkommen	18.297	1.525	18.359	1.530
Kosten für Wohneigentum	30.096	2.508	30.239	2.520
Förderbedarf	-11.799	-983	-11.880	-990
Förderung BESTAND				
Sonderausgabenabzug				
Grundkomponente	10.660	888	3.162	264
Kinderkomponente	3.000	250	3.000	250
Steuerschuld SAA	4.563	380	12.907	1.076
Förderung SAA	13.660	1.138	6.162	514
Eigenheimzulage				
Grundkomponente	7.719	643	0	0
Grundförderung	2.500	208	2.500	208
Kinderzulage	4.500	375	4.500	375
Förderung EHZ	14.719	1.227	7.000	583
Förderung NEUBAU				
Sonderausgabenabzug				
Grundkomponente	6.165	514	6.165	514
Kinderkomponente	3.000	250	3.000	250
Steuerschuld SAA	11.404	950	11.404	950
Förderung SAA	9.819	818	9.819	818
Eigenheimzulage				
Grundkomponente	0	0	0	0
Grundförderung	5.000	417	5.000	417
Kinderzulage	4.500	375	4.500	375
Förderung EHZ	9.500	792	9.500	792
Förderbedarfsdeckung BESTAND				
Sonderausgabenabzug	1.861	155	-5.718	-477
Eigenheimzulage	2.920	243	-4.880	-407
Förderbedarfsdeckung NEUBAU				
Sonderausgabenabzug	-1.980	-165	-2.061	-172
Eigenheimzulage	-2.299	-192	-2.380	-198

Inanspruchnahmemöglichkeiten (29)

5-Personen-Haushalt, 120 qm

	1995		1996	
	DM/Jahr	DM/Monat	DM/Jahr	DM/Monat
Einnahmen				
Gesamtbetrag der Einkünfte	90.000	7.500	92.700	7.725
Kindergeld	8.400	700	8.400	700
Ausgaben				
Einkommenssteuer	18.908	1.576	19.764	1.647
Kirchensteuer	1.513	126	1.581	132
Solidaritätszuschlag	1.418	118	1.482	124
Steuerzahlung	21.839	1.820	22.827	1.902
(Sozial-)Versicherungsbeiträge	18.810	1.568	19.374	1.615
Haushaltsnettoeinkommen	57.751	4.813	58.899	4.908
Grundbedarf				
Lebensunterhalt	33.000	2.750	33.990	2.833
Kaltmiete	12.960	1.080	13.344	1.112
Heizkosten	2.160	180	2.160	180
f. Wohnraumversorgung vbl. Einkommen	22.591	1.883	22.749	1.896
Kosten für Wohneigentum	30.096	2.508	30.239	2.520
Förderbedarf	-7.505	-625	-7.490	-624
Förderung BESTAND				
Sonderausgabenabzug				
Grundkomponente	11.012	918	3.254	271
Kinderkomponente	3.000	250	3.000	250
Steuerschuld SAA	7.827	652	16.537	1.378
Förderung SAA	14.012	1.168	6.254	521
Eigenheimzulage				
Grundkomponente	7.947	662	0	0
Grundförderung	2.500	208	2.500	208
Kinderzulage	4.500	375	4.500	375
Förderung EHZ	14.947	1.246	7.000	583
Förderung NEUBAU				
Sonderausgabenabzug				
Grundkomponente	7.018	585	7.070	589
Kinderkomponente	3.000	250	3.000	250
Steuerschuld SAA	12.492	1.041	12.757	1.063
Förderung SAA	10.018	835	10.070	839
Eigenheimzulage				
Grundkomponente	0	0	0	0
Grundförderung	5.000	417	5.000	417
Kinderzulage	4.500	375	4.500	375
Förderung EHZ	9.500	792	9.500	792
Förderbedarfsdeckung BESTAND				
Sonderausgabenabzug	6.507	542	-1.236	-103
Eigenheimzulage	7.442	620	-490	-41
Förderbedarfsdeckung NEUBAU				
Sonderausgabenabzug	2.513	209	2.580	215
Eigenheimzulage	1.995	166	2.010	168

Inanspruchnahmemöglichkeiten (30)

5-Personen-Haushalt, 120 qm

	1995 DM/Jahr	1995 DM/Monat	1996 DM/Jahr	1996 DM/Monat
Einnahmen				
Gesamtbetrag der Einkünfte	100.000	8.333	103.000	8.583
Kindergeld	8.400	700	8.400	700
Ausgaben				
Einkommenssteuer	22.090	1.841	23.076	1.923
Kirchensteuer	1.767	147	1.846	154
Solidaritätszuschlag	1.657	138	1.731	144
Steuerzahlung	25.514	2.126	26.653	2.221
(Sozial-)Versicherungsbeiträge	20.900	1.742	21.527	1.794
Haushaltsnettoeinkommen	61.986	5.166	63.220	5.268
Grundbedarf				
Lebensunterhalt	33.000	2.750	33.990	2.833
Kaltmiete	12.960	1.080	13.344	1.112
Heizkosten	2.160	180	2.160	180
f. Wohnraumversorgung vbl. Einkommen	26.826	2.236	27.070	2.256
Kosten für Wohneigentum	30.096	2.508	30.239	2.520
Förderbedarf	-3.270	-273	-3.169	-264
Förderung BESTAND				
Sonderausgabenabzug				
Grundkomponente	11.289	941	3.347	279
Kinderkomponente	3.000	250	3.000	250
Steuerschuld SAA	11.225	935	20.306	1.692
Förderung SAA	14.289	1.191	6.347	529
Eigenheimzulage				
Grundkomponente	8.168	681	0	0
Grundförderung	2.500	208	2.500	208
Kinderzulage	4.500	375	4.500	375
Förderung EHZ	15.168	1.264	7.000	583
Förderung NEUBAU				
Sonderausgabenabzug				
Grundkomponente	7.214	601	7.274	606
Kinderkomponente	3.000	250	3.000	250
Steuerschuld SAA	15.300	1.275	16.379	1.365
Förderung SAA	10.214	851	10.274	856
Eigenheimzulage				
Grundkomponente	0	0	0	0
Grundförderung	5.000	417	5.000	417
Kinderzulage	4.500	375	4.500	375
Förderung EHZ	9.500	792	9.500	792
Förderbedarfsdeckung BESTAND				
Sonderausgabenabzug	11.019	918	3.178	265
Eigenheimzulage	11.898	992	3.831	319
Förderbedarfsdeckung NEUBAU				
Sonderausgabenabzug	6.944	579	7.105	592
Eigenheimzulage	6.230	519	6.331	528

Inanspruchnahmemöglichkeiten (31)

5-Personen-Haushalt, 120 qm

	1995 DM/Jahr	1995 DM/Monat	1996 DM/Jahr	1996 DM/Monat
Einnahmen				
Gesamtbetrag der Einkünfte	110.000	9.167	113.300	9.442
Kindergeld	8.400	700	8.400	700
Ausgaben				
Einkommenssteuer	25.394	2.116	26.514	2.210
Kirchensteuer	2.032	169	2.121	177
Solidaritätszuschlag	1.906	159	1.986	166
Steuerzahlung	29.332	2.444	30.621	2.552
(Sozial-)Versicherungsbeiträge	22.990	1.916	23.680	1.973
Haushaltsnettoeinkommen	66.078	5.507	67.399	5.617
Grundbedarf				
Lebensunterhalt	33.000	2.750	33.990	2.833
Kaltmiete	12.960	1.080	13.344	1.112
Heizkosten	2.160	180	2.160	180
f. Wohnraumversorgung vbl. Einkommen	30.918	2.577	31.249	2.604
Kosten für Wohneigentum	30.096	2.508	30.239	2.520
Förderbedarf	822	69	1.010	84
Förderung BESTAND				
Sonderausgabenabzug				
Grundkomponente	11.644	970	3.479	290
Kinderkomponente	3.000	250	3.000	250
Steuerschuld SAA	14.668	1.222	24.142	2.012
Förderung SAA	14.644	1.220	8.479	707
Eigenheimzulage				
Grundkomponente	8.396	700	0	0
Grundförderung	2.500	208	2.500	208
Kinderzulage	4.500	375	4.500	375
Förderung EHZ	15.396	1.283	7.000	583
Förderung NEUBAU				
Sonderausgabenabzug				
Grundkomponente	7.415	618	7.516	626
Kinderkomponente	3.000	250	3.000	250
Steuerschuld SAA	18.917	1.576	20.105	1.675
Förderung SAA	10.415	868	10.516	876
Eigenheimzulage				
Grundkomponente	0	0	0	0
Grundförderung	5.000	417	5.000	417
Kinderzulage	4.500	375	4.500	375
Förderung EHZ	9.500	792	9.500	792
Förderbedarfsdeckung BESTAND				
Sonderausgabenabzug	15.466	1.289	9.489	791
Eigenheimzulage	16.218	1.352	8.010	668
Förderbedarfsdeckung NEUBAU				
Sonderausgabenabzug	11.237	936	11.526	961
Eigenheimzulage	10.322	860	10.510	876

Inanspruchnahmemöglichkeiten (32)

5-Personen-Haushalt, 120 qm

	1995 DM/Jahr	1995 DM/Monat	1996 DM/Jahr	1996 DM/Monat
Einnahmen				
Gesamtbetrag der Einkünfte	120.000	10.000	123.600	10.300
Kindergeld	8.400	700	8.400	700
Ausgaben				
Einkommenssteuer	28.808	2.401	30.056	2.505
Kirchensteuer	2.305	192	2.405	200
Solidaritätszuschlag	2.161	180	2.254	188
Steuerzahlung	33.274	2.773	34.715	2.893
(Sozial-)Versicherungsbeiträge	25.080	2.090	25.832	2.153
Haushaltsnettoeinkommen	70.046	5.837	71.453	5.954
Grundbedarf				
Lebensunterhalt	33.000	2.750	33.990	2.833
Kaltmiete	12.960	1.080	13.344	1.112
Heizkosten	2.160	180	2.160	180
f. Wohnraumversorgung vbl. Einkommen	34.886	2.907	35.303	2.942
Kosten für Wohneigentum	30.096	2.508	30.239	2.520
Förderbedarf	4.790	399	5.064	422
Förderung BESTAND				
Sonderausgabenabzug				
Grundkomponente	11.987	999	3.585	299
Kinderkomponente	3.000	250	3.000	250
Steuerschuld SAA	18.287	1.524	28.130	2.344
Förderung SAA	14.987	1.249	6.585	549
Eigenheimzulage				
Grundkomponente	8.689	724	0	0
Grundförderung	2.500	208	2.500	208
Kinderzulage	4.500	375	4.500	375
Förderung EHZ	15.689	1.307	7.000	583
Förderung NEUBAU				
Sonderausgabenabzug				
Grundkomponente	7.679	640	7.737	645
Kinderkomponente	3.000	250	3.000	250
Steuerschuld SAA	22.595	1.883	23.978	1.998
Förderung SAA	10.679	890	10.737	895
Eigenheimzulage				
Grundkomponente	0	0	0	0
Grundförderung	5.000	417	5.000	417
Kinderzulage	4.500	375	4.500	375
Förderung EHZ	9.500	792	9.500	792
Förderbedarfsdeckung BESTAND				
Sonderausgabenabzug	19.777	1.648	11.649	971
Eigenheimzulage	20.479	1.707	12.064	1.005
Förderbedarfsdeckung NEUBAU				
Sonderausgabenabzug	15.469	1.289	15.801	1.317
Eigenheimzulage	14.290	1.191	14.564	1.214

Inanspruchnahmemöglichkeiten (33)

6-Personen-Haushalt, 130 qm

	1995 DM/Jahr	1995 DM/Monat	1996 DM/Jahr	1996 DM/Monat
Einnahmen				
Gesamtbetrag der Einkünfte	50.000	4.167	51.500	4.292
Kindergeld	12.600	1.050	12.600	1.050
Ausgaben				
Einkommenssteuer	6.942	579	7.368	614
Kirchensteuer	555	46	589	49
Solidaritätszuschlag	521	43	553	46
Steuerzahlung	8.018	668	8.510	709
(Sozial-)Versicherungsbeiträge	10.450	871	10.764	897
Haushaltsnettoeinkommen	44.132	3.678	44.826	3.736
Grundbedarf				
Lebensunterhalt	36.800	3.067	37.904	3.159
Kaltmiete	13.260	1.105	13.656	1.138
Heizkosten	2.340	195	2.340	195
f. Wohnraumversorgung vbl. Einkommen	4.992	416	4.582	382
Kosten für Wohneigentum	32.604	2.717	32.758	2.730
Förderbedarf	-27.612	-2.301	-28.176	-2.348
Förderung BESTAND				
Sonderausgabenabzug				
Grundkomponente	8.018	668	2.872	239
Kinderkomponente	4.000	333	4.000	333
Steuerschuld SAA	0	0	1.146	96
Förderung SAA	8.018	668	6.872	573
Eigenheimzulage				
Grundkomponente	7.109	592	0	0
Grundförderung	2.500	208	2.500	208
Kinderzulage	6.000	500	6.000	500
Förderung EHZ	15.609	1.301	8.500	708
Förderung NEUBAU				
Sonderausgabenabzug				
Grundkomponente	3.416	285	3.416	285
Kinderkomponente	4.000	333	4.000	333
Steuerschuld SAA	602	50	602	50
Förderung SAA	7.416	618	7.416	618
Eigenheimzulage				
Grundkomponente	0	0	0	0
Grundförderung	5.000	417	5.000	417
Kinderzulage	6.000	500	6.000	500
Förderung EHZ	11.000	917	11.000	917
Förderbedarfsdeckung BESTAND				
Sonderausgabenabzug	-19.594	-1.633	-21.304	-1.775
Eigenheimzulage	-12.003	-1.000	-19.676	-1.640
Förderbedarfsdeckung NEUBAU				
Sonderausgabenabzug	-20.196	-1.683	-20.760	-1.730
Eigenheimzulage	-16.612	-1.384	-17.176	-1.431

Inanspruchnahmemöglichkeiten (34)

6-Personen-Haushalt, 130 qm

	1995 DM/Jahr	1995 DM/Monat	1996 DM/Jahr	1996 DM/Monat
Einnahmen				
Gesamtbetrag der Einkünfte	60.000	5.000	61.800	5.150
Kindergeld	12.600	1.050	12.600	1.050
Ausgaben				
Einkommenssteuer	9.812	818	10.346	862
Kirchensteuer	785	65	828	69
Solidaritätszuschlag	736	61	776	65
Steuerzahlung	11.333	944	11.950	996
(Sozial-)Versicherungsbeiträge	12.540	1.045	12.916	1.076
Haushaltsnettoeinkommen	48.727	4.061	49.534	4.128
Grundbedarf				
Lebensunterhalt	36.800	3.067	37.904	3.159
Kaltmiete	13.260	1.105	13.656	1.138
Heizkosten	2.340	195	2.340	195
f. Wohnraumversorgung vbl. Einkommen	9.587	799	9.290	774
Kosten für Wohneigentum	32.604	2.717	32.758	2.730
Förderbedarf	-23.017	-1.918	-23.468	-1.956
Förderung BESTAND				
Sonderausgabenabzug				
Grundkomponente	10.065	839	3.015	251
Kinderkomponente	4.000	333	4.000	333
Steuerschuld SAA	0	0	4.935	411
Förderung SAA	12.333	1.028	7.015	585
Eigenheimzulage				
Grundkomponente	7.272	606	0	0
Grundförderung	2.500	208	2.500	208
Kinderzulage	6.000	500	6.000	500
Förderung EHZ	15.772	1.314	8.500	708
Förderung NEUBAU				
Sonderausgabenabzug				
Grundkomponente	6.424	535	6.424	535
Kinderkomponente	4.000	333	4.000	333
Steuerschuld SAA	909	76	909	76
Förderung SAA	10.424	869	10.424	869
Eigenheimzulage				
Grundkomponente	0	0	0	0
Grundförderung	5.000	417	5.000	417
Kinderzulage	6.000	500	6.000	500
Förderung EHZ	11.000	917	11.000	917
Förderbedarfsdeckung BESTAND				
Sonderausgabenabzug	-10.684	-890	-16.453	-1.371
Eigenheimzulage	-7.245	-604	-14.968	-1.247
Förderbedarfsdeckung NEUBAU				
Sonderausgabenabzug	-12.593	-1.049	-13.044	-1.087
Eigenheimzulage	-12.017	-1.001	-12.468	-1.039

Inanspruchnahmemöglichkeiten (35)

6-Personen-Haushalt, 130 qm

	1995 DM/Jahr	1995 DM/Monat	1996 DM/Jahr	1996 DM/Monat
Einnahmen				
Gesamtbetrag der Einkünfte	70.000	5.833	72.100	6.008
Kindergeld	12.600	1.050	12.600	1.050
Ausgaben				
Einkommenssteuer	12.768	1.064	13.382	1.115
Kirchensteuer	1.021	85	1.071	89
Solidaritätszuschlag	958	80	1.004	84
Steuerzahlung	14.747	1.229	15.457	1.288
(Sozial-)Versicherungsbeiträge	14.630	1.219	15.069	1.256
Haushaltsnettoeinkommen	53.223	4.435	54.174	4.515
Grundbedarf				
Lebensunterhalt	36.800	3.067	37.904	3.159
Kaltmiete	13.260	1.105	13.656	1.138
Heizkosten	2.340	195	2.340	195
f. Wohnraumversorgung vbl. Einkommen	14.083	1.174	13.930	1.161
Kosten für Wohneigentum	32.604	2.717	32.758	2.730
Förderbedarf	-18.521	-1.543	-18.828	-1.569
Förderung BESTAND				
Sonderausgabenabzug				
Grundkomponente	10.381	865	3.071	256
Kinderkomponente	4.000	333	4.000	333
Steuerschuld SAA	366	31	8.364	697
Förderung SAA	14.381	1.198	7.071	589
Eigenheimzulage				
Grundkomponente	7.533	628	0	0
Grundförderung	2.500	208	2.500	208
Kinderzulage	6.000	500	6.000	500
Förderung EHZ	16.033	1.336	8.500	708
Förderung NEUBAU				
Sonderausgabenabzug				
Grundkomponente	6.657	555	6.657	555
Kinderkomponente	4.000	333	4.000	333
Steuerschuld SAA	4.090	341	4.090	341
Förderung SAA	8.657	721	8.657	721
Eigenheimzulage				
Grundkomponente	0	0	0	0
Grundförderung	5.000	417	5.000	417
Kinderzulage	6.000	500	6.000	500
Förderung EHZ	11.000	917	11.000	917
Förderbedarfsdeckung BESTAND				
Sonderausgabenabzug	-4.140	-345	-11.757	-980
Eigenheimzulage	-2.488	-207	-18.787	-1.566
Förderbedarfsdeckung NEUBAU				
Sonderausgabenabzug	-9.864	-822	-10.171	-848
Eigenheimzulage	-7.521	-627	-7.828	-652

Inanspruchnahmemöglichkeiten (36)

6-Personen-Haushalt, 130 qm

	1995 DM/Jahr	1995 DM/Monat	1996 DM/Jahr	1996 DM/Monat
Einnahmen				
Gesamtbetrag der Einkünfte	80.000	6.667	82.400	6.867
Kindergeld	12.600	1.050	12.600	1.050
Ausgaben				
Einkommenssteuer	15.778	1.315	16.510	1.376
Kirchensteuer	1.262	105	1.321	110
Solidaritätszuschlag	1.183	99	1.238	103
Steuerzahlung	18.223	1.519	19.069	1.589
(Sozial-)Versicherungsbeiträge	16.720	1.393	17.222	1.435
Haushaltsnettoeinkommen	57.657	4.805	58.709	4.892
Grundbedarf				
Lebensunterhalt	36.800	3.067	37.904	3.159
Kaltmiete	13.260	1.105	13.656	1.138
Heizkosten	2.340	195	2.340	195
f. Wohnraumversorgung vbl. Einkommen	18.517	1.543	18.465	1.539
Kosten für Wohneigentum	32.604	2.717	32.758	2.730
Förderbedarf	-14.087	-1.174	-14.293	-1.191
Förderung BESTAND				
Sonderausgabenabzug				
Grundkomponente	10.660	888	3.162	264
Kinderkomponente	4.000	333	4.000	333
Steuerschuld SAA	3.563	297	11.907	992
Förderung SAA	14.660	1.222	7.162	597
Eigenheimzulage				
Grundkomponente	7.719	643	0	0
Grundförderung	2.500	208	2.500	208
Kinderzulage	6.000	500	6.000	500
Förderung EHZ	16.219	1.352	8.500	708
Förderung NEUBAU				
Sonderausgabenabzug				
Grundkomponente	6.165	514	6.165	514
Kinderkomponente	4.000	333	4.000	333
Steuerschuld SAA	10.404	867	10.404	867
Förderung SAA	10.819	902	10.819	902
Eigenheimzulage				
Grundkomponente	0	0	0	0
Grundförderung	5.000	417	5.000	417
Kinderzulage	6.000	500	6.000	500
Förderung EHZ	11.000	917	11.000	917
Förderbedarfsdeckung BESTAND				
Sonderausgabenabzug	573	48	-7.131	-594
Eigenheimzulage	2.132	178	-5.793	-483
Förderbedarfsdeckung NEUBAU				
Sonderausgabenabzug	-3.268	-272	-3.474	-290
Eigenheimzulage	-3.087	-257	-3.293	-274

Inanspruchnahmemöglichkeiten (37)

6-Personen-Haushalt, 130 qm

	1995		1996	
	DM/Jahr	DM/Monat	DM/Jahr	DM/Monat
Einnahmen				
Gesamtbetrag der Einkünfte	90.000	7.500	92.700	7.725
Kindergeld	12.600	1.050	12.600	1.050
Ausgaben				
Einkommenssteuer	18.908	1.576	19.764	1.647
Kirchensteuer	1.513	126	1.581	132
Solidaritätszuschlag	1.418	118	1.482	124
Steuerzahlung	21.839	1.820	22.827	1.902
(Sozial-)Versicherungsbeiträge	18.810	1.568	19.374	1.615
Haushaltsnettoeinkommen	61.951	5.163	63.099	5.258
Grundbedarf				
Lebensunterhalt	36.800	3.067	37.904	3.159
Kaltmiete	13.260	1.105	13.656	1.138
Heizkosten	2.340	195	2.340	195
f. Wohnraumversorgung vbl. Einkommen	22.811	1.901	22.855	1.905
Kosten für Wohneigentum	32.604	2.717	32.758	2.730
Förderbedarf	-9.793	-816	-9.903	-825
Förderung BESTAND				
Sonderausgabenabzug				
Grundkomponente	11.012	918	3.254	271
Kinderkomponente	4.000	333	4.000	333
Steuerschuld SAA	6.827	569	15.537	1.295
Förderung SAA	15.012	1.251	7.254	605
Eigenheimzulage				
Grundkomponente	7.947	662	0	0
Grundförderung	2.500	208	2.500	208
Kinderzulage	6.000	500	6.000	500
Förderung EHZ	16.447	1.371	8.500	708
Förderung NEUBAU				
Sonderausgabenabzug				
Grundkomponente	7.018	585	7.070	589
Kinderkomponente	4.000	333	4.000	333
Steuerschuld SAA	11.492	958	11.757	980
Förderung SAA	11.018	918	11.070	923
Eigenheimzulage				
Grundkomponente	0	0	0	0
Grundförderung	5.000	417	5.000	417
Kinderzulage	6.000	500	6.000	500
Förderung EHZ	11.000	917	11.000	917
Förderbedarfsdeckung BESTAND				
Sonderausgabenabzug	5.219	435	-2.649	-221
Eigenheimzulage	6.654	555	-1.403	-117
Förderbedarfsdeckung NEUBAU				
Sonderausgabenabzug	1.225	102	1.167	97
Eigenheimzulage	1.207	101	1.097	91

Inanspruchnahmemöglichkeiten (38)

6-Personen-Haushalt, 130 qm

	1995 DM/Jahr	1995 DM/Monat	1996 DM/Jahr	1996 DM/Monat
Einnahmen				
Gesamtbetrag der Einkünfte	100.000	8.333	103.000	8.583
Kindergeld	12.600	1.050	12.600	1.050
Ausgaben				
Einkommenssteuer	22.090	1.841	23.076	1.923
Kirchensteuer	1.767	147	1.846	154
Solidaritätszuschlag	1.657	138	1.731	144
Steuerzahlung	25.514	2.126	26.653	2.221
(Sozial-)Versicherungsbeiträge	20.900	1.742	21.527	1.794
Haushaltsnettoeinkommen	66.186	5.516	67.420	5.618
Grundbedarf				
Lebensunterhalt	36.800	3.067	37.904	3.159
Kaltmiete	13.260	1.105	13.656	1.138
Heizkosten	2.340	195	2.340	195
f. Wohnraumversorgung vbl. Einkommen	27.046	2.254	27.176	2.265
Kosten für Wohneigentum	32.604	2.717	32.758	2.730
Förderbedarf	-5.558	-463	-5.582	-465
Förderung BESTAND				
Sonderausgabenabzug				
Grundkomponente	11.289	941	3.347	279
Kinderkomponente	4.000	333	4.000	333
Steuerschuld SAA	10.225	852	19.306	1.609
Förderung SAA	15.289	1.274	7.347	612
Eigenheimzulage				
Grundkomponente	8.168	681	0	0
Grundförderung	2.500	208	2.500	208
Kinderzulage	6.000	500	6.000	500
Förderung EHZ	16.668	1.389	8.500	708
Förderung NEUBAU				
Sonderausgabenabzug				
Grundkomponente	7.214	601	7.274	606
Kinderkomponente	4.000	333	4.000	333
Steuerschuld SAA	14.300	1.192	15.379	1.282
Förderung SAA	11.214	935	11.274	940
Eigenheimzulage				
Grundkomponente	0	0	0	0
Grundförderung	5.000	417	5.000	417
Kinderzulage	6.000	500	6.000	500
Förderung EHZ	11.000	917	11.000	917
Förderbedarfsdeckung BESTAND				
Sonderausgabenabzug	9.731	811	1.765	147
Eigenheimzulage	11.110	926	2.918	243
Förderbedarfsdeckung NEUBAU				
Sonderausgabenabzug	5.656	471	5.692	474
Eigenheimzulage	5.442	454	5.418	452

Inanspruchnahmemöglichkeiten (39)

6-Personen-Haushalt, 130 qm

	1995 DM/Jahr	1995 DM/Monat	1996 DM/Jahr	1996 DM/Monat
Einnahmen				
Gesamtbetrag der Einkünfte	110.000	9.167	113.300	9.442
Kindergeld	12.600	1.050	12.600	1.050
Ausgaben				
Einkommenssteuer	25.394	2.116	26.514	2.210
Kirchensteuer	2.032	169	2.121	177
Solidaritätszuschlag	1.906	159	1.986	166
Steuerzahlung	29.332	2.444	30.621	2.552
(Sozial-)Versicherungsbeiträge	22.990	1.916	23.680	1.973
Haushaltsnettoeinkommen	70.278	5.857	71.599	5.967
Grundbedarf				
Lebensunterhalt	36.800	3.067	37.904	3.159
Kaltmiete	13.260	1.105	13.656	1.138
Heizkosten	2.340	195	2.340	195
f. Wohnraumversorgung vbl. Einkommen	31.138	2.595	31.355	2.613
Kosten für Wohneigentum	32.604	2.717	32.758	2.730
Förderbedarf	-1.466	-122	-1.403	-117
Förderung BESTAND				
Sonderausgabenabzug				
Grundkomponente	11.644	970	3.479	290
Kinderkomponente	4.000	333	4.000	333
Steuerschuld SAA	13.668	1.139	23.142	1.929
Förderung SAA	15.644	1.304	9.479	790
Eigenheimzulage				
Grundkomponente	8.396	700	0	0
Grundförderung	2.500	208	2.500	208
Kinderzulage	6.000	500	6.000	500
Förderung EHZ	16.896	1.408	8.500	708
Förderung NEUBAU				
Sonderausgabenabzug				
Grundkomponente	7.415	618	7.516	626
Kinderkomponente	4.000	333	4.000	333
Steuerschuld SAA	17.917	1.493	19.105	1.592
Förderung SAA	11.415	951	11.516	960
Eigenheimzulage				
Grundkomponente	0	0	0	0
Grundförderung	5.000	417	5.000	417
Kinderzulage	6.000	500	6.000	500
Förderung EHZ	11.000	917	11.000	917
Förderbedarfsdeckung BESTAND				
Sonderausgabenabzug	14.178	1.182	8.076	673
Eigenheimzulage	15.430	1.286	7.097	591
Förderbedarfsdeckung NEUBAU				
Sonderausgabenabzug	9.949	829	10.113	843
Eigenheimzulage	9.534	795	9.597	800

Inanspruchnahmemöglichkeiten (40)

6-Personen-Haushalt, 130 qm

	1995 DM/Jahr	1995 DM/Monat	1996 DM/Jahr	1996 DM/Monat
Einnahmen				
Gesamtbetrag der Einkünfte	120.000	10.000	123.600	10.300
Kindergeld	12.600	1.050	12.600	1.050
Ausgaben				
Einkommenssteuer	28.808	2.401	30.056	2.505
Kirchensteuer	2.305	192	2.405	200
Solidaritätszuschlag	2.161	180	2.254	188
Steuerzahlung	33.274	2.773	34.715	2.893
(Sozial-)Versicherungsbeiträge	25.080	2.090	25.832	2.153
Haushaltsnettoeinkommen	74.246	6.187	75.653	6.304
Grundbedarf				
Lebensunterhalt	36.800	3.067	37.904	3.159
Kaltmiete	13.260	1.105	13.656	1.138
Heizkosten	2.340	195	2.340	195
f. Wohnraumversorgung vbl. Einkommen	35.106	2.926	35.409	2.951
Kosten für Wohneigentum	32.604	2.717	32.758	2.730
Förderbedarf	2.502	209	2.651	221
Förderung BESTAND				
Sonderausgabenabzug				
Grundkomponente	11.987	999	3.585	299
Kinderkomponente	4.000	333	4.000	333
Steuerschuld SAA	17.287	1.441	27.130	2.261
Förderung SAA	15.987	1.332	7.585	632
Eigenheimzulage				
Grundkomponente	8.689	724	0	0
Grundförderung	2.500	208	2.500	208
Kinderzulage	6.000	500	6.000	500
Förderung EHZ	17.189	1.432	8.500	708
Förderung NEUBAU				
Sonderausgabenabzug				
Grundkomponente	7.679	640	7.737	645
Kinderkomponente	4.000	333	4.000	333
Steuerschuld SAA	21.595	1.800	22.978	1.915
Förderung SAA	11.679	973	11.737	978
Eigenheimzulage				
Grundkomponente	0	0	0	0
Grundförderung	5.000	417	5.000	417
Kinderzulage	6.000	500	6.000	500
Förderung EHZ	11.000	917	11.000	917
Förderbedarfsdeckung BESTAND				
Sonderausgabenabzug	18.489	1.541	10.236	853
Eigenheimzulage	19.691	1.641	11.151	929
Förderbedarfsdeckung NEUBAU				
Sonderausgabenabzug	14.181	1.182	14.388	1.199
Eigenheimzulage	13.502	1.125	13.651	1.138

FSC
www.fsc.org
MIX
Papier | Fördert
gute Waldnutzung
FSC® C083411

Kolibri 360 GmbH
Ferdinand-Jühlke-Straße 7
99095 Erfurt, Deutschland
produktsicherheit@kolibri360.de

Druck:
CPI Druckdienstleistungen GmbH
im Auftrag der
Kolibri 360 GmbH
Ferdinand-Jühlke-Str. 7
99095 Erfurt